Mike Badrocke

GRUMMAN F-14 TOMCAT

F-14 "雄猫" 舰载战斗机

〔英〕托尼·霍尔姆斯（Tony Holmes）著

熊 杰 译 董旻杰 审订

上海三联书店

CONTENTS 目录

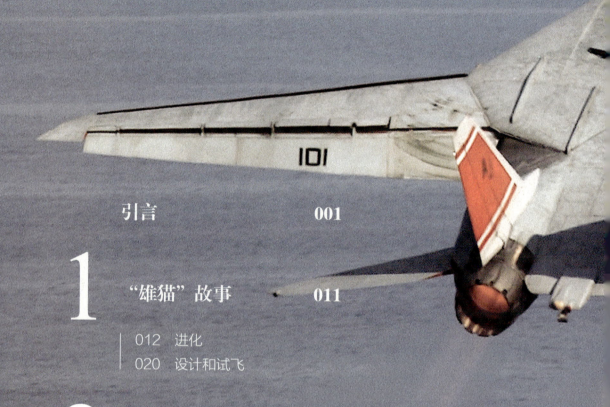

7

"雄猫"和海军战斗机武器学校　　351

1981年8月底作者看到的第一批F-14 "雄猫" 中，有这3架来自VF-213 "黑狮" 中队的飞机。该中队是第11舰载机联队下属单位，当时隶属 "美国" 号（CV-66），该舰在阿曼湾海军战区待命68天后，于8月25日开始对西澳大利亚的弗里曼特尔进行第一次也是仅有的一次访问。（鲍勃·劳森 获自 "尾钩" 协会）

INTROD

引 言

UCTION

感谢皮特·米切尔（Pete Mitchell）上尉和尼克·布拉德肖上尉（Nick Bradshaw），也就是众所周知的"独行侠"（Maverick）和"野鹅"（Goose）的英雄事迹，威猛的格鲁曼 F-14 "雄猫"毫无疑问是美国最著名的喷气式战斗机之一。的确，F-4 "鬼怪" II 的生产数量更多，参加过的战斗也要多得多；而 F-15 "鹰"作为一种截击机，以及近年来以"攻击鹰"的形式作为一

▲ VF-213 "黑狮"中队成员肩章。
（托尼·霍尔姆斯收集）

▶ 1981年5月9日，"美国"号带领她的战斗群南下穿过苏伊士运河。3个星期前她们离开了位于弗吉尼亚州诺福克海军基地的母港，开始了罕见的地中海/印度洋部署。进入苏伊士湾后，"美国"号（CV-66）成为自1967年6月"无畏"号（USS Intrepid, CVS-11）之后第二艘通过运河的美国海军航母。（美国海军）

种精确轰炸机已经取得了无与伦比的成功。然而，"大战斗机"（Big Fighter），也就是驾驶或维护过它的人所熟知的"雄猫"，是冷战期间美国海军航空兵最显著的标志。这种飞机通过在 1986 年由托尼·斯科特（Tony Scott）执导的电影《壮志凌云》（Top Gun）中担纲主角树立了自己的形象。

虽然我的家乡弗里曼特尔（Fremantle）位于西澳大利亚，距离最近的美国海军战斗机基地圣迭戈米拉马尔(Miramar)海军航空站（Naval Air Station，简称 NAS）有近 10000 英里（约 16093.44 千米），但我很幸运，在整个 20 世纪 80 年代能够经常看到大量的 F-14。1979 年伊朗伊斯兰革命之后，随着阿曼湾海军战区（Gulf of Oman Naval Zone of Operations，简称 GONZO）的建立，美国海军加快了在该地区的行动

▲ "企业"号（CVN-65）航母的徽章。（托尼·霍尔姆斯收集）

▲ 第11舰载机联队成员徽章。（托尼·霍尔姆斯收集）

▲ "企业"号（CVN-65）专门为 1986年7月访问西澳大利亚的珀斯而制作的成员徽章。（托尼·霍尔姆斯收集）

节奏。美国海军通常会有一个航母战斗群在这个地区待命，太平洋舰队和大西洋舰队的舰船轮流在温暖的波斯湾海域进行为期数周的巡航，同时在阿曼湾海军战区待命。美国海军在中东的作战任务完成后，航母及其支援舰只就会返回母港，经常在途中停靠弗里曼特尔港进行为期一周的休息和娱乐。

从 1981 年 7 月到 1987 年 9 月，几艘航母上搭载的 12 支"雄猫"部队在休息和娱乐期间造访了弗里曼特尔，有些中队甚至在这 6 年期间多次出现。我也在 1986—1987 年间 3 次在海上登上航母，分别在"企业"号（USS Enterprise，CVN-65），"卡尔·文森"号（USS Carl Vinson，CVN-70）和"突击者"号（USS Ranger，CV-61）上待上数天，为我的第一本书《第七舰队的超级航母》（鱼鹰出版社，1987 年）编写美国海军航空战斗群在印度洋和北大西洋的远洋行动。这还是最初的几次，在接下的 20 年里，我在全球各地对美国航母进行了至少 25 次访问。

航母上看似混乱实则经过精心安排的全功能飞行甲板，直接就会给人留下深刻的印象。我在海上短暂观察美国海军大洋行动期间，当 F-14 突然以 5g 过载急转弯从头顶上飞过，进入回收定型航线，或在舰体舯部和舰艏的弹射器上加速，笼罩在弹射器蒸汽之中打开加力拉

◀◀ VF-154中队的3架在机腹中线挂架上挂载着激光制导炸弹的F-14A在"暗夜101"（生产编号161276）的带领下在黄昏时分飞越"小鹰"号（CV-63），它们放下了尾钩，准备解散编队进入回收定型航线。海军飞行员对密集编队飞行进入他们的航母视野感到非常自豪。（美国海军）

▼ F-14A（生产编号160920）于1983年1月随最近刚大修过的"企业"号再次访问澳大利亚时被分配到了VF-213中队。跟之前的部署一样，VF-213中队和第11舰载机联队的其他单位已经在阿曼湾海军战区待命了几个月，然后途经弗里曼特尔返回母港。（鲍勃·劳森获自"尾钩"协会）

出长达 15 英尺（4.57 米）的尾焰时，威猛的"雄猫"永远都是最引人注目的。

1981 年 8 月，在我近距离观察过的首批 F-14 中有搭载在"美国"号（USS America，CV-66）航母上隶属于第 11 舰载机联队的 VF-213"黑狮"（和姐妹中队 VF-114"土豚"）中队的飞机。5 年后，我在"大 E"（"企业"号）的环球巡航期间，从珀斯飞往"企业"号（CVN-65），第 11 舰载机联队恰好也搭载在这艘航母上。我目睹了 VF-213 中队（以及 VF-114 中队）接下来几个月在阿曼湾海军战区驻扎期间执行的周期性作战任务。再次在海上看到 VF-213 中队是在 1999 年 1 月，当时它已经换装 F-14D，在 VF-114 中队于 6 年前解散后，"黑狮"中队成了第 11 舰载机联队仅存的"雄猫"中队。当我在北阿拉伯湾（Northern Arbian Gulf，简称 NAG）访问"卡尔·文森"号（CVN-70）时，VF-213 中队正忙于在伊拉克上空执行"南方警戒"（Southern Watch）行动中的任务。最后是 7 年后，还是在北阿拉伯湾，我再次飞往"西奥多·罗斯福"号（USS Theodore Roosevelt，CVN-71）航母，去报道"雄猫"

◀ 1985年底，第11舰载机联队在南加州海岸附近检查期间，"企业"号（CVN-65）以近30节（约55.56千米/小时）的速度航行。1986年1月该舰从阿拉梅达海军航空站出发进行了为期8个月的全球巡航。笔者在她抵达弗里曼特尔的前几天乘飞机登舰，这是笔者第一次在海上登上美国海军航母，以后还会有很多次。（美国海军）

▼ 2006年1月，"雄猫"在美国海军的最后一次作战部署期间，机腹中线武器挂架上挂载着GBU-38 500磅（约227千克）"杰达姆"炸弹和GUB-12 500磅激光制导炸弹的"黑狮"213号机正在被引导前往"西奥多·罗斯福"号（CVN-71）舰艏1号弹射器，准备在"持久自由"Ⅲ行动中前往伊拉克上空执行夜间巡逻任务。（理查德·库珀）

在美国海军的最后一次作战部署。第8舰载机联队搭载在"西奥多·罗斯福"号上，它下辖的2支F-14部队中就有VF-213中队。我和"黑狮"中队及其装备的"雄猫"之间的联系持续了25年之久。

"雄猫"依靠训练有素的海军飞行员和雷达截击引导员，在执行多种作战任务时发挥出了格鲁曼公司研发的最后一种战斗机的最大功效，这一点跟它在自然环境中从航母上弹射起飞一样令人印象深刻。这些"雄猫"反过来又得到了一支名副其实的地勤大军的支援，通常

每个舰载机中队都有 200 多名地勤，他们需要在最恶劣的工作环境中保持 F-14 的作战状态。得到采访那些在战争与和平时期驾驶"大战斗机"的男性以及后来的女性的机会，是我作为航空摄影记者漫长的职业生涯中的高光时刻。无论是在战区，在美国东西海岸的海军航空站，还是在加利福尼亚、弗吉尼亚、内华达和华盛顿的战机中队主基地，我都跟他们进行了密切交谈。多年来，有更多人通过电子邮件或者是电话采访跟我交流，他们一直在支持我的出版工作。

▲ VF-213中队1998—99年西太平洋巡航纪念徽章，突出F-14D在"黑狮"中队的战斗首秀（兼顾精确轰炸机和远程截击机）。（托尼·霍尔姆斯收集）

对于这本特别的书，我努力去编写一本包含那些真正的 F-14 "所有者"在一线服役期间经历的"手册"。感谢空勤和地勤人员的投入，我希望我的摘要已经成功地让读者对驾驶、在战斗中使用和维修威猛的"雄猫"有一个罕有的视角，同时本书还会提供该机在美国海军和伊朗帝国空军／伊朗伊斯兰共和国空军服役的简史。在"大战斗机"从舰队退役十多年后，F-14 的消亡仍然让驾驶过它的人，以及像我这样崇拜这种飞机的人遗憾不已。

▲ VF-213"黑狮"中队成员肩章。（托尼·霍尔姆斯收集）

▲ VF-213"黑狮"和VF-31"雄猫人"装备"雄猫"最后一次巡航纪念徽章。（托尼·霍尔姆斯收集）

挂好钩子的"绿衣人"举起左臂跑向飞机左侧，示意"黑狮"105（F-14D，生产编号161613）已经成功地挂在了"西奥多·罗斯福"号中部的3号弹射器上，后面紧跟着飞机维护长和副手。"雄猫"现在在负责监督整个弹射过程的弹射官，也就是人们所熟知的"射手"的指挥下。（美国海军）

1 "雄猫" 故事

冷战期间很少有飞机能像威猛的格鲁曼 F–14 "雄猫" 那样，在驾驶过它、想驾驶它或者驾驶它飞翔的人中获得如此高的崇拜和敬慕。它就像 1986 年自己担纲主角的那部电影《壮志凌云》一样成功、突出和耀眼，在美国海军终极舰队服役的 30 年里，成为了海军航空兵的象征。虽然 "雄猫" 是作为单一任务截击机设计的，但它在 2006 年从舰队退役时已经进化成多功能精确攻击战斗机。

进化

"雄猫"是格鲁曼飞机公司的最后一件作品，该公司自20世纪30年代初以来一直在纽约的贝思佩奇（Bethpage）工厂为美国海军制造战斗机。"野猫"（Wildcats）和"地狱猫"（Hellcats）战斗机在第二次世界大战期间占据了美国航母的飞行甲板，"虎猫"（Tigercats）和"熊猫"（Bearcat）战后几年里都在一线部队服役，"黑豹"（Panthers）在朝鲜战争期间多次参加战斗，"美洲狮"（Cougars）和"虎"（Tigers）是自20世纪50年代新型超级航母投入现役以来搭载的第一批冷战期间的舰载战斗机。格鲁曼公司的这些产品为自身赢得了高效战斗机的声誉，在一线增加服役和时常参加的战斗中证明了它们的坚固耐用。

作为格鲁曼"钢铁厂"的终极产品，F-14继承了其"猫科动物"前辈的所有品质。跟格鲁曼之前生产的战斗机一样，F-14兼具高性能和高强度，这是飞机在海上颠簸的航母甲板上承受粗暴操作的先决条件。"雄猫"还具有出色的操控品质，除了对手拥有的最敏捷的飞机外，它无可匹敌。

F-14在美国海军服役期间以"大战斗机"闻名，高达74350磅（约33.72吨）的满载重量也没有辜负这个名号。相比之下，格鲁曼公司的第一款舰载战斗机，1933年投产的FF-1双翼机重量只有4828磅（约2.19吨）。冷战期间，"雄猫"的同辈中只有米格-25"狐蝠"更重，但驾驶这种可怕的苏制截击机的飞行员，可以在苏联陆上机场宽大的跑道上享受操纵它们的奢侈。就大洋行动的独特环境而论，"雄猫"仍是以航母起飞为常态的最大的战斗机。

格鲁曼公司最初设计F-14的目的只为执行一种任务，也是唯一的一种任务——舰队防空。由于20世纪50年代末苏联武器技术的飞速发展，美国海军需要一种可以发射多枚高速远程空空导弹的大航程飞机。苏联高速轰炸机发射的射程远达200海里（约370.4千米）的远程巡航导弹，是美国海军水面舰队"皇冠上的宝石"——超级航母面临的最大威胁。

到20世纪60年代初，苏联图波列夫设计局以惊人的速度大量生产图-16、图-22和图-95轰炸机，而且全都装备有Kh系列巡航导弹。

▲ 格鲁曼公司的飞机以它们坚固的结构和可靠性著称，让公司在二战期间获得了"钢铁厂"的绰号。然而这个绰号实际上源自格鲁曼公司位于长岛贝思佩奇最初的主建筑框架中使用的旧铁路桥桁架。秃鹰是早期添加在公司徽标上的。（托尼·霍尔姆斯收集）

美国海军的 F-4"鬼怪"Ⅱ和 F-8"十字军战士"虽然都是优秀的战斗机，可以对抗如米格 -17 和米格 -21 等同类型号飞机，但其雷达性能和武器无法有效对付装备巡航导弹的苏联轰炸机。为了应对这种不断增长的威胁，美国海军需要一款新型截击机，或者说需要一款舰载机，配备性能非常强劲的雷达，能够在苏联轰炸机尚未进入向美军舰队发射导弹的射程范围前探测到它们。

截击机的武器系统对其截击作战中的效能至关重要，美国海军在 1958 年选定的导弹是本迪克斯公司（Bendix）的 XAAM-N-10"鹰"。"鹰"就像它要猎杀的轰炸机一样，也是一种体型巨大的武器。XAAM-N-10 比当时美国海军战斗机携带的近程空空导弹要大得多，长 16 英尺（约 4.88 米），重 1284 磅（约 582.41 千克）。相比之下，美军舰队战斗机当时装备的是 155 磅（约 70.31 千克）重的 AIM-9B"响尾蛇"和 452 磅（约 205.02 千克）重的 AIM-7E"麻雀"导弹。前者射程 2 英里（约 3.22 千米），后者 28 英里（约 45.06 千米），而 XAAM-N-10 被设计用于拦截远达 127 英里（约 204.39 千米）之外的目标。

"鹰"从 1960 年开始研制，最终由休斯飞机公司接手发展，该公司将这种导弹的多项技术都应用在了自己的 AIM-54"不死鸟"（原始编号 AMM-N-11）上。"不死鸟"出现在 20 世纪 60 年代初，是当时世界上最精密、最昂贵的空空导弹。与此同时，休斯公司还开发了 AN/AWG-9 先进火控系统，为"不死鸟"探测目标。AN/AWG-9 雷达

▼ 肥胖的 XF10F-1"美洲虎"是格鲁曼公司在制造可变后掠翼战斗机上的第一次尝试。该机最初基于 F9F"黑豹"开发，仅有的一架原型机最终带着"T"型尾翼和可变后掠翼出现。格鲁曼的试飞员科温·"考基"·迈耶是唯一一驾驶过"美洲虎"的飞行员，描述它在飞行时"很有趣"，"因为它有太多的问题"。（格鲁曼公司/大卫·F. 布朗）

▲ 时任国防部长罗伯特·S.麦克纳马拉在F-14的前任F-111B的研发中发挥了重要作用。F-111B基于美国空军最终成功的F-111可变后掠翼战术轰炸机，是一个失败案例。（LBJ图书馆）

的原始编号为 APN-122（V），具备边扫描边跟踪能力，让它可以同时跟踪 24 个目标，并攻击其中的 6 个，携带巡航导弹的苏联轰炸机将会在非常远的距离遭到拦截攻击。跟 AIM-54 一样，AN/AWG-9 雷达也是一套很重的系统，拥有当时战斗机有史以来装备过的最大的圆形平板天线。它还拥有惊人的性能参数，下视目标截获能力超过 150 英里（约 241.40 千米）。

美国海军期望使用 XAAM-N-10 导弹（由 AN/AWG-9 脉冲多普勒雷达制导）保卫舰队的飞机是道格拉斯公司的 F6D-1 导弹载机。该机采用无后掠、上单翼布局和无加力发动机，最高速度仅为 0.8 马赫，与快速、高度敏捷的 F-14 "雄猫" 完全背道而驰。尽管 F6D-1 很适合执行反轰炸机的任务（因为它能挂载多达 8 枚 "鹰" 式导弹），但它和灵活的米格战斗机进行空战的话，连自卫的希望都没有。

由于 XAAM-N-10 开发过程中问题不断，导弹载机于 1960 年 12 月下马。但是 AN/AWG-9 雷达仍是一个可实施的项目，"鹰" 也以 AAM-N-11 "不死鸟" 的编号重生。

1961 年，为了降低成本避免武器系统重复采购，当时美国新任国防部长罗伯特·S.麦克纳马拉（Robert S. McNamara）支持开发了一款美国空军/海军通用战斗机，项目代号战术战斗机试验（Tactical Fighter Experimental，简称 TFX）。当时美国海军和空军都需要一种可以远程携带重型武器高速飞行的平台，然而美国空军计划让他们的飞机装备炸弹，而不是空空导弹。TFX 项目后来发展成为非常成功的通用动力 F-111A 可变后掠翼轰炸机，在美国空军服役了近 30 年。但以格鲁曼 F-111B 的形式将几乎相同的飞机强加给美国海军时，情况却大相径庭，正如经验非常丰富的海军飞行员和试飞员保罗·T.吉尔克里斯特（Paul T. Gillcrist）少将所言：

"雄猫" 在出生时经历了一段痛苦的时光。那是 "神奇小子" 麦克纳马拉在五角大楼的时代，他们都异常执着于一种空军和海军都能用的新型战斗机。那只 "不幸的鸟" 就是

TFX，演变成了 F-111。F-111B 是海军型，有些议论将其称为"离经叛道"（The Deviant）。这东西的动力太弱，无法以军用推力（不开加力）达到降落在航母上所需要的指定加速度。海军进行的所有试飞结果都令人沮丧，但无论如何这该死的东西都已经在开发了。

海军作战部副部长（负责空战）汤姆·康诺利（Tom Connolly）中将是真正的美国英雄，在参议院听证会上让这个项目下马。在武装部队委员会（Armed Services Committee）主席约翰·斯坦尼斯（John Stennis）参议员的要求下，康诺利直率地说道："主席先生，基督教世界里所有的推力都无法让那个飞机成为海军战斗机。"在那一刻，"离经叛道"完蛋了，"雄猫"诞生了。康诺利中将知道自己对 F-111B 前途的立场必将葬送他的职业生涯，但他做了必须要做的事。

F-111B 跟之前的导弹载机一样，也被证实完全不适合作为战斗机执行任务，因为它的设计中有很多部位需要加强以适合在航母上操作，导致飞机过于沉重。这就意味着 F-111B 的速度太慢，在作战形态下无法安全地在定型航线中绕航母飞行。在康诺利中将对 F-111B 坦率

▼ 1968年7月间，美国海军将第5架 F-111B 原型机放在"珊瑚海"号（CVA-43）上在加州海岸进行了航母适应性试验。所有飞行都由来自海军试飞中心的海军飞行员执行。（格鲁曼公司获自"尾钩"协会）

▶ 格鲁曼公司303E方案的全尺寸模型正在建造中，除了单垂尾和尚未安装的折叠式腹鳍外，看起来已经非常接近美国海军最终选定的"雄猫"外形。（航空摇篮博物馆）

▼ 单垂尾模型后来被修改为类似于最终的"雄猫"外形，采用了双垂尾和面积更小的固定背鳍。注意模型左侧垂尾上欺骗性生产编号00303，表明了格鲁曼的内部给F-14的编号。（格鲁曼公司获自"尾钩"协会）

的评定后，它最终于 1968 年 12 月下马。

　　1967 年 10 月，格鲁曼公司在看到 F-111B 进度严重滞后之后，向美国海军提议自己可以用 F-111B 的导弹（AIM-54）、航电、AN/AWG-9 雷达和两台发动机（普惠 TF30 涡扇发动机）很快地生产一种新飞机。这个设计被称之为 303 方案，也采用了可变后掠翼布局。格鲁曼公司的工程师们从 20 世纪 60 年代中期就开始秘密研究这个方案，而美国海军也迫切希望尽快推出 F-111B 的替代品。1968 年 7 月，美国海军以"实验性重于空气战斗机"（Heavier-than-air Fighter, Experimental，简称 VFX）的名义向工业界发布了一份正式招标书。美国海军的要求指出，制造商应提交他们对一种双座、双发、带有先进的火控系统，能够混装包括 AIM-54、AIM-7 和 AIM-9 在内的导弹，且内置一门 M61A1 "火神" 20 毫米机炮的飞机设计。

▲ 303E 方案座舱的全尺寸模型也是由格鲁曼公司的工程师精心打造。在生产型飞机上，仪表板中心的大型人工水平仪被换成了垂直显示指示器屏幕。（格鲁曼公司获自"尾钩"协会）

　　包括格鲁曼公司在内的 5 家公司对 VFX 的竞标做出了回应，1969 年 1 月 14 日，格鲁曼公司的 303E 方案被选为获胜设计。这个设计实际上是迈克·佩莱赫（Mike Pelehach）的个人智慧结晶，他后来成为了格鲁曼公司副总裁和 F-14 "雄猫" 项目总监。但飞机的实际生产差点交给了格鲁曼公司的竞争对手制造商。格鲁曼资深试飞员科温·"考基"·迈耶（Corwin "Coky" Meyer）解释道：

　　　　难以置信，但海军就是差点将"雄猫"项目交给了麦克唐纳·道格拉斯公司。海军认为麦道公司拥有数千架 F-4 "鬼怪"的制造经验，所以把他们提到了格鲁曼公司的前面。在格鲁曼公司，我们没有做好方案的推销工作。公司的一些高层告诉我们永远不要提 F-111，因为海军对那个项目以及它差点被塞进他们喉咙的方式非常反感，而我们作为 F-111 的主要分包商做出过出色工作，还用 F-111 海军型成功试飞了数百个小时。F-111 的可变后掠翼设计让"鬼怪"看起来像莱特兄弟的"飞行者"一样原始，发动机和雷达也和最早的"雄猫"一样。我们最终还是把实情传达给了海军，"雄猫"也归属了格鲁曼公司。

确实，格鲁曼公司获得了一份合同，制造 6 架研究、开发、测试和评估（Research，Development，Test and Evaluation，简称 RDT&E）飞机，并为美国海军及海军陆战队生产 463 架可以进入一线服役的生产型飞机。

正如美国海军发布的 VFX 标书中明确规定的，"雄猫"首先是作为一种战斗机而采购的。当时的 F-14 项目协调员 L. S."苏格兰狗"·拉莫雷奥（L. S."Scotty" Lamoreaux）海军上校在 1969 年重申了这一事实，他是后来让"雄猫"进入现役的关键人物，他在 1974 年以太平洋舰队驻米拉马尔海军航空站战斗机中队联队长的身份退役：

现在是时候为我们的航空联队提供一种一开始就为空中优势设计的战斗机了。F-14 是纯战斗机，不允许有削弱原始

▼ 第一架全尺寸开发型（Full-scale Development，简称 FSD）"雄猫"的生产编号为 157980，图为它在 1970 年 12 月 30 日第二次飞行的早期阶段。在这张照片拍摄后不久，飞机就因遭遇 3 次液压故障在格鲁曼公司卡尔弗顿工厂令人惊讶地坠毁了，不过两名机组人员都安全弹射。（格鲁曼公司获自"尾钩"协会）

设计理念的多功能，或降低它超越和战胜任何会遇到的飞机所需的性能。

格鲁曼公司在 VFX 的竞标中获胜之后，新战斗机被赋予了 F-14 的服役编号，不久之后就被正式命名为"雄猫"。这个名字被选中的过程充满了传奇色彩，科温·"考基"·迈耶在回忆中说：

在第二次世界大战期间，格鲁曼最初打算将另一款优秀的夜间战斗机 F7F 命名为"雄猫"。某位将军用一张便条打断了这一计划："'雄猫'这个名字意指猫科动物滥交，不配也不适合用于一款海军战斗机。"因此，那款作为"野猫"和"地狱猫"后继项目的高性能战斗机，就成了"虎猫"。1969 年，格鲁曼公司再次提出使用"雄猫"这个名字，这次通过了美国海军高层的审批。我猜想在最高层主导竞标、选择新型舰队战斗机的 3 名海军上将全部都叫汤姆也不是什么坏事。

▲ 20世纪70年代初"雄猫"试飞项目开始时，科温·"考基"·迈耶是格鲁曼公司最有经验的飞行员之一。他曾担任F6F"地狱猫"、F7F"虎猫"、F8F"熊猫"、F9F"黑豹"、XF10F-1"美洲虎"和F11F"虎"系列的项目试飞员。图为1946年迈耶正在驾驶XTB3F-1"守护者"原型机。（航空摇篮博物馆）

在一些圈子里，这种飞机甚至被戏称为"汤姆的猫"（Tom's Cat）。

美国海军在胎死腹中的导弹载机和F-111B上浪费了10年后，急于用F-14去弥补损失的时间。因此，美国海军在跟格鲁曼公司签订的合同中规定，第一架RDT&E飞机将于1971年1月31日或之前首飞。由于"钢铁厂"确信自己将会被VFX项目选中，公司早已于1968年12月就开始生产小型部件。到1969年5月，一个全尺寸模型已经在格鲁曼公司的贝思佩奇工厂组装好，跟成品战斗机已经相差无几。"雄猫"诞生的传奇现在接近了尾声。

设计和试飞

全部712架"雄猫"最终都由格鲁曼公司生产，在位于长岛的卡尔弗顿（Calverton）工厂制造。早在1868年1月，项目总监迈克·佩莱赫及其团队就确定了F-14的总体外形，在飞机从装配线上下线的22年里，外观变化很小。佩莱赫在20世纪80年代接受航空历史学家道格·理查德森（Doug Richardson）的采访时回忆道：

▲ 著名的双尾"雄猫"徽标是由格鲁曼公司艺术部门（尤其是艺术家吉姆·罗德里格斯和汤姆·伍德）根据前"蓝天使"飞行员、20世纪70年代初格鲁曼公司的公关主管诺姆·甘迪亚上校（Norm Gandia）的要求创作的。（来自彼得·默斯基）

▶ 格鲁曼公司试飞员丹尼斯·罗马诺（Dennis Romano）和"恰克"·瑟维尔（"Chuck" Sewell）在"雄猫"FSD飞机（生产编号为157981）的机身中部上方交谈。瑟维尔是拥有朝鲜和越南战争经验的老兵，在美国海军陆战队当了20年战斗机飞行员和试飞员后于1969年加入格鲁曼公司。他1986年8月4日死于一架TBM"复仇者"的起飞事故。（格鲁曼公司获自"尾钩"协会）

在创造史上最先进的空中优势战斗机时，我们的研究可以归纳为 8 个具体的设计方案：303-60、303A、303B、303C、303D、303E、303F 和 303G。我们的 303-60 方案接近实机，它有吊舱式发动机和一套跟我们最终获胜方案 303E 一样的上单布局可变后掠翼机翼。但 303-60 方案更像是合理目标的集合，而不是空气动力学、结构、电子和机身系统的成熟融合。

VFX 项目对高速、机动性和良好的低速操控性的要求是互相矛盾的，这意味着格鲁曼公司在设计上除了使用可变后掠翼之外几乎别无选择。佩莱赫解释道：

固定翼战斗机的设计充其量是一个折衷，为速度和高度的特定组合而优化，在非优化区间内作战其性能会随之下降，但这是大部分单独出动中最有可能出现的情况。在忙于公司提交的 VFX 项目方案时，我们对三种布局形式进行了同步研究。对第一个布局 303A 进行优化，产生了 303B，用于跟其他两种布局进行对比评估。303C 方案保留了上单翼可变后掠翼机翼，但采用了更为传统的机身设计，发动机是小间距埋入式布局，此外还采用了双垂尾设计（303A 方案只有一个垂尾，每个后发动机舱外面都有折叠式腹鳍，以提供良好的方向稳定性）。303D 方案采用下单翼设计，将发动机埋入机身内，也采用了双垂尾。303D 方案虽然外观跟 F-4 有点类似，但由于纵向稳定性太差，亚音速阻力过高，以及油耗过大，性能令人失望，于 1968 年 4 月下马。

对 B、C 两个方案的对比分析结果显然比较有利于前者。303B 方案在诸如油耗、超音速战斗升限、发动机安装等方面展现出了更好的性能，它的发动机布局出现问题时更易于修改，而且日后适应新发动机时也更易于重做。因此 303B 方案在 1968 年春末夏初做了进一步改进，产生了 303E 方案，到 6 月份被敲定。

据道格·理查德森说：

回望 20 世纪 60 年代末，F-111 并非唯一有动力系统和进气道问题的飞机。在设计 F-14 时，格鲁曼公司决心避免

曾困扰过 F-111 的进气道、发动机、材料和底部阻力问题。第一步是避免曾影响过 F-111 的进气道问题，尤其是因为新战斗机将会使用同款发动机。"我们正在寻找一种非曲线进气道——几乎没有弯曲。"佩莱赫解释道。解决方案是发动机组件：一个里面带有二维进气道，可以直通发动机的机舱。"好，所以我们有了一个机舱。接着我们要找一个机身来挂载大量的东西，于是尝试将机翼枢轴进一步外移。因此我们在机舱之间放了一个'机翼'。机舱之间的间距，取决于携带两枚有合适间隙的'不死鸟'（导弹）所需的宽度。"

这种独特布局最终产生了一个带有翼型截面的中央体，构成了飞机一大半的升力面。这个浅浅的、扁平的部位被格鲁曼公司的设计师们称之为"煎饼"。发动机之间由此而形成的深沟会给飞机增加大量阻力，但其产生的升力远大于阻力。"它开始成形了。"佩莱赫继续道，"但是对于机翼枢

◄◄ 303E方案是F-14的前身，实际上是迈克·佩莱赫的创作，他后来成为了格鲁曼公司的副总裁和"雄猫"项目的总监。"他主导了美国海军和格鲁曼公司以及主要分包商之间的整个工作关系，格鲁曼公司退休主管、佩莱赫的助理迈克·奇米内拉（Mike Ciminera）评价佩莱赫道："在公司内部，他是设计天才，把构成F-14的所有选项组合在了一起。"（航空摇篮博物馆）

▼ 1971年第二架FSD"雄猫"（生产编号157981）从格鲁曼贝思佩奇工厂运抵卡尔弗顿试飞设施。这架飞机还没安装发动机、垂尾尖和雷达罩。注意翼套上层加强筋和加大的外侧整流罩向后延伸到了翼套的后缘。这两道加强筋的高度和尺寸在后来的FSD飞机上都缩小了。（格鲁曼公司获自"尾钩"协会）

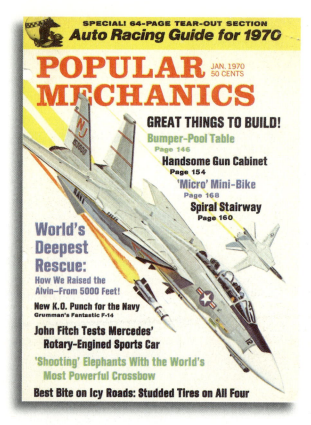

▲ 知名杂志《大众机械师》1970年第一期的封面上刊登了一幅相当精确的"雄猫"艺术画，很显然这位艺术家已经被告知要突出战斗机的可变后掠翼以及它的主要武器AIM-54"不死鸟"。（彼得·默斯基）

轴的位置有很多考量，内外和前后都要考虑。F-111的设计是将跨音速阻力降到最低，但我们遇到了不同的问题，我们要设计的是一种巡航时间长，同时在高空有冲刺能力的飞机。F-14是一款好看的飞机，但它的设计还是以功能为考量。"

1968年12月，格鲁曼公司和麦克唐纳·道格拉斯公司被选为VFX竞标的最终竞争者。由于确信会赢，格鲁曼公司甚至承担着预算风险开始生产303E方案原型机的部分部件。为303E方案投入的艰苦努力终于在第二年1月得到了回报，美国海军选择了格鲁曼公司的飞机。这个设计在制造商们给出的方案中并不是最便宜的，但美国海军判断它将是最好的。F-14的最终布局直到格鲁曼的方案被选中几个月后才确定，但它是基于303E方案的。这个方案已经展示了最终设计的很多特点，比如大型透明座舱，带切尖的平尾和一个新颖的可伸缩翼扇系统，可以抵消机翼大角度后掠和超音速飞行造成的机翼升力中心后移。

如前所述，按照格鲁曼公司的原始设计和最初制作的模型，303E方案采用了单垂尾布局，每个后发动机舱外面都设有折叠式腹鳍，以提供良好的方向稳定性。然而美国海军反对采用腹鳍，主要是因为海军觉得有腹鳍的飞机不太适合航母。去掉腹鳍反过来就意味着如果在高马赫速度下发生故障时，单垂尾无法为"雄猫"这种体型的飞机提供足够的方向稳定性，因此F-14采用了现在的标志性双垂尾布局。美国海军还提供了一种有效方案，来解决在持续大攻角飞行中洞穴状进气道产生不稳定气流的问题。最终，"雄猫"的总体高度因为采用双垂尾而大大降低，从而让飞机拥有了充足的机库和甲板之间的间隙，不需要类似安装在A-5"民团团员"上的那种折叠式垂尾。

得益于格鲁曼公司先在TFX项目，现在又在VFX项目上多年的研发工作，第一架RDT&E飞机（生产编号157980）的组装工作进展顺利。格鲁曼公司对飞机设计的各个方面都进行了彻底的实验和测试，然后才开始建造第一架原型机，例如在F-14独特的进气道和发动机/

喷口布局开发方面，已经进行了 4 年的工程和风洞工作。

F-14 预期性能的核心是它的可变后掠翼，可以在 20° 到 60° 之间自动或者手动改变后掠角、弯度、机翼面积和展弦比。由于机翼后掠角度可变，飞机的性能可以在各种飞行包线中最优化。在实战中，这意味着 F-14 机组可以将机翼完全向前调到最小后掠角，以便在跟最敏捷的对手进行"狗斗"时转弯并打开加力脱离战斗，然后在执行拦截携带巡航导弹的轰炸机的任务时，将机翼向后调到最大后掠角以达到令人难以想象的高速度。

格鲁曼公司于 1970 年 12 月 14 日在卡尔弗顿开始进行第一架 RDT&E 飞机的滑行试验，一周后，项目试飞员威廉·"比尔"·米勒（William "Bill" Miller）和公司首席试飞员罗伯特·"鲍勃"·斯迈瑟（Robert "Bob" Smythe）进行了"雄猫"的"首飞"。不过这次所谓的首飞只不过是将机翼固定在最小后掠角上，飞机拉起离开跑道后立刻就降落了。12 月 30 日，两名飞行员（首次互换了座舱）驾机起飞，按照计划进行有更多测试项目的第二次飞行。机组人员在起落架未收起的情况下完成了稳定性和控制评估后，收起了起落架并将速度慢慢地提高到 207 英里 / 小时（333.13 千米 / 小时）。

▲ "雄猫"FSD 飞机（生产编号 157980）的残骸仍在燃烧，1971 年 12 月 21 日该机在发生了灾难性的液压系统故障后在准备降落到卡尔弗顿时坠毁。

157980 号机进入试飞任务大约 25 分钟后，跟踪机飞行员报告说"雄猫"正在拉烟。几秒钟后，米勒通过电台联络卡尔弗顿，说飞机的主液压系统失灵了，飞机拉出的"烟"实际上是从破裂的管道中喷出的液压油。切换到备用系统后，"雄猫"机组驾驶飞机来到了距离跑道还不到 1 英里（1.61 千米）的地方，此时备用系统也失灵了，两名飞行员不得不在卡尔弗顿机场周围树林上空仅 25 英尺（约 7.62 米）高处弹射。米勒和斯迈瑟在弹射过程中只受了皮外伤，事故发生后 30 分钟内他们就回到了卡尔弗顿。

格鲁曼公司对烧焦的残骸调查显示，坠机的原因是共振诱发钛合金液压管路断裂，安装连接件的松动又造成了故障的进一步恶化。随后所有的 RDT&E 飞机和生产型 F-14 都正式采用了不锈钢液压管路，

代替了钛合金。坠机事故展现出的积极方面是用来固定可变后掠翼的翼盒的强度。"雄猫"的翼盒结合了电子束焊接技术和高强度钛合金，比F-111使用的螺接钢结构要轻约900磅（408.23千克）。安装在157980号机上的翼盒在坠机地点被找到时仍然完好，深入地下6英尺（1.83米）深处。

虽然"雄猫"原型机液压管路的改进很快就实施了，但第一架飞机的失事造成了进一步试飞的延迟，一直到1971年5月24日第二架RDT&E飞机才首飞。最终至少有20架早期生产的飞机参加了试飞项目，飞机开发进度很快就按计划恢复。RDT&E2号机进行了低速操控和关键性的失速/尾旋试飞，3号机通过不断增加过载和速度进行性能包线拓展试飞，而4、5和6号机则前往加利福尼亚州穆古岬（Point Mugu）海军航空站的海军导弹中心进行作战试飞和评估。"雄猫"在这里进行了武器实验，其中4号机是第一架安装了具有完备功能的AN/AWG-9/AIM-54系统的F-14。5号机在1973年6月30日进行的AIM-7分离实验中失事。

7号机是格鲁曼公司的

▲ 至少有20架早期生产的飞机为"雄猫"参加了试飞项目，其中12架是预生产型机体。图为其中4架预生产型1972年在卡尔弗顿进行飞行间隙作业。这些飞机是FSD 1X号机（生产编号157991）、FSD 11号机（生产编号157990）、FSD 2号机（生产编号157981），以及FSD 8号机（生产编号157987）。

20世纪70年代初，美国空军评估了F—14A防空截击机的效能。作为这个项目流程的一部分，格鲁曼公司修改了F—14的全尺寸模型，安装了可以挂载AIM—54导弹的保型油箱模型。此外还有可抛弃的副油箱和AIM—7导弹。美国空军为防空司令部选择了F—15A，而防空型F—14A没有进一步发展。（格鲁曼公司/戴维·F. 布朗）

F-14B 测试机，安装了普惠 F401-PW-400 涡扇发动机，而 8 号机则是交付给马里兰州帕塔克森特河（Patuxent River）海军航空站的海军航空试飞中心（Naval Air Test Center，简称 NATC）的若干架"雄猫"中的第一架。后继的 RDT&E 飞机都被海军航空试飞中心和穆古岬的 VX-4 作战测试和评估中队瓜分，到 1971 年 12 月，已经有 9 架"雄猫"被分配到各种试飞项目中。同月，乔治·怀特（George White）中校成为第一位驾驶 F-14 的美国海军试飞员。

1972 年 6 月 15 日，10 号机在"福莱斯特"号（USS Forrestal，CVA-59）上达成了首次航母弹射起飞和阻拦降落的里程碑。当时该舰驶离弗吉尼亚海岸 115 英里（约 185.07 千米），F-14 已经于 2 天前在诺福克（Norfolk）被吊上舰。到当月 28 日，这架飞机在进行了 3 次弹射起飞、两次阻拦降落、13 次触碰甲板和 3 次触舰复飞后，完成了自己的首次航母作业。两天后，试飞员比尔·米勒在这架飞机中身亡，他在为一场航展进行练习飞行时坠入了切萨皮克湾（Chesapeake Bay）。他的同事，另一名试飞员罗伯特·"鲍勃"·斯迈瑟解释了事

▼ 1972年6月13日，"福莱斯特"号航空母舰（CVA-59）停靠在诺福克海军码头，FSD 10号机（生产编号157959）被小心翼翼地吊上舰。2天后这架飞机在弗吉尼亚海岸进行了F-14在航母上的首次弹射起飞和阻拦降落。（格鲁曼公司获自"尾钩"协会）

故发生的原因：

　　1972 年春夏之际，比尔·米勒曾
在帕克斯（帕塔克森特）河机场进行
过 F-14 的航母适用性试飞。在飞机试
飞和开发项目阶段，制造商必须证明
飞机在结构上能够满足海军在阻拦降
落和弹射起飞上的所有要求。这些试
飞都是通过安装在帕克斯河机场上的
阻拦设备进行的，飞机飞行高度从未
超过 1000 英尺（304.8 米），也几乎
没有收起过起落架或襟翼。另外，后
座舱也没什么用，所以我们在后座舱
的侧壁上放了一套仪器。

　　这架特殊的飞机有一个已知的机
翼后掠问题，因为其中一个防止机翼
后掠时襟翼放下或扰流片升起的联动
装置已经失灵。要想让机翼后掠，飞
行员必须同时拨弄断路开关和襟翼手
柄，这是一项双手工作，也不是什么
大问题，因为比尔对这个流程很熟悉。

　　每年 7 月 4 日，帕塔克森特都会
举行一场大型海军慰问航展，有数千
人参加，海军会询问在当地拥有最新型飞机的承包商是否愿
意参展，承包商通常都会答应。比尔同意参演，并策划进行
一次高速起飞，接着是 90/270° 调头，以 400 节（740.8 千米
/ 小时）的速度带着机翼完全后掠的状态返回跑道上空。

　　1972 年 6 月 30 日，比尔出去进行练习飞行。天气据说
符合目视飞行规则（visual flight rules，简称 VFR），能见度
为 3 英里（约 4.83 千米）甚至更好。但事实上切萨皮克湾上
空的情况要糟得多，这种情况在夏季天气状况中很常见。比
尔在与海湾平行的 20 号跑道上对齐起飞参考线，把推力推
进到 5 级加力，进行起飞滑行。他以非常陡峭的角度拉起飞机，
收起起落架，再侧滚倒转，把机头拉回地平线，然后在海湾
上空开始 90° 左转。他注意到起落架没有显示"收起并锁定"，
于是不得不再次收起起落架。然后比尔开始拨弄断路器和襟

▲ 1972年6月，FSD 10号机在"福莱斯特"号（CVA-59）上进行F-14的首次航母作业期间完成了一次早期"雄猫"弹射起飞。到当月28日，这架飞机完成自己的首次航母操作。两天后试飞员比尔·米勒在这架飞机上为参加航展进行飞行练习时坠入切萨皮克湾身亡。（格鲁曼公司历史中心）

翼手柄，同时开始右转 270°，对齐跑道。

此时机头略微下降，比尔不知不觉地开始从 1000 英尺（约 304.8 米）高度上下降，因为看不见地平线，而且水面平静。他在最后一刻肯定看见了一艘帆船（船上有人看见了他），准备把发动机推到最大推力并将操纵杆往后拉。比尔以 350 节（约 648.2 千米 / 小时）的速度撞上了水面，就这样结束了。如果后座上有人警告他，事故就不会发生了。

绝大多数事故都是愚蠢的，这次也不例外。顺便说一下，这次事故正好发生在 1970 年 12 月 30 日原型机失事的整整 18 个月后。

为了延长试飞期，格鲁曼公司雇佣了一小队 KA-6 "入侵者" 加油机来延长 "雄猫" 的任务时间。格鲁曼公司还使用了一种自动遥感系统来中继飞行数据，将其实时传回地面以便进行快速评估。格鲁曼公司在试飞项目上的这些举措，以及为空勤和地勤人员提供的综

▼ 1973 年 12 月，刚出厂的 F-14A（生产编号 158980）搭载在从帕塔克森特河海军航空站基地出发的 "福莱斯特" 号（CVA-59）上参加美国海军航空试飞中心的航母适用性试飞。图为该机在一次试飞刚开始时正在舰艏 1 号弹射器上滑行，其机身下方的左前挂架上挂载了一枚 YAIM-54 模拟弹。（格鲁曼公司获自 "尾钩" 协会）

合性服役试飞及操作指导，让 F-14 的研制时间比预计缩短了 18 个月。这意味着第一架生产型飞机在 1972 年 10 月就抵达了驻加利福尼亚州米拉马尔海军航空站的太平洋舰队 VF-124 舰队换装中队（Fleet Replacement Squadron，简称 FRS）。

　　虽然飞机已经成功完成了初步服役试飞，现在也正融入舰队现役，但是由于 1969 年 1 月海军在订购飞机时跟格鲁曼公司签订的是固定价格合同，当时交付给美国海军的每一架"雄猫"，格鲁曼公司都是亏损的。罗伯特·S. 麦克纳马拉在 20 世纪 60 年代格鲁曼公司的繁盛时期跟公司达成一个总包合同，"雄猫"的合同也是其中一部分。当时正值越南战争最激烈的时候，格鲁曼公司的美国海军、空军和海军陆战队的飞机生产订单接近产能极限。20 世纪 70 年代初的经济环境更为严峻，通胀率的暴涨吞掉了格鲁曼公司在 F-14 项目上的利润，导致格鲁曼公司在交付第 V 批次订货中的部分"雄猫"时，每架飞机要亏损 100 万美元。当美国海军和格鲁曼公司未能就修改价格达成一致、导致 1974 财年的合同未能签订时，格鲁曼公司面临破产，威胁要停止生产，不再交付第 V 批次的飞机。

　　F-14 项目协调员 L. S."苏格兰狗"·拉莫雷奥上校在离开美国海军后不久，受雇于航空巨头休斯公司以支持"雄猫"的采购流程，这里他解释了固定价格合同系统的缺点：

　　这是制造复杂飞机的一种困难方法，因为在研发合同的形成阶段，飞机规格和配置会持续不断地变化。固定价格研发合同在广泛使用的同时

▲ 格鲁曼公司使用美国海军提供的几架KA-6"入侵者"加油机可以延长试飞架次的时间,因此加速了"雄猫"的研发。图为"雄猫"FSD 2号机(生产编号157981)正在从NA-6A加油机(生产编号147867)受油,这是1架专为长航时试飞工作而配置的飞机。F-14糖果条纹涂装的空速管里装有试飞仪器和大气数据传感器。(格鲁曼公司获自"尾钩"协会)

广遭诟病,但在实践中却鲜有改变。此外,合同中规定的通胀率远低于当时正经历的实际通胀率。危机并不在于成本上升了多少,而是上升到了超出格鲁曼公司的合同价最高上限的程度,按照合同上的限价,格鲁曼公司(交付的每架飞机)只能获得10%的利润。当从利润中减掉通胀率差额,而价格又没有大幅上涨时,就将格鲁曼公司置于成交价远低于最高限价的亏损境地。

虽然格鲁曼公司在第Ⅰ—Ⅲ批次中交付的头38架"雄猫"上获取了微薄的利润,但自1969年底以来格鲁曼公司就一直在警告美国海军,合同需要重新商定,因为一般通胀率一直在稳步增长,已经达到了比合同签订时最悲观的预测还要高出近5%的地步。其他方面的成本也在急剧上升,以钛合金为例,其价格在短短12个月内上涨了40%～50%,而F-14的钛合金使用比例很高,当时只有SR-71侦察机在制造中使用的钛合金比例高于F-14。

固定价格合同的问题一直持续到第Ⅴ批次飞机完工,此时格鲁曼公司陷入了严重的财务危机。格鲁曼公司的借款银行拒绝增加公司的未动用透支额度,除非 F-14 的定价问题以不会损害格鲁曼公司财务生存能力的方式得到解决。1973 年 3 月,格鲁曼公司和海军最终达成了一个妥协方案:格鲁曼公司接受头 134 架交付飞机的固定价格合同(因此承担了 2.2 亿美元的损失),美国海军同意重新商定后继订单的价格,并提供 2 亿美元的贷款帮助格鲁曼公司渡过难关。然而这笔贷款很快被取消了,因为美国海军发现格鲁曼公司将贷款用于投资短期证券以产生 280 万美元的利润,来弥补它迄今遭受的损失。

当时格鲁曼公司即将从伊朗获得 F-14 订单,而且伊朗梅利银行介入,为格鲁曼公司提供了一笔 7500 万美元的贷款。这种对格鲁曼公司的信心展示,说服了一个由 9 家美国银行组成的财团,将美国海军撤出的资金中余下的部分借给了格鲁曼公司。最终,从 1975 年开始,格鲁曼公司再次从"雄猫"身上盈利。

▼ 第 2 架生产标准的"雄猫"(生产编号 158613)在 1972 年 6 月出厂并交付给美国海军,1973 年 12 月也在"帕克斯河"参加了 AIM-54 的甲板试飞。图中可见飞机满载模拟导弹,右侧主起落架的一个轮胎爆掉,在"福莱斯特"号(CVA-59)上进行事故降落后正在被拖出阻拦索钢缆。(格鲁曼公司历史中心)

"雄猫"的加力燃烧室尾焰在光线不强的条件下令人印象深刻，图为2002年11月，VF-154中队的"暗夜107"（生产编号161296）在日本海岸进行的年度演习14G期间的一次黄昏出动中从"小鹰"号（CV-63）上弹射起飞。TF30是西方第一种带有加力燃烧室的涡扇发动机，当飞行员打开加力时，"雄猫"的油耗会增加4倍。（美国海军）

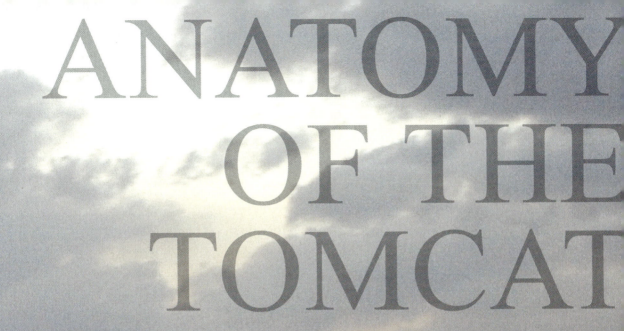

ANATOMY OF THE TOMCAT

2 剖析 "雄猫"

格鲁曼公司的战斗机以难以置信的结实而闻名，而"雄猫"可能是它们中最坚固的。从 1970 年到 1992 年，格鲁曼公司生产的 712 架"雄猫"全都在公司的卡尔弗顿工厂总装。F-14 的实际生产过程在多个地点进行，有 60% 的零部件由 150 多家分包公司负责。

整个后机身是由费尔柴尔德公司（Fairchild Republic）在位于长岛的法明代尔（Farmingdale）工厂生产的，此处距离格鲁曼公司的贝思佩奇工厂不远。同公司的黑格斯敦（Hagerstown）工厂制造了垂尾和方向舵组件，而罗尔工业公司（Rohr Industries）制造了发动机进气道和后机舱。艾龙卡公司（Aeronca）制造了发动机喷口之间的"尾椎"上下机身表面上独特的减速板，以及尾部检修门。卡曼航空公司（Kaman Aerospace）负责机翼蒙皮、机翼前缘设备、缝翼、襟翼和扰流板。萨金特工业公司（Sargent Industries）制造钛合金机翼枢轴轴承，汉密尔顿标准公司（Hamilton Standard）生产可变后掠翼液压动作筒。主起落架支柱、主

▼ 座舱盖已经被拆除的FSD 5号机（生产编号157984）在自己试飞项目的早期阶段在卡尔弗顿，上面挤满了格鲁曼公司的技术人员。飞机的脊背整流罩已经被拆除，露出了控制连杆和线缆。机翼枢纽轴承和可变后掠翼的液压动作筒主轴，以及尾部升降副翼的液压动作筒也可以看见。（格鲁曼公司获自"尾钩"协会）

起落架联动杆和前起落架支柱都由本迪克斯公司生产，而 B. F. 古德里奇公司（B. F. Goodrich）提供机轮、轮胎和刹车。固异特航空航天公司（Goodyear Aerospace）提供碳刹车片，马丁—贝克公司（Martin-Baker）提供两具 GRU-7A 弹射座椅（F-14A），座舱盖和风挡由斯瓦德洛公司（Swedlow）生产，机头雷达罩由布伦瑞克公司（Brunswick）生产。

　　至于安装在机内的系统，加勒特艾雷赛奇公司（Garrett AiResearch）负责提供环控空调系统、温度控制系统、中央大气数据计算机（Central Air Date Computer，简称 CADC）、进气道控制系统、座舱压力系统和 ARS100 空气涡轮启动机。海鸥机载仪表公司（Gull Airborne Instruments）提供燃油量测量系统、发动机仪表、襟翼指示器和攻角指示器，而应急发电机和组合电源装置由桑斯川特航空公司（Sundstrand Aviation）提供。液压动作筒由本迪克斯公司（平尾、伺服唧筒和方向舵伺服动作筒）、马夸特公司（Marquardt）（进气道控制伺服唧筒）、普莱泽动力公司（Pleaseu Dynamics）（冲压空气门动作筒）和纽莫公司国营扬水机分公司（National Water Lift Division）（扰流片和俯仰伺服以及飞控部件）制造。

　　最终这些分包商零件和其他零件将在位于卡尔弗顿的格鲁曼公司

▲ 20世纪70年代中期F-14A集中在格鲁曼公司拥挤的卡尔弗顿6号工厂。"雄猫"后面的"入侵者"是正在被改进为E型的A-6A。格鲁曼公司在F-14的组装上采用了模块化理念，7个单独的工位负责组装过程中的各个部分。（航空摇篮博物馆）

6号工厂完成组装,此处是A-6"入侵者"和EA-6B"徘徊者"的总装线,也被用于总装F-14。

格鲁曼公司在组装"雄猫"时采用了模块化理念,7个分开的工位负责总装过程中的不同工序。工位A是制造开始的地方,负责将发动机机舱总成组装在前/中央机身模块上,将后机身总成和发动机机舱组装在一起,同时完成进气道/翼套总成以及座舱盖附件的装配。飞机转移到1号工位后,垂尾蒙皮和主起落架部件会在这里安装,主起落架安装后可以让飞机在制造过程中剩余的阶段里依靠机轮自行移动。机翼和发动机在2号工位安装,飞控传动装置和飞控系统的测试在3号工位进行。在3号工位工作的工程师们还要负责休斯AN/AWG-9雷达、中央大气数据计算机和其他任务优化航电设备的安装。航电设备的测试在4号工位进行,之后完工的飞机被推到厂房外,让

▼ A工位的正面视角显示了3个前/中部机身模块,而最靠近镜头的这架飞机后机身、机舱和进气道/翼套也已经装配到了前/中部机身模块上。最后,部分完工的飞机也会得到一个可以提供适当保护的座舱盖。(格鲁曼公司/戴维·F.布朗)

来自 5 号工位的技术人员进行发动机试车和燃油流量校准。飞机在 6 号工位喷漆，先上一层白色底漆，然后再涂一层灰色聚氨酯亮光漆，在 7 号工位安装武器挂架并进行武器系统测试（包括使用机炮进行 500 发炮弹的试射）。

　　飞机在沿生产线进行为期 65 ~ 70 天的总装，达到飞行所需标准后，格鲁曼公司的试飞员将进行试飞。格鲁曼公司对新生产的 F-14 采用了一个"飞—修—飞"的循环，直到飞机上被发现的所有缺陷都被修复。当然，格鲁曼公司的目标是生产一种完美无缺的飞机，但在项目的早期阶段，这种"零缺陷"的飞机并不多见。不过，随着生产线上经验的积累，越来越多的"雄猫"只经过一次试飞就被美国海军驻卡尔弗顿验收小组接收。飞机移交给美国海军后，一名海军飞行员和一名雷达截击引导员（Radar Intercept Officer，简称 RIO）通常会先在卡尔弗顿驾驶新飞机飞两个架次，然后将 F-14 转场到驻扎在米拉马尔海军航空站或弗吉尼亚州奥希阿纳（Oceana）海军航空站的一支舰载机部队。

　　"雄猫"虽然在 1970 年开工时被誉为那个时代最先进的战斗机，

▼ 机翼已经安装好，发动机在6号工厂2号工位安装——照片前面的这架 F-14A 正在安装左侧 TF30 发动机。传动装置和飞控系统的测试是在3号工位生产的下一个阶段。图中展示所有的"雄猫"都将进入伊朗帝国空军服役。（航空摇篮博物馆）

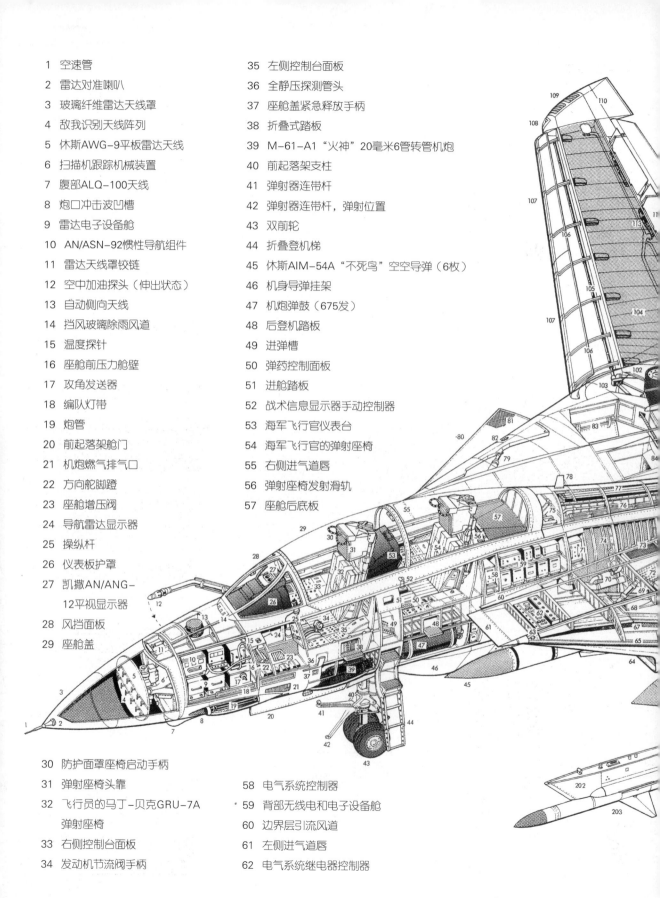

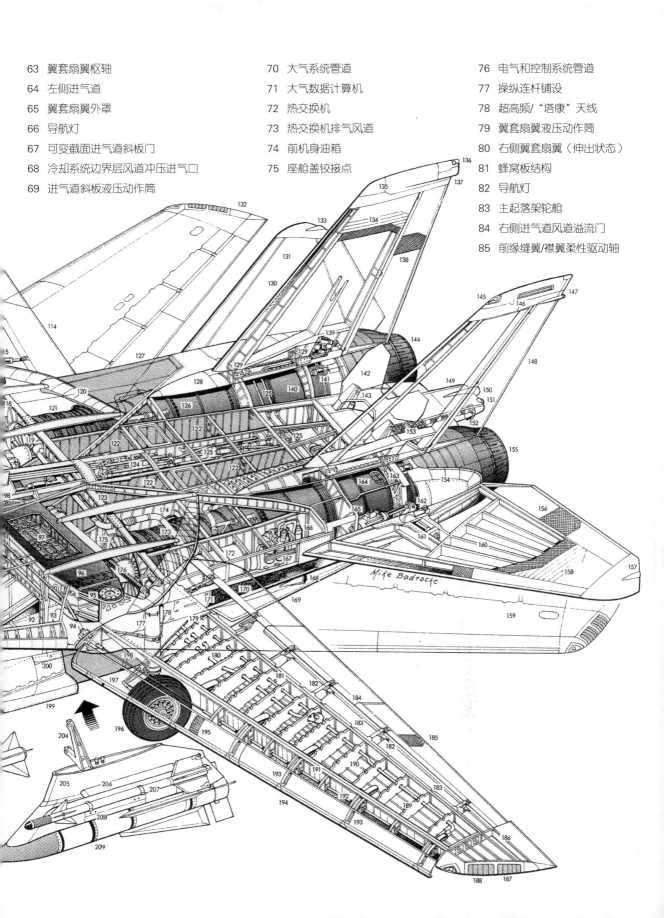

63 翼套扇翼枢轴

64 左侧进气道

65 翼套扇翼外罩

66 导航灯

67 可变截面进气道斜板门

68 冷却系统边界层风道冲压进气口

69 进气道斜板液压动作筒

70 大气系统管道

71 大气数据计算机

72 热交换机

73 热交换机排气风道

74 前机身油箱

75 座舱盖铰接点

76 电气和控制系统管道

77 操纵连杆铺设

78 超高频/"塔康"天线

79 翼套扇翼液压动作筒

80 右侧翼套扇翼（伸出状态）

81 蜂窝板结构

82 导航灯

83 主起落架轮舱

84 右侧进气道风道溢流门

85 前缘缝翼/襟翼柔性驱动轴

Mike Badrocke

166 液压系统设备组件
167 编队灯带
168 滑油冷却空气进气道
169 左侧腹鳍
170 发动机附件隔舱
171 底部发动机检修门
172 液压油箱
173 引气风道
174 左侧发动机舱
175 进气道压缩机前脸
176 可变后掠翼螺旋动作筒
177 主起落架支柱结构
178 液压收起动作筒
179 机翼蒙皮板
180 燃油系统管路
181 后翼梁
182 襟翼铰链支架
183 左侧滚转控制扰流片
184 襟翼前缘眉式密封整流罩
185 左侧机动襟翼蜂窝结构
186 翼尖整流罩结构
187 低压编队灯
188 左侧导航灯
189 机翼肋梁结构
190 左翼内部油箱
191 前机梁
192 前缘肋梁结构
193 前缘缝翼导轨
194 左侧前缘缝翼段（打开状态）
195 前缘缝翼蜂窝结构
196 左侧主起落架机轮
197 转矩剪刀式链接
198 主起落架前支撑杆结构
199 主起落架舱门
200 腹部挂架连接装置
201 副油箱（265美制加仑/1011升）
202 “麻雀”导弹发射适配器
203 AIM-7F“麻雀”空对空导弹
204 翼套挂架连接装置
205 弯曲式翼套挂架
206 “响尾蛇”导弹发射导轨
207 AIM-9C“响尾蛇”空空导弹
208 “不死鸟”发射适配器
209 AIM-54A“不死鸟”空空导弹

但飞机的大部分结构还是传统的设计和工艺。飞机最重要的部位是一体式钛合金翼盒，这才是真正的尖端技术。钛合金是一种很难加工的材料，比钢强度更高，但轻得多。之前的海军战斗机，例如F-4“鬼怪”Ⅱ只使用了占机身总重量比例很小的钛合金，仅限于高温和高物理应力部位。在F-4上，钛合金仅占结构的9%，但在“雄猫”上，钛合金约占空重的25%，被用于翼盒、机翼枢轴、机翼上下蒙皮、进气道、后机身蒙皮和液压管路的制造。

格鲁曼公司的工程师为“雄猫”的翼盒选择钛合金是为了节省成本和减轻重量。20世纪60年代初，通用动力公司在设计F-111的翼盒时选择使用由D6AC钢制造的螺接组件，格鲁曼公司本可简单地复制这种设计，但它意识到如果使用电子束焊技术而非螺栓来制造钛合金翼盒是可以减轻重量的。电子束焊是当时最先进的技术，格鲁曼的工程师花了数年时间试验将这种超强金属跟其他材料熔焊在一起，最终在战斗机的钛合金构造领域取得了领先。他们利用一个小真空室，发现了厚截面6AL-4V钛合金可以在形变最小的情况下进行焊接。传统的材料厚截面焊接需要多道工序和事后检查，会增加生产过程中的时间和成本，但采用电子束焊技术的钛合金一次就能完成。

到 1968 年，F-14 的翼盒结构已经进行了设计、制造和应力测试，原型翼盒最终在 112% 的载荷系数下损坏，而且损坏不是发生在焊缝处，而是在下盖的一个工具痕迹处。

航空历史学家道格·里查德森解释道：

> 任何可变后掠翼飞机的翼盒设计都会造成严重的工程问题。首先，随着机翼角度的变化，外翼段的活动会传递很大且会变得弯曲的扭转力矩。机翼/机身枢轴必须定位在有害俯仰力矩尽可能小的位置，尤其是在高空飞行和高速率转弯时。用于承载这些枢轴的翼盒位于飞机横截面最大处，迫使设计师将翼盒的形状进行修改，以适应如进气道等其他部位的特征。至于 F-14，这些因素产生了一个 20 英尺（6.10 米）长的组件，同时也是一个完整的油箱。

▼ 20世纪80年代，一具尚未安装机翼的F-14A机身在在6号工厂装配好机身中部后，被高架起重机从它在A工位线上的位置吊起并移动到装配大厅内的1号工位。分包商们为格鲁曼公司制造的所有部件都会在其庞大的卡尔弗顿工厂里组装起来。这架飞机由钛合金制成的右侧机翼枢轴清晰可见。（格鲁曼公司获自"尾钩"协会）

当33个机加工零件在格鲁曼公司的贝思佩奇工厂通过3台西亚基（Sciky）电子束焊机焊接在一起完成组装时，"雄猫"翼盒的长为22英尺（约6.10米）、宽33～36英寸（约0.84～0.91米）、厚14英寸（约0.36米），通过两套机翼枢轴将机翼载荷传递到机身，翼盒通过4个销钉连接在机身上。构成机翼枢轴的两个环形球面轴承也是用钛合金制成的，且涂有特氟龙[1]涂层。枢轴螺接在翼盒上，机翼通过两套凸耳跟枢轴连接，两套凸耳中的任何一套发生故障都不会危及飞机的安全。

使用钛合金的减重效果显著，不仅翼盒结构本身重量直接降低了900磅（约408.23千克），而且在燃油和结构上让"雄猫"的总起飞重量降低了22000磅（约9979.03千克）。

"雄猫"的机身由传统机加工钢制框架组成。钢制框架还用于后机身和起落架支撑结构，以及后发动机和平尾安装连接的环形梁。黏合蜂窝板作为一种减重措施也被广泛用于机身蒙皮，不过靠近发动机尾部的"热段"护板由钛合金制成。钛合金能够更好地承受这些部位的高温，且具有耐腐蚀性。钛合金还被用于机翼上下蒙皮、发动机进气道、液压管路、主/后机身纵梁以及发动机的支撑梁。

其他部位，如机翼前缘的扇翼、进气道侧壁、机翼前缘和后缘、可活动的气动控制面和飞机独特的双垂尾都是由黏合蜂窝材料构成的。不过，被"雄猫"机组人员称之为"差动平尾"的水平尾翼蒙皮是由"Y"复合材料（硼–环氧树脂）制成的。这是西方第一次在军用飞机的承力结构上使用复合材料。

可变后掠翼和"煎饼"

F-14独特的可动机翼部分由平后缘襟翼、全翼展前缘缝翼、减升板和扰流板组成。扰流板跟平尾联动，可以让飞行员在机翼最小后掠角时保持侧滚控制。F-14跟之前的手动控制可变后掠翼飞机不同，它是第一种依靠自动化系统的飞机。中央大气数据计算机随着马赫数的变化会将机翼移动到最佳角度以获得最佳升阻比（翼展平方与机翼面积之比）。

道格·理查德森解释道：

> 机翼的后掠角可以从20°（用于着陆和起飞）到68°（速度约0.9马赫时达到，并从1.2马赫一直锁定到最大速度）

[1] 聚四氟乙烯。——译者注

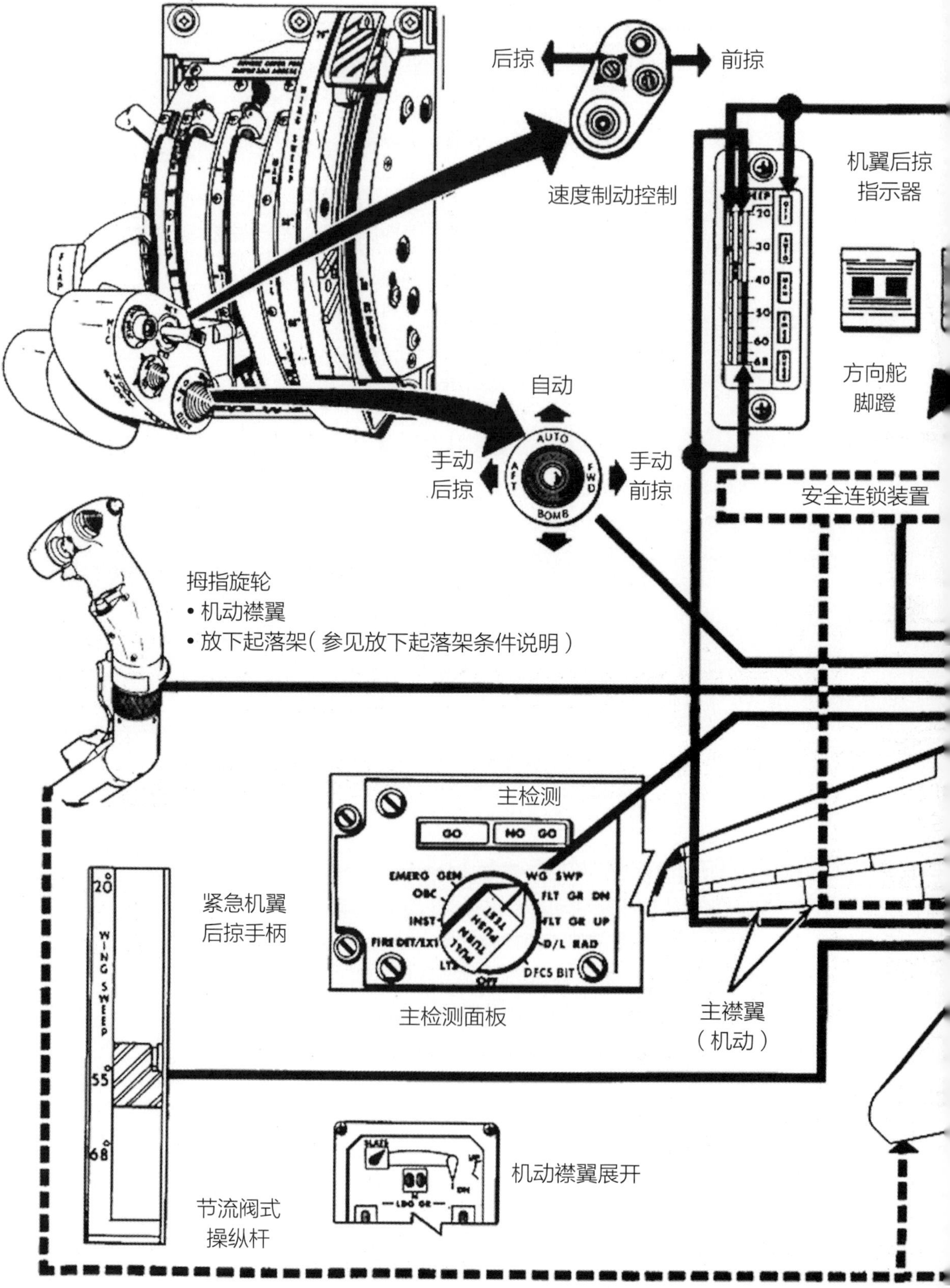

后掠 前掠

速度制动控制

机翼后掠
指示器

方向舵
脚蹬

自动

手动
后掠

手动
前掠

安全连锁装置

拇指旋轮
• 机动襟翼
• 放下起落架（参见放下起落架条件说明）

主检测

GO   NO GO

紧急机翼
后掠手柄

EMERG GEN   WG SWP
OBC   FLT GR DN
INST   FLT GR UP
FIRE DET/EXT   D/L RAD
LT   DFCS BIT

主检测面板

主襟翼
（机动）

机动襟翼展开

节流阀式
操纵杆

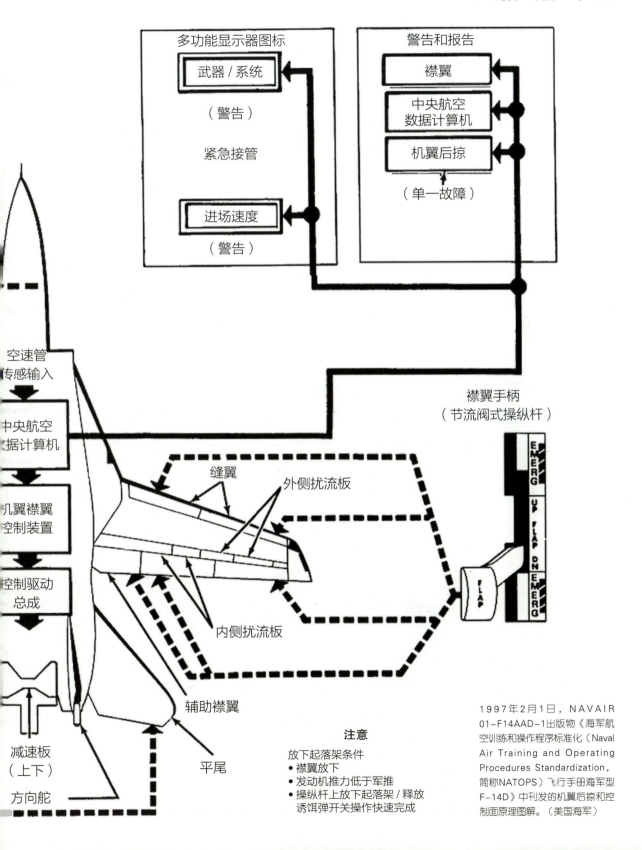

多功能显示器图标

武器 / 系统

（警告）

紧急接管

进场速度

（警告）

警告和报告

襟翼

中央航空
数据计算机

机翼后掠

（单一故障）

空速管
传感输入

中央航空
数据计算机

机翼襟翼
控制装置

控制驱动
总成

减速板
（上下）

方向舵

缝翼

外侧扰流板

内侧扰流板

辅助襟翼

平尾

襟翼手柄
（节流阀式操纵杆）

EMERG
UP
FLAP
DN
EMERG

FLAP

注意

放下起落架条件
● 襟翼放下
● 发动机推力低于军推
● 操纵杆上放下起落架 / 释放
诱饵弹开关操作快速完成

1997年2月1日，NAVAIR
01-F14AAD-1出版物《海军航
空训练和操作程序标准化（Naval
Air Training and Operating
Procedures Standardization，
简称NATOPS）飞行手册海军型
F-14D》中刊发的机翼后掠和控
制面原理图解。（美国海军）

之间变化，此外还有一个飞机停放时专用的 75°后掠角，此时机翼与平尾部分重叠以节省停放空间。机翼后掠角由中央大气数据计算机自动控制，以优化升阻比。这个功能在速度 0.6 到 0.9 马赫之间尤为有效，也就是空战中最有可能遇到的速度范围。为了提升战斗机动性，F-14 在机翼处于最小后掠角时可以展开前缘缝翼和外侧襟翼。

手动控制机翼后掠角是很困难的，尤其是在空战的高压环境下根据不同的空速、高度和翼载进行一些微小的调整。因此，F-14 几乎全部都在机翼后掠角自动化控制的状态下飞行。马赫后掠程序负责监督可变后掠翼的运行，依靠中央大气数据计算机输出的数据来决定最佳后掠角。F-14 也安装了一套手动操控系统，可以让飞行员即使在低速时也能将机翼完全后掠以提高加速度，但为了获得更大的升阻比而减小后掠角则需要调整到紧急设置。这样做是为了防止脑子过热的飞行员试图在空战机动（Air Combat Manoeuvring，简称 ACM）中为了拉出出人意料的"蝙蝠转弯"而"弹出"机翼，这个过程中会导致飞机承受太大的过载。当战斗机达到 7.5 个 g 的最大设计过载时，可变后掠翼从机械结构上就杜绝了机翼被转动至最大或最小后掠角的可能，且后掠角变化率会从 7.5°/秒降低至 4°/秒。

为了保持机翼后缘和后机身上表面之间平滑、紧配，F-14 的后机身上表面安装了充气帆布袋，通过一台稳压器从 TF30 发动机的第 12 增压级充入加压空气。机翼下表面涂有特氟龙

▼ VF-101中队的这架F-14A的翼盒蒙皮已经被中队地勤人员拆除，其左翼枢轴轴承（中间偏右）和动作筒主轴暴露出来。围绕枢轴区域的翼盒梁是用电子束焊焊接的钛合金制造的（枢轴本身也是）。（丹尼·克雷曼斯）

涂层，防止磨损帆布袋。

　　F-14 的可变后掠翼上没有安装副翼，这再次打破了常规。相反，如前所述，侧滚控制是由飞行员通过安装在机翼上的扰流板和差动偏转的"差动平尾"来进行的。机翼扰流板在机翼后掠角超过 57° 时会锁定，将滚装控制完全交给由复合材料制成的平尾。"通过在 F-111 和 A-6 上对特定部件进行试飞，积累了硼 – 环氧树脂结构的经验。"道格·理查德森说："格鲁曼公司从 1968 年开始 F-14A 的平尾的研发。到 1970 年成果结构已经完成了疲劳论证和静力实验。"

　　如前所述，前缘缝翼和后缘襟翼不同于复合材料制成的"差动平尾"，是由黏合蜂窝材料制成的。襟翼是传统的单开槽后缘型，每个外机翼上安装有 3 片。包括两个外侧主片和一个内侧辅助片，后者在后掠角超过 22° 时就会被锁定，以防损坏翼套。当后掠角达到 50° 时，主片的活动也会被锁定。

　　格鲁曼公司认为，这 3 个襟翼片跟传统的前缘缝翼协同工作，可以在飞机低速飞行时提供最佳的升力特征。不过在亚音速和跨音速飞行时，外侧襟翼还可以兼做机动襟翼。它们由中央大气数据计算机控制，在战斗中展开时，可以推迟飞机高攻角下的抖振和机翼气流分离。此外，从第 185 架"雄猫"开始，机翼上蒙皮安装了液压驱动的机动前缘缝翼，以进一步减轻抖振，

▼ 为了实现机翼后缘和后机身顶部之间的齐平接合，F-14 的后机身的上表面安装了充气帆布袋，用发动机排气加压。机翼上方整流气囊布料刚装上去时是浅灰色，但在恶劣的作战飞行条件下颜色很快就变深了。（丹尼·克雷曼斯）

▲ F-14独特的可动翼段包括平后缘襟翼、全翼段前缘襟翼、减升板和扰流片。扰流片跟平尾联动，可以让飞行员在机翼处于最大后掠角时保持侧滚控制。图中可以看到左侧机翼处于最小后掠角位置，扰流片已经打开，前缘和后缘襟翼也展开了。（丹尼·克雷曼斯）

尤其在空战机动训练中。

为了提高机翼完全后掠时飞机的超音速可操控性，格鲁曼公司创造了两个从翼套前缘伸出的可伸缩式扇翼。道格·理查德森解释道：

小型三角形扇翼在中央大气数据计算机的控制下在超音速飞行时伸出，最大伸展度为15°。伸出后，这两个扇翼会在1.4马赫以上的速度中降低F-14前机身的稳定性，[1]而且可以通过在飞机重心前方产生额外升力的方式让飞机在2马赫的速度下进行超乎寻常的7.5g过载转弯。

扇翼也有助于补偿跟超音速飞行相关的机头俯仰力矩，并减轻后机身和平尾的负担，降低飞机后部的弯曲应力，也让"雄猫"机身后部重量比不使用扇翼时更轻。最后，机翼枢轴上的扭转载荷也因扇翼而减小了。

虽然上述性能参数在格鲁曼公司和美国海军的试飞中都得到了验证，但F-14进入现役后发现扇翼的整体效果有限。迈克·佩莱赫确认了这一点：

扇翼的整体概念是很棒的，但安装相关的机械和联动装置的真正成本是什么？那些东西比我们最初设想的要复杂、沉重、昂贵得多。飞机的设计最大速度是2.4马赫，但我们

---

[1] F-14由于采用静稳设计，超音速飞行时过于稳定会降低其机动性。——译者注

发现在绝大多数情况下它只是一个理论数字。人们不会驾驶
飞机飞 2.4 马赫。飞行速度越快，机翼上升力就越往后移，
但在马赫数的最后的 2% 会回移。也就是说在 2.25 马赫时，
飞机对扇翼的需求变得微不足道。就飞机的设计初衷而言，
扇翼能让它的性能更好，但我并不认为扇翼系统带来的增益
能弥补其造成的相应损失。

　　事实上，从 20 世纪 80 年代初开始扇翼就被一线部队锁死，拆除
了扇翼的动作筒以降低重量。F-14 的 B 型和 D 型则根本没有安装。
　　机舱之间容纳翼盒和前缘扇翼的中央体提供了飞机大约一半的升

▼ 2003年5月15日，NAVAIR
01-F14AAA-1出版物《海军航空训
练和操作程序标准化飞行手册海军型
F-14A》中刊发的机翼气动控制面原
理图解，展示了各种前缘缝翼、扰流
片和襟翼的位置。（美国海军）

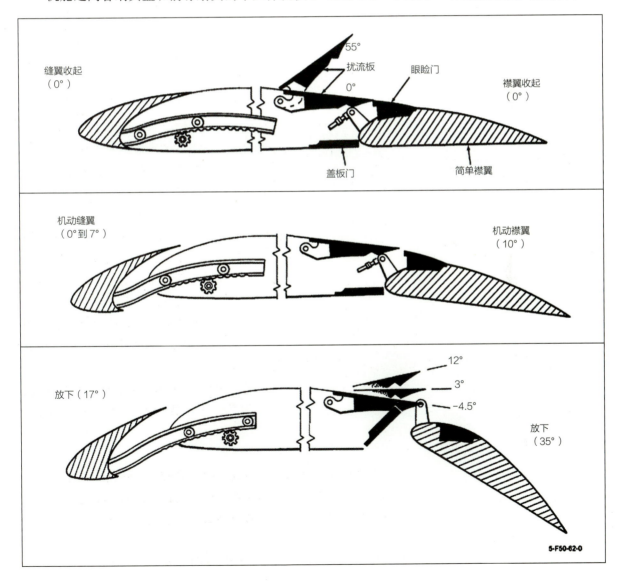

▲ F-14的后缘襟翼（和前缘缝翼）是由黏合蜂窝材料制成的。襟翼是常规的单开槽后缘型，每段外侧翼板上安装3个分段。注意翼套密封帆布袋对机翼造成的严重污染和磨损，虽然使用了特氟龙基油漆来尝试减少此类磨损。（丹尼·克雷曼斯）

▼ 为了提升机翼位于最大后掠角时的超音速机动性，格鲁曼公司创造了两个可以从翼套前缘伸出的伸缩式扇翼。如图所示，这些扇翼可以在任意机翼后掠角度伸出——VF-2中队崭新的飞机（生产编号162606）全副武装，飞行员为了方便自己的同事兼中队摄影师戴夫·巴拉内克上尉拍摄选择了中间后掠角。

▲ 1984年7月，VF-114"土豚"中队和VF-213"黑狮"中队的F-14在太平洋上的任务间隙挤满了"企业"号的飞行甲板。这些飞机的机翼被锁定在75°超后掠位置，这是"雄猫"被系留在航母飞行甲板上的标准后掠角。"黑狮"202（生产编号159859）在这张照片拍摄后不久毁于一场致命的事故。（美国海军/彼得·默斯基）

▼ 1991年2月初，在"沙漠风暴"行动任务开始时，VF-1中队的F-14A（生产编号160887）正沿着"突击者"号航母（CV-61）的舯部2号弹射器加速。飞机的前缘缝翼和后缘襟翼已经展开，全动式平尾被设置在最大偏转角度，以快速拉起被紧压的机头，让"雄猫"在抵达弹射器末端时获得最大升力。（皮特·克莱顿）

▶ 1988年底，VF-41中队的"快鹰"105（生产编号161615）在一次从欧希奥纳海军航空站到法伦航空站的横跨美国的飞行中，机翼后掠角设置在20°位置，准备从美国空军的一架KC-135加油机上接受空中加油。F-14出色的低速操控品质意味着飞行员可以将飞机准确地定位在加油机后面，轻松地将飞机伸出的探头伸进锥套中。（泰德·卡尔森）

力区。这个浅且平坦的区域有着机翼般的横截面，被格鲁曼的设计师们称为"煎饼"。这块低展弦比的区域不受跟传统大型机翼有关的弯曲和扭转运动的影响，弥补了飞机在可变后掠翼未展开时的升力，不过要付出阻力增大的代价。由于"煎饼"的刚性、固定结构，在降低机翼载荷上发挥了至关重要的作用。这反过来又可以让"雄猫"在必要时以非常高的攻角飞行——尤其是在空战机动中。大展弦比机翼通常在16°攻角时失控而且不会发出任何明显的警告，导致飞机失速。"煎饼"的小展弦比可以让"雄猫"的升力下降的更慢、更稳定，这意味着飞机并未真正失速。事实上，尽管F-14体形很大，但它具有非凡的敏捷性，飞行员在空战机动中经常会拉出30°甚至50°的攻角。

进气道

格鲁曼公司在亲身经历了与F-111B有关的问题和它复杂的进气道后，决定不在"雄猫"上使用类似的布局。道格·理查德森指出：

在设计F-14发动机安装方式时，格鲁曼公司能够借鉴早在1966年就获得的经验，当时公司作为F-111B改进项目的参与者，对先进的进气道和喷口设计进行了一系列的风洞试验。"雄猫"的两台发动机安装在机舱里，在

后机身要隔的尽可能远。

在采用常规的机身进气道的战斗机上，必须设计一个系统来转移边界层湍流，防止它抵达发动机。在 F-111 上，这个问题特别复杂，因为进气道很短，而且 TF30 发动机很容易失速。由于 F-14 的发动机短舱的位置远离机身，进气道几乎不存在吸入边界层湍流的风险。可变截面的进气道为多斜面楔形结构，为进气提供了一条直线通道。这个简单的方案避免了在 F-111 上困扰 TF30 发动机的复杂的进气道口 / 进气道衔接问题。

通过进气道的气流会被能够向前运动的斜板压缩，这些斜板具有"抗屈服"能力，可以在飞机起降时提供额外的进气面积，这就意味着飞机在低速飞行时不需要吸气门或铰接风帽来帮助吸入额外的气流。每个进气道上方的翼面上安装有一个后向喉道排气槽，通过液压动作筒驱动来分离边界层气流。剩下的空气在通往发动机前会被压缩到一个亚音速扩散风道之中。进气道偏转斜板由进气控制计算机（Inlet Control Computers，中央大气数据计算机的一部分）自动操纵，根据发动机转速、空气温度和压力，以及飞机的攻角等参数，每秒计算 40 次斜板的最佳位置。

进气道上表面安装有两个喉道式排气阀门，以抑制发动机压缩机因扰动气流（常见于高攻角飞行时，以及突然、剧烈的节流阀活动时，这两种情况都是空战机动的特色）而失速的可能性，但还是有很多"雄猫"因单发动机熄火而失事。两台发动机相距 9 英尺（约 2.74 米），如果其中一台熄火了，另外一台发动机在开着加力时特别容易产生明显的偏航力矩，被 F-14 机组人员们称之为"机头斜切"（nose slice）。[1] 飞机会因为一台发动机熄火迅速

[1] 飞行员对大迎角方向发散运动的俗称。——译者注

陷入无法改出的快速水平尾旋之中，而不幸的是 TF30 很容易熄火。预生产型飞机首次遇到这种失速状况，是飞行的早期阶段在高空以高攻角低速飞行，发动机在关闭加力和低推力设置时出现的。

在某些空速 / 推力设置组合下，发动机熄火可能会导致非常严重的失控。如果飞行员在几秒钟内没有采取适当的恢复措施，这种情况会迅速发展成一种无法改出的自续性水平尾旋。在与此类尾旋相应产生的高负过载情况下，机组人员很快就无法够着他们的弹射座椅手柄。如果偏航率被放任持续增加，尾旋会水平化——可能会增加到每秒180°，机头略微向下，攻角和空速都为零，机组人员会很快失去知觉。即使飞行员和雷达截击引导员在失去知觉前成功弹射，与水平尾旋相应的低空速也意味着巨大、沉重的座舱盖会从飞机上缓慢分离，机组人员在弹射时会冒着撞上座舱盖的风险，重蹈电影《壮志凌云》中"野

▲▲▲ F-14的矩形进气道有前向变位偏转斜板，具备"抗屈服"能力，可以在飞机起飞和降落的时候提供额外的进气面积。这些斜板由进气控制计算机自动操纵，根据发动机转速、空气温度和压力，以及飞机的攻角等参数，以每秒40次的频率计算它们的最佳位置。（丹尼·克雷曼斯）

◀◀◀ 图为左侧可变位偏转斜板已经放到了最低的位置。在速度达到0.5马赫时斜板会保持收缩状态，但是当飞机加速时它们就会被动作筒推到更低的位置，如图所示，以便将进入进气道的空气在抵达发动机的前脸前降低到更容易吸收的亚音速。（丹尼·克雷曼斯）

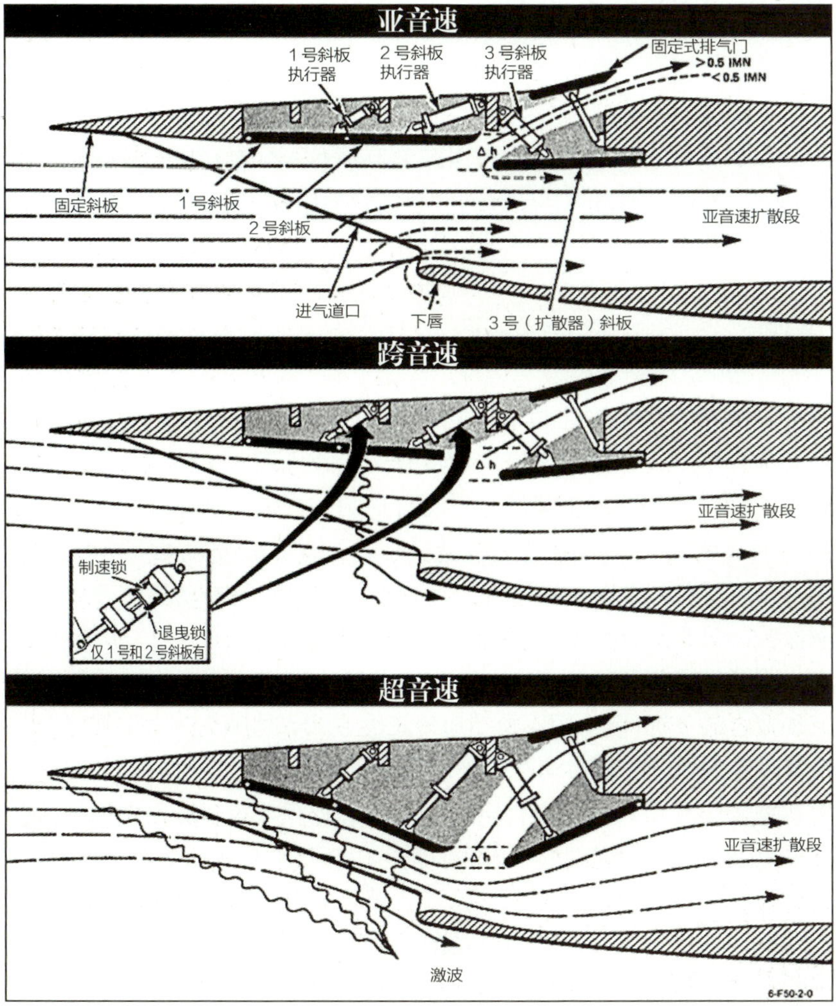

◀ 2005年5月11日，NAVAIR 01-F14AAD-1出版物《海军航空训练和操作程序标准化飞行手册海军型F-14D》中刊发的可变截面进气道结构图，展示了斜板、扰流片和翻板阀门各和位置。（美国海军）

▲ 2004年1月，VF-211中队的一名褐衣机长正在仔细地检查他那架F-14A的右侧进气道、斜板和动作筒，随后这架老迈飞机将从"企业"号上起飞去伊拉克上空执行作战任务。这名机长的位置让"雄猫"的进气道口有了尺寸感。（美国海军）

鹅"的覆辙。

格鲁曼公司、普惠公司和美国海军多年来一直在努力寻找解决这一问题的办法，但直到20世纪90年代末采用数字飞控系统前，F-14A一直深受其害。

飞控

"雄猫"的飞行控制系统反映了20世纪60年代飞机设计时的航空航天技术状况，依靠金属和液压杆，以及电缆、弹性元件和配重，再加上伺服机构和助力装置，将飞行员的控制输出从座舱传递到气动控制面。事实上，F-14是美国最后一种进入一线服役的非电传（Fly By Wire，简称FBW）战斗机，飞行员用可靠的机械动作装置偏转控制面——只有机翼扰流板是电动的。

尽管飞行员普遍认为F-14在绝大部分飞行状态下是一种非常稳定和宽容的飞机，但他们不得不用传统的方式去驾驶它——手动。例如，没有计算机为飞行员自动配平飞机。如果"雄猫"脱离飞行包线并失控，雷达截击引导员就会大声背出一连串紧急程序口令，协助飞行员按照程序重新控制他们驾驶的"大战斗机"。相反，比如在F/A-18中，当飞机失控时飞行员只需松开操纵杆，锁定安全带，让飞行计算机去纠正飞机。"雄猫"飞行员能享受的一个明显优势就是，由于飞机只能手动控制，他通常在空战机动中可以在紧急情况下进行超出飞机安全飞行包线的机动。"大黄蜂"的飞行员也可以这样做,但飞行计算机通常会把这种机动的过载限制在 7g。"雄猫"在训练中经常被逼到进行远超 6.5g 建议过载的机动,而机体不会受到任何不良影响。

虽然 F-14 的武器系统、机动性和航程都优于久负盛名的 F-4"鬼怪"Ⅱ("雄猫"在舰队中要替换的战斗机),但"雄猫"在航母上降落时并不像它的前任那般平滑或稳定。F-14 在保持准确的接近速度或下滑角方面都不是很好,而且往往会偏航。飞机还受到高俯仰惯性的影响,导致在着舰的最后阶段会飘动。高剩余推力意味着飞行员必须使用低推力节流阀设置,而当需要更多推力时发动机响应却很差。最后,"雄猫"平庸的横向控制让它的精准航向控制困难。尽管如此,在美国海军的全面测试和评估项目中,F-14 还是在一些模拟的紧急情况下展示了成功着舰和复飞(逃逸)的能力。

"雄猫"虽然通过了适合舰队服役测试,但由于 TF30 发动机性能很差,且在某些飞行状态下品质不佳——尤其是在高攻角和"荷兰滚"

◀ 每个进气道口的上表面都安装了 1 具后向喉状排气阀门槽,通过进气道斜板分离边界层气流。每个阀门槽的前部和内侧都有环控系统的热交换器排气管。照片拍摄于 2003 年 3 月"伊拉克自由"行动期间,VF-213 中队的这架 F-14D 正在被引导滑向"西奥多·罗斯福"号(CVN-71)舰艇的一部弹射器上。(美国海军)

VF-143中队的绿衣地勤人员已经拆除了这架系留在"乔治·华盛顿"号（CVN-73）后甲板上的F-14B的脊背整流罩，以调查这架飞机上的一个飞控小问题。"雄猫"的脊椎里有控制连杆和线缆、电线和应急液压发电机，以及很多冷却管路。（美国海军）

► 1996年，海军空战中心在弗吉尼亚海岸进行的数字飞控系统试飞非常成功，这个海军空战中心的"雄猫"小队正在"帕克斯河"上空准备飞越"约翰·肯尼迪"号（CVN-74）并侧倾进入回收定型航线。小队长机是一架F-14A，后面是一架D型。（美国海军）

▼ 尽管"雄猫"体型庞大，但还是因为它有作为"狗斗"战斗机的能力而受到飞行员的高度评价——尤其是当他们操控装备F110发动机的型号时。20世纪90年代初在一次海军战斗机武器学校的空战机动训练任务中，这架F-14的飞行员在法伦航空站靶场上空选择机翼最小后掠角，努力追击1架敏捷性极高的A-4F"超级狐狸"。（泰德·卡尔森）

（既有侧滚也有偏航，一种"摆尾"和来回摇晃的不协调组合动作），再加上着陆失控侧滑时熄火，让"雄猫"遭受了被人诟病的高损失率。1996年，尚存的F-14机队获得了由英国公司GEC马可尼航电（GEC Marconi Avionics）开发的一套新的数字飞控系统，取代了飞机原来的模拟飞控系统。这套数字飞控系统基于为欧洲战斗机"台风"设计的飞控系统打造，使用电传软件向尾舵和"差动平尾"发出指令，以抑制"荷兰滚"和着陆下滑时的震荡以及有害侧滑。它还能控制起飞时的机翼摇晃。在空战机动中，数字飞控系统可以提升高攻角机动时的气流分离流动阻尼，并且可以在飞机事实上失控时给飞行员更多的机会去恢复飞机。

猫之利爪——空对空武器

　　"雄猫"在美国海军服役的大部分时间里，主要任务是保护航母及其战斗群免遭苏联装备反舰导弹的远程轰炸机的打击。在执行这一任务时F-14的主要空对空武器是AIM-54"不死鸟"导弹，"雄猫"首飞时这种导弹已经研发了十多年。事实上AIM-54可以追溯到本迪克斯XAAM-M-10"鹰"，本来是用于装备"导弹手"轰炸截击机的。然而，XAAM-M-10在开发过程中问题不断，导致"导弹手"在1960年12月被美国海军放弃。两年后，"鹰"以AAM-N-11"不死鸟"

▼ 尽管"雄猫"拥有良好的低速操控品质，但这架飞机的情况在航母降落的最后阶段还是会偶尔发生。"雄猫"在保持精确的接近速度或下滑角方面表现不佳，而且往往会偏航。这种飞机还会受到大俯仰惯性的影响，导致它在着舰的最后阶段会飘动。高剩余推力和平庸的横向控制让这些问题进一步恶化。（美国海军）

▲ 20世纪80年代中期开始，随着敏捷的F/A-18"大黄蜂"的出现，此前无人能敌的F-14有了一个强有力的桂冠竞争者。VF-103中队的一架F-14B和VFA-34中队的1架F/A-18C组成"镜面"编队从"乔治·华盛顿"号（CVN-73）的左舷飞过，相比"狗斗"而言这更像是在卖弄。（美国海军）

▲ 这架进行了重度改装的NA-3A"天空勇士"在20世纪60年代被休斯公司作为"不死鸟"机载导弹控制系统（Airborne Missile Control System，简称AMCS）的试飞平台。图为1967年，NA-3A在一架F-9"美洲狮"跟随机的伴飞下在太平洋导弹靶场试射了一枚AIM-54开发型导弹。"天空勇士"安装了一套F-111B的天线罩来容纳AMCS的天线、雷达和红外子系统。（迈克·格伦）

的编号重生，它的主承包商现在换成了休斯飞机公司。随后该导弹（及其至关紧要的 AN/AWG-9 先进火控系统，详见第 5 章）被重新编号为 AIM-54，在 F-111B 下马后幸存下来。

1965 年，这种称重达 1008 磅（约 457.22 千克）的武器开始进行飞行试验，首先进行非制导试射。第二年具备完全制导功能的 XAIM-54 进行了试射，两架 NA-3A "空中勇士" 和一架 F-111B 在穆古岬的太平洋导弹实验场上空发射了 XAIM-54。第一次制导试射命中目标的距离是当时世界上最好的空空导弹的两倍。1968—1969 年，NA-3A 和 F-111B 又发射了更多的测试弹，1970 年 12 月，休斯公司获得了 AIM-54 的生产合同，其原始型号的测试一直持续到 20 世纪 70 年代。到 9 年后最后一枚导弹交付给美国海军时，休斯公司已经在亚利桑那州的图森工厂生产了 2500 多枚 AIM-54A。

休斯公司、格鲁曼公司和美国海军进行的大量试射证明，该导弹在对付采用不同任务剖面，以高、中、低空飞行的小、中、大型目标（主要是 BQM-34E "火蜂"、QT-33 和 QT-86 无人机以及 CQM-10B "波马克" 舰对空导弹）时都表现出了无与伦比的性能。在 1973 年 4 月进行的一次具有代表性的试射中，一枚 AIM-54 从一架在 50000 英尺（约 15240 米）以 1.5 马赫速度飞行，模拟图 -22 "逆火" 轰炸机类型目标的 BQM-34E 靶机身边飞过，距离之近足以将其击落。AIM-54 在 126 英里（约 202.78 千米）距离上发射，只用了 2 分 30 秒多点儿就抵达目标。后者在被 "摧毁" 时距离 "雄猫" 还有 70 多英里（约 112.65 千米）。7 个月后，一架 F-14 向在空中速度变化为 0.6（QT-33）

▲ FSD 6 号机（生产编号 157985）于 1971 年 12 月 18 日被交付给穆古岬航空站的太平洋导弹测试中心。这架飞机参与了大量的导弹分离和武器测试（图为发射 AIM-54 训练弹），在 1972 年 6 月 20 日进行 AIM-7E-2 试射中 "击落" 了自己。导弹在发射后突然上仰，撞破几个油箱，油箱又恰好被点燃。机组人员成功弹射。（美国海军）

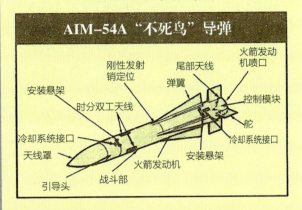

NWP 55-5-F14 (Rev. B) PG

AIM-54A "不死鸟"导弹

刚性发射销定位
尾部天线
火箭发动机喷口
弹翼
安装悬架
时分双工天线
控制模块
舵
冷却系统接口
冷却系统接口
天线罩
安装悬架
引导头
火箭发动机
战斗部

起飞前检查

1. 天线罩无裂缝、刮花、残留物。
2. 时分双工天线无损坏。
3. 液压油（粉色）或冷却液（透明）无聚集或泄漏。
4. 火箭发动机和战斗部无凹陷、缺损。
5. 确保弹翼和舵安全。
6. 舵和弹翼无凹陷、缺损，焊接处无损坏。
7. 电池电解液排放空口无新鲜或老化电解液（排放空口位于尾椎内9点钟位置，盖着白色塑料盖）。

警 告

电解液有腐蚀性；气体有毒。

8. 火箭发动机喷口无裂纹和缺损。
9. 尾部天线无损坏。

▲ 1985年7月，NAVAIR 01-F14AAA-1T（B）出版物《F-14战术手册袖珍指南》中刊发的AIM-54起飞前检查页面。（美国海军）

◄ 1989年底，VF-211中队全新的F-14B（生产编号163227）带着6枚"不死鸟"训练弹以"末日"挂载模式从米拉马尔海军航空站起飞。这种配置从未在大洋行动中的航母上出现过，因为如果一枚导弹都没发射的话，"雄猫"就会因为太重而无法降落。（美国海军）

到 1.1（BQM-34）马赫的 3 架 QT-33、两架 BQM-34A 和一架 BQM-34E 打光了自己所能携带的 6 枚 AIM-54。两架 QT-33 和两架 BQM-34 被摧毁（3 枚直接命中，一枚近失），一枚导弹未能命中，一枚因无人机故障被宣布为"未能测试"。

"不死鸟"的弹体用金属制成，A 型的气动面（弹翼和舵）使用了蜂窝状结构——不过从 AIM-54B 开始作为一种削减成本的措施被换成了金属板件。弹头天线罩的正后方是引导头平面阵列天线，后面是信号收发机和电子元件。接下来是引信（道尼 Mk 334 近炸引信，本迪克斯红外或触发引信）和保险解除系统，再后面是 132 磅（约 59.87 千克）高爆战斗部。导弹的尾部（大约占总长度的一半）安装的是洛克达因 Mk 47 单级固体火箭发动机。这个钢制壳体火箭发动机单元燃烧时间很长，在最大射程上发射的导弹飞行时间可达 3 分钟，而推力则要求可以在高空将 AIM-54 加速到 5 马赫。不过在较低的高度上，导弹的飞行速度要慢很多。

"不死鸟"延续了休斯公司之前生产的空对空武器布局，比如 AIM-4"猎鹰"，由安装在尾部的气动控制面操纵。公司认为这种布局相比采用全动翼的导弹如 AIM-7"麻雀"的阻力更小、机动性更好。这一点在开发测试中得到了验证，"不死鸟"的机动过载达到了 17g。用于实现这种令人眼花缭乱的转弯能力的液压动作筒及其相关动力系统被塞进了导弹尾部，包覆在发动机喷管上。

AIM-54A 的后续型号 AIM-54B 于 1977 年底投产，其特点是增强了抗电子干扰能力，重新设计了软件模块。其他的改进旨在提高其可靠性，包括全数字制导设备和非液体环控及液压系统——A 型挂载在飞机上时，电子设备通电时会产生令人难以置信的内部热量，需要 F-14 持续地提供冷却油。

"不死鸟"的最终改进型是 AIM-54C，1976 年秋开始由休斯公司自费研发，4 年后开始进行试射。提高可靠性再次成为导弹升级的重点，拥有了更强的抗电子对抗能力。据休斯飞机公司的 F. B. 纽曼（F. B. Newman）称："AIM-54C 这个型号具备他们（美国海军）想要的一切——推力更大的发动机、升级的战斗部和改进型引信。"新型引信由摩托罗拉公司研发的目标探测装置控制，会在最佳时刻引爆战斗部让它的杀伤力最大化，使 C 型"不死鸟"可以"对付由'獾''熊'和'逆火'发射的诸如 AS-4 和 AS-6 之类具备大角度俯冲能力的反舰导弹"。纽曼接着说：

　　在 C 型的引信出现之前,我们遇到的问题是它们(反舰导弹)以 2.0 至 3.0 马赫的速度在非常高的高度巡航,当它们"翻倒"进入陡峭的大角度高速俯冲时,"不死鸟"是无法拦截的,AIM-54C 改变了这一点。

　　20 世纪 90 年代末美国海军装备了略加改进的 AIM-54C+,这个型号增强了抗电子干扰能力,改进后的近炸引信可以进行全高度作战,此外导弹还改进了目标识别能力并增加了交战距离。

　　"雄猫"的中程空空导弹是"德高望重"的雷神公司 AIM-7"麻雀",虽然和"不死鸟"相比它在各方面都要差一些,但价格相当便宜,重量也只有远程导弹的一半,给 F-14 造成的阻力要小很多,而且在机腹中部半埋挂载时也不需要重型挂架。这种半主动雷达制导的导弹在 20 世纪 50 年代由斯佩里公司以 XAAM-N-2 的编号研发,从 20 世纪 60 年代到 90 年代,"麻雀"一直是大部分美国战斗机的远程武器。XAAM-N-2 于 1958 年服役,1962 年编号被改为 AIM-7。该导弹的 C、D 和 E 型生产了 34000 多枚,并在越南战争中被广泛使用。

　　AIM-7 在设计时最有可能对付的目标是在高空亚音速飞行的无机动轰炸机,当被用于对付美国战斗机通常在 8000 英尺(约 2438.4 米)

▲ 1997年12月，在"南方警戒"行动中的伊拉克空中巡逻期间，VF-102中队的一架F-14B系留在"乔治·华盛顿"号（CVN-73）的飞行甲板上，挂载了AIM-54C和AIM-9L导弹，BRU-32挂架上还有2枚500磅（227千克）Mk-82炸弹。自20世纪90年代中期起，随着"雄猫"单位开始承担精确打击任务，混合挂载也成为常态。雷达截击引导员史蒂夫·内瓦雷斯上尉（Steve Nevarez）坐在飞机前脊背上等待他的飞行员。（美国海军）

以下遭遇的非常灵巧的米格–17和米格–21时，"麻雀"的表现令人失望。雷神公司马上对导弹进行了重新设计，生产了机动性更好、可靠性更高的AIM-7E–2，接着是裁剪了弹翼的E–3，以及专门为配合安装在F–14上的AN/AWG–9等大功率战斗机雷达而设计的E–4。1975年，"麻雀"的量产型号转为从头到尾都进行了重新设计的AIM-7F。由于采用了固态电子技术，雷神公司得以将武器战斗部（已增大）前移到动作翼位置，同时新的双推力发动机将导弹的射程提升到30英里（约48.28千米），是7E的两倍。

美国海军获得的"麻雀"最终型号是AIM-7M，20世纪80年代初服役。7M的单价是20.3万美元（不及AIM-54价格的一半），其特点是采用具备抗电子干扰能力的单脉冲引导头，改进了下视能力且带数字处理器。这个型号在其他方面跟7F类似，绝大部分尚存的7F也都升级到了7M的规格。

美军计划于20世纪90年代中期用AIM-120先进中程空空导弹（Advanced Medium-Range Air-to-Air Missile，简称AMRAAM）取代"麻雀"，但当时"雄猫"的主要任务角色开始从战斗机转向精确轰炸机，原本可以让F-14D使用这种武器的软件升级资金被取消了。

对于近距离战斗，F-14 可装备多达 4 枚 AIM-9"响尾蛇"导弹，这种武器是美国海军在 20 世纪 50 年代以 XAAM-N-7 的编号研发的。早期生产的 F-14 最早使用的型号是 AIM-9J，是一种简单有效，可大批量产的热寻的导弹。9J 体现了越南战争早期空战的经验教训，当 AIM-9B/D/E/G 取得一定程度上的成功时，它扩大了的目标交战区，可以在目标后半球空间的任意位置发射，而非只能对准敌机的喷口。"雄猫"还使用了它的后续型号 AIM-9H，这个型号的改进依然主要体现在目标截获能力上。

AIM-9L 于 1977 年投产，是第一款"全向响尾蛇"，能够从包括迎头在内的所有方向攻击目标。作为一种完全重新设计的武器，它拥有一具高度灵敏的热寻的引导头，可以截获飞机机翼前缘因摩擦产生的热量，并区分飞机和红外诱饵弹。L 型还采用了更高冲量的火箭发动机，更大的战斗部和一种近炸定向破片引信，可以控制战斗部对着目标爆炸扩散——这种引信也安装在了 AIM-54C 和 AIM-7M 上。"雄猫"使用的最后一种"响尾蛇"是 AIM-9M，1982 年投产。跟 L 型十分相似，"迈克"（Mike，指 AIM-9M）提高了对付红外对抗措施（尤其是识别红外诱饵）的能力，提高了可靠性并采用了低烟发动机。

"雄猫"装备的最后一种可以在空战中使用的武器，是安装在前机身左侧的通用电气 M61A1"火神"转管机炮。这种武器长 74 英寸（约

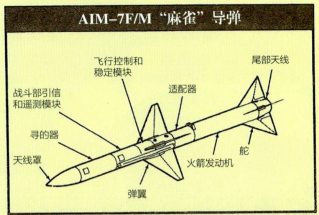

NWP 55-5-F14 (Rev. B) PG

AIM-7F/M"麻雀"导弹

飞行控制和稳定模块 / 尾部天线 / 适配器 / 战斗部引信和遥测模块 / 寻的器 / 天线罩 / 弹翼 / 火箭发动机 / 舵

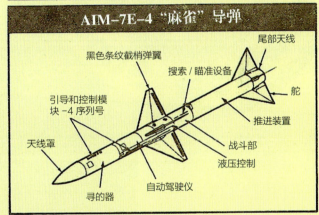

AIM-7E-4"麻雀"导弹

黑色条纹截梢弹翼 / 尾部天线 / 搜索 / 瞄准设备 / 舵 / 引导和控制模块-4 序列号 / 推进装置 / 天线罩 / 战斗部 / 液压控制 / 自动驾驶仪 / 寻的器

飞行前检查

1. 天线罩无裂缝，刮花，残留物。
2. 导弹弹体无凹陷、缺损。
3. 表面波导无损坏。
4. 弹翼锁定在 0 仰角（允许有轻微偏转）。目视检查弹翼锁环是否与弹翼上的指示标记对齐，锁环之间的间隔大约 9/16 英寸（1.43 厘米）通过向外拉以及试图活动弹翼来验证弹翼是否锁定。
5. 导弹发动机指示安全，武器指示安全。
6. 脐带缆已连接。
7. 外电机点火连接器已安装且安全。
8. 舵安全。
9. 发动机密封完好无损。
10. 尾部天线无损坏。

▲ 1985年7月，NAVAIR 01-F14AAA-1T（B）出版物《F-14战术手册袖珍指南》中刊发的AIM-7E/F/M起飞前检查页面。（美国海军）

▲ 发射过AIM-9实弹的"雄猫"机组人员佩戴的肩章。（托尼·霍尔姆斯搜集）

▶ VF-1中队的这架飞机已经拆掉了机身下武器挂架，在一次舰队防空最大巡航载荷中装备了4枚AIM-7M实弹（通过它们的黄条判断）和4枚AIM-9L——这张照片是在"沙漠风暴"行动期间的战斗空中巡逻时拍摄的。这架特别的"雄猫"（生产编号162607）已经在加利福尼亚州奇诺的杨基航空博物馆展出了差不多20年。（美国海军）

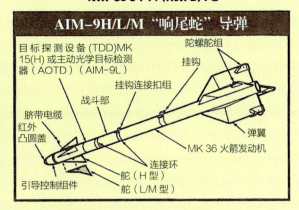

NWP 55-5-F14 (Rev. B) PG

AIM-9H/L/M "响尾蛇"导弹

目标探测设备 (TDD)MK 15(H) 或主动光学目标检测器（AOTD）（AIM-9L）

陀螺舵组

挂钩

挂钩连接扣组

战斗部

脐带电缆

红外

凸圆盖

弹翼

MK 36 火箭发动机

连接环

舵（H 型）

舵（L/M 型）

引导控制组件

飞行前检查

1. 凸圆盖已安装。

2. 舵安全，且旋转自如。

3. 固定弹簧安装在内侧舵上。

4. 舵底部橡胶密封完好无损。

5. 脐带电缆已连接，脐带电缆滑钩在适当位置。

6. AOTD 窗口干净且无损坏，替换 AOTD 保护罩（仅限于 AIM-9L/M）（不要触碰窗口）。

7. 燃气发生器排气口周围没有烟雾或碳迹。

8. 发动机外壳没有凹陷。

9. 弹翼安全。

10. 陀螺舵固定且轮子可以随意转动。

11. 发动机密封完好无损。

▲ 1985年7月，NAVAIR 01-F14AAA-1T（B）出版物《F-14战术手册袖珍指南》中刊发的AIM-9H/L/M起飞前检查页面。（美国海军）

◀ VF-2中队的F-14D（生产编号164349）也有一种在前线很少见的挂载配置——4枚AIM-7M、两枚AIM-54C和两枚AIM-9L。这架飞机在进入VF-2中队之前在VF-11和VF-124中队服役过，2005—2006年在VF-213中队以"黑狮"212的呼叫代号参加了F-14的最后一次作战部署——在参战期间，它对伊拉克目标投下过两枚GBU-38 "杰达姆"炸弹。（美国海军）

▲ VF-9中队穆古岬分遣队的F-14D（生产编号164599）在20世纪90年代末的一次测试任务中发射了一枚AIM-9M。VX-4中队1994年9月跟VX-5合并后解散，11架"雄猫"（4架F-14A、3架F-14B和4架F-14D）被分配到了VX-9中队，2004年6月该中队的F-14在退役前为"响尾蛇"导弹的升级执行了大量的测试任务。（泰德·卡尔森）

▶ VF-2中队的1名中队军械师正在对一架F-14D右侧多功能翼套挂架上的一枚AIM-9M的制导控制翼进行最后的检查。导弹本身连接在一个瑞典制造的Bol LAU-138双用途武器导轨/对抗布撒器系统上。导轨内装有160枚箔条或者红外诱饵弹。AIM-9M下方是AN/AAQ-25"蓝盾"瞄准吊舱。（美国海军）

▲ VF-143中队的一架F-14B（生产编号161434）在奥希阿纳海军航空站的停机线上检查通用电气M61A1"火神"转管机炮。装有678发20毫米炮弹的巨大圆柱状弹鼓就在后座舱的正下方。NACA型炮舱排气口也在盖住机炮本身的蒙皮上清晰可见，排气口的前面是吹洗空气进气道。（丹尼·克雷曼斯）

◀ 2002年，在"乔治·华盛顿"号（CVN-73）的航母部署期间，VF-103中队的军械员正在飞行甲板上将20毫米PGU-28半穿甲高爆弹装入一架F-14B的弹鼓之中。当年7月20日的一次机炮卡壳事故毁掉了VF-103在"持久自由"行动中找到的唯一一次战斗机会。（美国海军）

1.88 米），重 265 磅（约 120.20 千克）。飞机上安装了一个炮口气体扩散器，以免武器在使用时对机身造成结构性损伤，同时还有一个炮口箍，以减小炮弹从机炮的 6 根炮管射出时的发散。M61A1 的弹鼓一共携带 678 发炮弹。为了防止开火后弹壳被吸入左侧进气道，炮弹被击发后弹壳会被从炮尾取出并送回弹鼓。"火神"炮的射速可以达到 6000 发 / 分钟，仅需 7 秒钟即可打光弹鼓。

　　"雄猫"的空对地武器将在第三章中描述，标题为《"炸弹猫"的进化》。

发动机

　　一开始 F-14A 安装的发动机是推力 12350 磅（约 5600 千克）的普拉特和惠特尼公司 TF30-P-412 轴流式涡扇发动机，是曾在 F-111B 上进行过严格测试的 TF30-P-12 的改进型。格鲁曼公司甚至在"雄猫"第一架原型机起飞之前就知道这种发动机有一些严重的缺陷。TF30-P-412 虽然打开加力时推力会增加到 20900 磅（约 9480.08 千克），但仍显动力不足，而且如果进气道气流遭到干扰，特别容易造成压缩机失速，而这个问题因为 TF30 在"雄猫"上的大安装间距而进一步加剧。

◄ 2006年1月初，VF-31中队 F-14D（生产编号164342）"雄猫人"100的飞行员在北阿拉伯湾的灰色水域上空俯冲加速并发射了100发20毫米炮弹。M61A1由一套无弹链弹储存和处理系统供弹，内装GPU系列电击发弹药的无弹链M-50炮弹。（埃里克·希尔德布兰特）

▲ 在奥希阿纳海军航空站，一台 TF30-P-414涡扇发动机被从停放在它后面那架VF-14中队的F-14A上拆下来放在一辆发动机拖车上。普拉特·惠特尼公司在22年的生产过程中制造了3000多台TF30。（丹尼·克雷曼斯收集）

如果飞机在打开加力时发动机熄火，突然出现的不对称推力可能会导致机头"斜切"（在偏航中侧滚），剧烈的动力失衡会导致飞机进入水平尾旋而失控，飞行员通常都不太可能从中改出。

TF30 是普惠公司在 20 世纪 50 年代末作为一家私营企业为民用客机开发的，一开始定型号为 JYF10A，这是一种高压缩比、轴流式、双轴涡扇发动机，虽然发展了至少 6 个型号，却没能拿到任何订单。JTF10A 虽然在商业上失败了，但被吹嘘为比之前的发动机有重大改进。事实上，它是西方国家第一种带加力燃烧室的涡扇发动机。20 世纪 60 年代中期，该发动机被美军选中，以 TF30 的编号作为美国空军 F-111 战斗轰炸机和美国海军 F-111B 战斗机的发动机。当 F-111B 下马、F-14 被选中接替其位置时，美国海军被迫坚持使用 TF30-P-412，因为当时没有现成的替代发动机。

TF30 在其 22 年的生产周期中几乎没什么改进（产量超过 3000 台），其特征是一个由单体铸件制成的环形进气口，直接通向安装在钢制密封箱里的 3 级钛合金风扇。后者位于低压压缩轴的前端，增压比大于 2∶1，涵道比为 0.9∶1。低压轴上剩下的 6 级是低压压缩机，其钛合金转子叶片跟钢制定子叶片协同工作。由镍基合金制成的 7 级高压压缩机产生了更高的压缩比，约为 18∶1，将气流输送到 8 个哈斯莱特合金 X[1] 环形燃烧室里。TF30 可以使用 JP-4 或 JP-5 燃油，通过一台钱

[1] Hastelloy X，一种镍基合金。——译者注

◀ TF30在舰队服役时可靠性很差，在F-14一线使用的30多年里，有50多架飞机因压缩机失速和飞行中起火失事。VX-4中队这架携带了"不死鸟"导弹的F-14A在太平洋导弹测试靶场进行例行试飞时，左侧发动机严重故障，机组人员幸运地将飞机带回了穆古岬海军航空站。（美国海军）

▼ 说到纯粹的壮观场面，F-14A打开5级加力弹射起飞的景象和声响在航母甲板上几乎没有对手。"伊拉克自由"行动期间，VF-154中队的"暗夜107"（生产编号161296）刚刚被弹射器滑块释放（飞机正下方飞行甲板上的白色小凸起），离开"小鹰"号的艏部的2号弹射器几毫秒，正在起飞。（美国海军）

▲ "子弹212"（生产编号161275）在1989年的一次黄昏训练任务中，为了方便戴夫·巴拉内克拍照而打开了加力。在微弱的光线下可以清晰地看到发动机开加力时产生的"冲击钻石"，这些驻波图案出现在了超音速排气尾焰中，由复杂的流场形成。（戴夫·巴拉内克）

▼ 1994年7月11日，VF-51中队的一架F-14A（生产编号162602）在日本海夜间试图降落在"小鹰"号上时遭遇斜坡撞击事故断成了两截，这张照片清楚地展示了F-14A上TF30发动机之间的巨大间距。座舱部分摔到了甲板上并滑出了舷外，飞行员D. 詹宁斯少校（D. Jennings）和雷达截击引导员R. 阿诺德上尉（R. Arnold）成功弹射。（美国海军）

MEETING THE MISSION
The F110 Augmented Turbofan

GENERAL ⊜ ELECTRIC

德勒·埃文斯（Chandler Evans）两级油泵为每个燃烧室的 4 个喷嘴供油。

来自燃烧室的热气体随后会通过一个风冷钴合金叶片单级高压涡轮，接着是一个三级无冷却镍合金叶片低压涡轮。两片式涡轮套是钢结构。最后一个发动机段装有 5 级加力燃烧室，末端是一个收敛／扩散喷口。发动机由位于附件齿轮箱驱动莢舱左前方的艾雷赛奇 ARS100 空气涡轮起动机启动。

TF30 最初只是用来为 RDT&E 飞机和首批 61 架生产型 F-14A 提供动力的。从 1973 年起，所有的新下线的"雄猫"（以及那些已经交付的 A 型）都将装备普惠公司 F401-PW-400 发动机，推力比 TF30 高 30%。新发动机主要是为配备美国空军的 F-15"鹰"而制造，美国海军和空军以 60%：40% 的比例分摊开发费用。F401-PW-400 发动机将被安装在"雄猫"的新型号 F-14B 上（不要与 20 世纪 80 年代末进入舰队服役的 F-14B 混淆）。然而当 F401 在一架改装过的 A 型上进行试飞时，"雄猫"项目已经远超预算达 4 亿多美元。

早在 1971 年 4 月，美国国防部就警告格鲁曼公司必须削减成本，否则 F-14 可能会下马。猖獗的通货膨胀让问题变得更加严重，因为格鲁曼公司还要竭尽所能去满足 1969 年与美国海军签订的合同中的固定价格规定。由于资金紧张，一些国会议员呼吁终止"雄猫"项目，时任美国国防部副部长戴维·帕卡德（David Packard）别无选择，只能

▲ 20 世纪80年代，F110被订购用于 F-14和F-16的生产后不久，通用电气公司就制作和发布了这份新闻稿。它特别展示了更换了发动机的F-14B（生产编号157986），它一开始安装F101-DEF试飞，后来得到了 F110，图片中还有一架美国爱德华空军基地一支试飞部队采用相同发动机的F-16C。（彼得·默斯基搜集）

在 1971 年对项目进行了 "无情的大手术"，以确保 F-14 的长期前途。在对项目实施的诸多削减措施中就包含取消 F401 发动机（无论如何它在短期内对舰队用途而言都太复杂了），F-14B 和改进型 F-14C 都成了帕卡德 "手术刀" 下的牺牲品。

由于 TF30 是 "雄猫" 的唯一选项，美国海军恳求普惠公司提高发动机的可靠性。最终结果是 TF30-P-414，安装在了从第 235 架飞机开始的所有 A 型上。在 TF30-P-412 发生了多起风扇叶片故障后，升级后的发动机在前 3 级风扇周围安装了钢制保护壳作为 "损伤控制" 措施，普惠公司用了 10 年才实现这项改进。断裂的叶片从高速旋转的涡轮上脱落后，通常会刺穿任何阻挡在它们道路上的东西，对发动机的其他部位造成灾难性破坏，经常会导致飞机因起火而失事。叶片在制造过程中使用的材料也略有不同，并采取了其他措施（包括安装更多的钛合金板和耐烧蚀物质）以提升发生故障时的防火性能。

早期生产的 F-14A 也换装了 TF30-P-414，而 TF30-P-412 最终于 1979 年夏天退役。虽然 TF30-P-414 确实比原发动机有所改进，但它在耐用性方面仍有欠缺。普拉特和惠特尼公司从 1982 年第开始正式投产 TF30-P-414A 试图解决这些悬而未决的问题，新发动机提供了更长的平均大修间隔时间、更好的可靠性以及更强的压缩机失速抗性。F-14A 后来一直使用 TF30-P-414A，直到 2004 年退役。

截至 F-14A 退役，有超过 50 架、总价值 15 亿美元的 "雄猫" 因为发动机相关的问题而失事——主要原因是在空战训练时高攻角剧烈机动导致压缩机失速。这些事故导致了立场鲜明的时任海军部长和海军飞行军官（Naval Flight Officer，简称 NFO）约翰·F. 雷曼（John F. Lehman）在 1984 年告诉国会："F-14/TF30 组合可能是我们多年来拥有的最差飞机/发动机组合。TF30 简直是种惨不忍睹的发动机。"他的观点得到了资深海军战斗机飞行员保罗·吉尔克里斯特少将的赞同，他在 20 世纪 80 年代初驾驶过 "雄猫"，同时也曾担任部署于米拉马尔海军航空站的战斗机联队指挥官：

> 我相信任何曾驾驶过 F-14A "雄猫" 的人都不会反对这种说法，即飞机最大的弱点是发动机。削减 F401-PW-400 的决定注定了美国海军战斗机机组人员不得不在前所未有的 18 年里，在由被他们称之为 "两坨垃圾" 提供动力的 F-14 上 "踩着刀刃飞行"。一直到 1988 年 4 月，第一架装备了新的通用电气 F110-GE-400 发动机的 F-14+（后来型号被改为 F-14B）进入驻奥希阿纳海军航空站的 VF-101 中队。

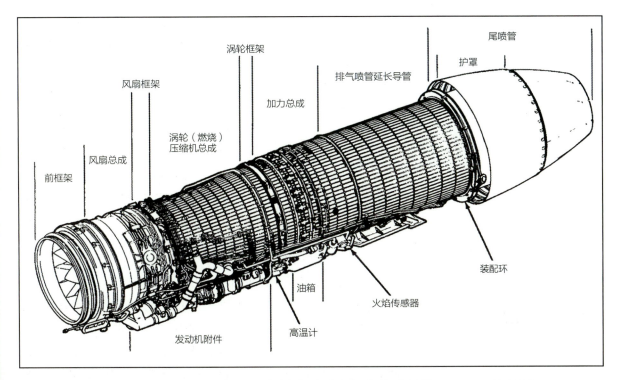

风扇框架 涡轮框架 尾喷管
护罩
排气喷管延长导管
加力总成
涡轮（燃烧）
压缩机总成
风扇总成
前框架
装配环
油箱
火焰传感器
发动机附件
高温计

20 世纪 80 年代初，美国海军授权格鲁曼公司对几架安装了新款发动机的 F-14A 进行调查，1981 年 7 月，公司事实上恢复了现在已经安装了通用电气 F101-DEF 发动机的原 F-14B 原型机的试飞行动。这款发动机是美国空军为自己的 B-1B 轰炸机、F-15 和 F-16 战斗机选择的（1982 年 10 月编号改为 F110），安装在 F-14 上时能产生 26950 磅（约 12224.31 千克）推力。F110-GE-400 的推力比 TF30 高了 32%，大大提高了"雄猫"的任务性能。它较低的油耗也将飞机的战斗空中巡逻（Combat Air Patrol，简称 CAP）滞空时间延长了至少 34%。F110 比普惠公司的发动机晚了 20 年，原始设计在高攻角状态下不易失速。

F110 几乎可以和 TF30 完全互换，新发动机只需在涡轮后面加长 50 英寸（约 1.27 米），因为 F110 明显短得多——长 182 英寸（约 4.62 米），相比之下 TF30 有 236 英寸（约 5.99 米）。其他变化中唯一值得注意的是发动机附件及其驱动齿轮箱的重新布置。虽然 F110 的直径为 46.5 英寸（约 1.18 米），比 TF30 小，但起飞时空气流量从 242 磅（约 109.77 千克）/ 秒增加到了 270 磅（约 122.47 千克）/ 秒——因此推力增加到 26950 磅 [F110 的实际额定推力是 29000 磅（约 13154.18 千克），但被限制到 26950 磅以符合美国海军的需求]。这反过来意味着 F-14 在弹射起飞时不需要开加力，大大降低了油耗——开加力的油

▲ 2004年9月1日，NAVAIR 01-F14AAD-1出版物《海军航空训练和操作程序标准化飞行手册海军型F-14D》中刊发的F110-GE-400发动机图解。（美国海军）

F110是一款供大型战斗机使用的大推力发动机，这台特别的样品被放置在VF-213中队在奥希阿纳海军航空站机库里一架F-14D（生产编号164347）前面的一辆轮式拖车上。夹在左边喷口延长管道和右边护罩中间的是将发动机固定在机身上的安装环。

20世纪80年代末，在卡尔弗顿6号工厂新造和翻新的F-14B和D型正在等待安装刚交付的F110发动机。这些发动机会和外翼段一起在2号工位安装。（格鲁曼公司获自"尾钩"协会）

燃油系统透视图

右翼

右翼盒梁 4 号油箱

后机身 5、6、7 和 8 号油箱

放油口

右副油箱

放油油箱

空中加油管

前机身 1 号和 2 号油箱

左翼盒梁 3 号油箱

地面加油 / 放油口（右侧）

左副油箱

左翼

▨ 供右侧发动机

▨ 供左侧发动机

14B-F025

▲ 2004 年 9 月 1 日，NAVAIR 01-F14AAD-1 出版物《海军航空训练和操作程序标准化飞行手册海军型 F-14D》中刊发油箱及其附属系统的图解。（美国海军）

▶▶▲ VF-213 中队的一架 F-14D 上安装的一台 F110 的加力喷口。当飞行员打开加力时喷口将处于完全打开的位置。据 VF-154 中队的布兰登·哈蒙德上尉（Lt Brandon Hammond）表示："'雄猫'有'轮上重量'和'无轮重量'开关，当重量在'轮上'（甲板上）时，喷口会强制张开，以降低发动机产生的推力，防止吹到地勤人员。当重量是'无轮'（飞行）时，在'基础发动机'从怠速到军推（不开加力的最大推力）时喷口会随时收敛，加力逐步增加时会张开。这种功能在空中可以增加怠速推力。"（丹尼·克雷曼斯）

▶▶▼ 由于通用电气涡扇发动机推力的增加，使用 F110 发动机的 F-14 在弹射起飞的过程中不需要开加力。在"雄猫"上，B/D 型不准开加力，因为喷射气流折流板的冷却不足会导致金属扭曲。图为 2005 年 7 月 VF-31 中队的"雄猫人"101（生产编号 164603）在一次训练任务开始时加速离开"西奥多·罗斯福"号（CVN-71）。（美国海军）

耗是不开的 4 倍。此外，F110 相对"节俭"的军推油耗（不开加力）让换了发动机的"雄猫"任务半径增加了 62% 以上，而推力的增加让飞机爬升到高空的时间减少了 61%。

虽然 TF30 在 20 世纪 60 年代是一款先进的发动机，但 F110 清楚地展示了 20 年里涡扇发动机技术的进步。TF30 有 16 级增压，3 级风扇和 6 级低压压缩机在同一根轴上旋转。相比之下 F110 总共只有 12 级，包括一个 3 级涵道风扇和一个 9 级高压压缩机，而且最关键的是叶片数量减少了数百个。尽管如此，F110 31:1 的总增压比也明显高于 TF30 的 18:1，这反过来又给通用电气公司的发动机带来了更好的燃油经济性。此外，F110 可以在比 TF30 短得多的距离中有效地燃烧燃油，尤其是在加力部分。从加力燃油喷嘴环到喷口末端的距离仅为 TF30 的一半多一点，但相比缩短 F-14，美国海军让通用电气公司在发动机上增加一段不必要的额外部分要便宜的多。

在格鲁曼公司制造的 712 架"雄猫"中，只有 86 架 F-14B 和 55 架 F-14D 装有 F110-GE-400 发动机。其余的飞机只能依靠被保罗·吉尔克里斯特少将称之为"不行的小发动机"的 TF30-P-412/414。

地勤人员的观点

丹尼尔·"德斯夸尔"·狄克逊（Daniel 'Dsquare' Dixon）是众多籍籍无名的维护人员中的典范人物，他们在世界上最恶劣的作战飞机运作环境——航母飞行甲板上辛苦劳作了无数个小时，以保障高度复杂的"雄猫"的妥善率。他在美国海军担任了 20 多年的喷气式飞机机械师，在此期间至少在 6 支 F-14 部队服役。丹尼尔在 TF30 和后续的 F110 发动机上工作的个人经历，从一名地勤的角度为"雄猫"爱好者群体提供了一个独特的"用户手册"视角：

我的海军服役生涯并不完全是在"雄猫"进入现役的时候开始的，但接近，而且当时 F-14A 对海军的停机线来说仍是相对较新的新增机种。1977 年，当我第一次听到"雄猫"轰鸣声时，这种飞机虽然已经在舰队服役了大约 4 年，但仍然有大量"婴儿期"的怪癖和麻烦。经过改进的 TF30-P-414 正在替换最早的 TF30-P-412 发动机，而加力燃烧室故障在 20 世纪 70 年代末达到了泛滥的程度。我亲身体验过在一周内更换 6 套加力燃烧室燃油控制系统的感觉——这是我在维护喷气机的生涯中多年来经历过的最费力、最棘手和最具挑战性的任务之一。这些问题源于普惠公司的 TF30 的原始设计实际上没有加力燃烧室。

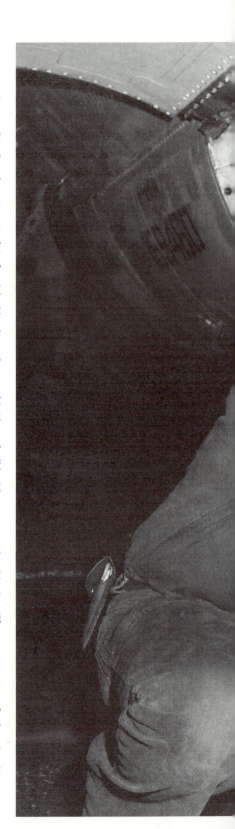

▶ 航空机械师大副3级军士丹·迪克逊（Dan Dixon）正在检查一架 F-14A（生产编号159460）的右侧TF30发动机漏油情况，这架飞机1980年在"星座"号（CV-64）的西太平洋巡航期间被分配到VF-211中队。丹绰号"德斯夸尔"，是一名喷气式飞机机械师，在美国海军服役了20多年，在此期间在至少6个F-14单位服役过。（丹·迪克逊）

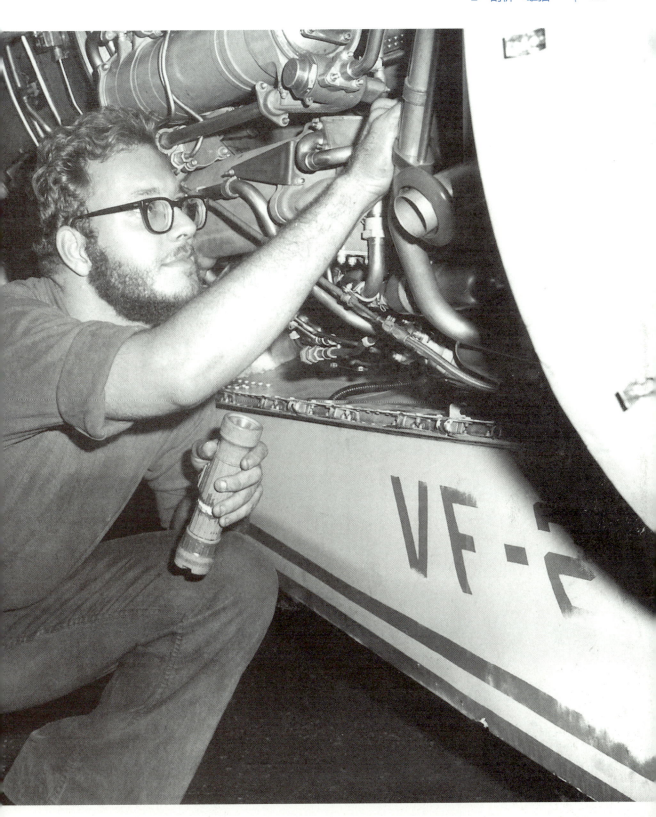

丹·迪克逊跟F-14的"恋情"始于
1978年在"突击者"号上。当时，
作为飞行甲板人员的安全预防措施加
力弹射起飞是受限的。丹恰好目睹了
一系列类似图中F-14离舰的壮观景
象，这是VF-211中队的"镍币104"
（机身编号158618）2002年1月从
"约翰·肯尼迪"号上弹射起飞。
（美国海军）

当通用电气公司未能交付它为 F-14 承诺的发动机时，普惠公司提出了一个绝妙的主意，给现有的涡扇发动机加上加力燃烧室，而且美国海军购买了它。这个设计有很多缺陷，美国海军和普拉特 & 惠特尼花费了将近 10 年才解决了大部分问题。美国海军和普惠公司所有的努力，从未能真正克服发动机的其他部位并非为一款超音速战斗机的飞行特性而设计的事实，因此 F-14 总是因为那些发动机的压缩机失速缺陷而有飞行限制。F-14 的某些高速飞行机动会让发动机因缺乏足够的气流导致压缩机失速。当一架喷气式飞机发动机压缩机失速时，它就会反转，导致反向气流通过和流出发动机。"雄猫"的飞行手册列出了高速下安全机动的规定包线，并明确列出了限制条件。F-14 在规定的飞行包线外尝试的大部分（也不是全部）机动都会产生扰动湍流，迅速导致压缩机失速，随后急需稳定飞行以重启失速的发动机。高度越低，情况就越紧急，在空战机动中发动机失速的结果往往是致命的。

我的第一次海上经历，是 1978 年在加利福尼亚海岸的"突击者"号航母上的一个航母飞行员起降适应训练（Carrier Qualification，简称 CQ）分遣队里获得的。航母飞行员起降适应训练分遣队，是机组人员

◀◀ 2003年2月，VF-31中队的一架F-14D系留在"亚伯拉罕·林肯"号（CVN-72）的机库甲板上，航电机师使用万用表检查它右侧F110发动机的线缆。（美国海军）

▼ 这名"绿衣人"坐在2002年分配给VF-154中队的一架F-14A的加力燃烧室内，正在选择尺寸合适的钻头准备在TF30的喷管段里钻穿一道裂纹。据丹·迪克逊说："由于发动机那个部位的温差，喷口段很容易产生裂纹。"（美国海军）

▶ 第14舰载机联队在2002—2003年"马拉松"式的10个月战斗巡航期间，VF-31中队的另外一名"绿衣人"将他老练的眼光投向了最近在"亚伯拉罕·林肯"号（CVN-72）机库甲板进行例行维修的F110发动机。他正在检查从左侧发动机主燃油泵到机身多个油箱的橙色软管接头。（美国海军）

在航母昼夜行动期间通过训练获得或重新获得资格的训练单位。在最初的几年里，作为飞行甲板人员安全预防措施，F-14 在航母弹射起飞时被限制使用加力，打开加力的弹射必须根据具体情况由副舰长或者舰长批准。在这个分遣队中，机组人员被允许在分遣队的最后一次夜间起飞时打开加力燃烧器。

那是一个忙碌、寒冷的冬夜，但我不想错过这场表演。我在喷气导流板右后方发现了一个绝佳的观察点，距离弹射器 150 英尺（约 45.72 米），在一架停放且系牢的直升机旁边。F-14 的飞行员打开 5 级（最大）加力，我被飞机喷射气流的推力"钉"在了直升机侧面，感觉自己快要被 F-14 发动机散发出的热量慢慢烤熟了。加力火焰照亮了半个飞行甲板，庞大能量产生的振动似乎足以让人咬紧牙关。不到一分钟，弹射器滑块释放，"雄猫"疾驰到了"猫道"的尽头。升空瞬间，飞行员把操纵杆往后一拉，飞机就像火箭一样垂直爬升直到加力火焰消失在我们的视线之中。那次弹射，是当时年轻的我最感惊叹的事情，但在我的职业生涯中还有很多事情要做。

航母分遣队的行动节奏和冒险精神激励着我结束了自己的岸基服役期，带着坚实且丰富的经验跟着 VF-211 中队出海了，在那里，我因为机械方面的才能

▶ VF-213中队的一架F-14D在奥希阿纳海军航空站进行例行管路检查时，显露出的F110发动机安装在左侧发动机舱内的细节。4个大型舱门可以向外打开，以便检查发动机，机舱前面的小舱门绰号"日常门"（Daily Door），因为它们在每天飞行开始时就会定期打开。（丹尼·克雷曼斯）

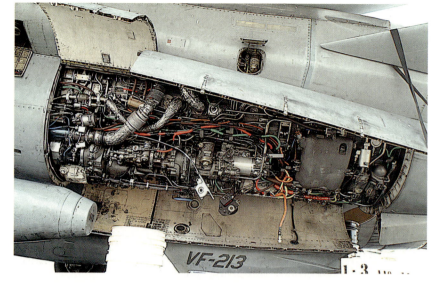

和不断增长的技术知识打响了名声。1980年，我在"星座"号（USS Constellation，CV-64）航母上第一次参加西太平洋巡航期间见证了"雄猫"运作政策的改变。我们在一次"冷"弹射（弹射点突然失去足够的蒸汽压力，影响了飞机的速度和推力）时差点损失了一架"雄猫"后，长期执行的弹射起飞限制被解禁。那是一种神经高度紧张"坐在最前排"目睹全过程的经历。身为一名最终检查员，我站在弹射起飞区附近，看着飞机消失在舰艇下方，几乎完全看不到了，甚至能感觉到"雄猫"的加力吹起来的盐水雾，然后我看到威猛的喷气机重新出现在天空中，从浪尖上一飞冲天。这起事件导致F-14弹射起飞时使用最大加力成为标准运作程序，极大地减轻了机组人员的压力，也让甲板人员非常兴奋。

我在"雄猫"身上获得的工作经验越多，意识到飞机设计中没有考虑维护的问题就越明显。要接触到一些机身内的零部件，以及拆卸和更换，往往需要极大的创造力和/或对机身改造。确实，机身很多部位很明显都是围绕内部系统建造的。我们时常为了拆卸某些部件不得不制作特殊工具，而且需要柔术演员一样的柔韧性，才能够到并修理飞机"内脏深处"坏掉的某个部件。

跟任何一种曾在天上翱翔过的飞机一样，"雄猫"的早期型号永远都比不上下一个改进型或型号。F-14有自己的成长痛苦和需要解决的问题。在它的整个服役生涯中，所有的机载系统都得到了改进。比如，F-14第一次坠机是因为液压管路破裂，只需要另一个夹具在高负载压力脉动下正确地固定它。改进总是任何一种飞机发展的一部分。例如，TF30-P-414进行的发动机改进，减少了压缩机出现故障时对机身和飞机燃油系统的损害。多年来对加力燃烧室燃油控制系统的大量改进，

▲ F-14在舰队服役的最后几年里，VF-32"剑客"中队的"雄猫设备管理者们"自豪地佩戴的1款F-14机长徽章。（托尼·霍尔姆斯搜集）

也有助于系统的稳定性，提高其可靠性。

那些高故障率的零部件材料和制造工艺也得到了改进。像翼套扇翼等一些被确定无效的系统在飞机后继型号中都被禁用或淘汰。随着机身在施加于超音速战斗机身上的经常性应力下老化，通过加强舱壁和安装大型结构钉组件来加强其结构的改装就成了必要手段。

在我的经历中，F-14 最大的改进就是海军购买了 F110-GE-400 发动机。老式的普惠 TF30 有明确的失速裕度界定，而 F110 可以承受任何飞行机动，连个"嗝"都不打。有传闻称通用电气公司会给第一个"战胜"其发动机引发飞行员诱导失速的飞行员颁发奖金（悬赏金）。我无法证明那个传闻的真实性，但我知道 F110 的核心机设计提供了更好的内部气流稳定性，直接提高了发动机在各个飞行阶段的稳定性。F110 产生的最大推力为 26950 磅（约 12224.31 千克），推重比为 6.1∶1，相比之下 TF30 的最大推力为 20900 磅（约 9408.08 千克），推重比为 5.26∶1。通用电气公司的发动机在所有飞行工况下都可以提供可靠且稳定的运行，还有平均省油 30% 的额外好处，飞机航程也相应大幅度增加。

由于通用电气公司在生产 F110 时采用了模块化理念原则，从可维护性的角度而言，F110 的主要内部维修可以更有效地进行。与 TF30 不同，F110 的加力燃烧系统是作为发动机的一个组成部分设计的。F110 运行加力燃油控制的计算机是一个独立于发动机燃油计量模块的组件，因此更换故障计算机只需要几分钟就可以完成，相比之下更换 TF30 的加力燃烧室燃油控制组件需要近 24 个小时。此外，通过在电路连接器和流体管路配件上设计的技术进步，F110 需要的保险装置也比 TF30 要少。总的来说，新发动机部

▼ F-14 的每台发动机都安装在自己的机舱内，这样一台发动机起火就不会影响到另外一台。发动机舱（这是右侧机舱，前向视角）涂成了亮白色，以便快速定位漏油或热量积聚的部位。（丹尼·克雷曼斯）

▶▶ 最早的那架F-14B（生产编号157986）曾在1971年装备普拉特·惠特尼F401发动机进行过短暂的试飞，10年后从仓库里被拉出来，再次被用作通用电气F101-DEF发动机的试飞平台。这款最终演变成为F110-GE-400的发动机最终被美国海军采购，装备F-14+（1991年5月编号改为F-14B）和F-14D"超级雄猫"。（格鲁曼公司获自大卫·F.布朗）

件的整体通达性在维护上要友好得多。

　　作为一名喷气发动机机械师，我对飞机上其他系统的记忆就不那么详细了。随着飞机的老化，液压系统往往更容易泄漏，机身车间总是抱怨更换某些部件的困难，以及装配襟翼/缝翼系统时遇到的麻烦。电工们总是忙于线路问题，随着飞机老化，布线问题只会成倍增加。F-14一度还进行了大规模重新布线的改进，因为最初在制造过程中使用的是绞盘线，但随着飞机的老化发现这种线材并非最佳选择。航电车间一直很忙，因为坦率地说，敏感的航电设备每天都会受到弹射起飞和阻拦降落造成的震动压力的冲击。

　　任何一种飞机的寿命都会受到机体在使用过程中承受的物理应力以及使用环境的巨大影响。任何战斗机都要经历长期且频繁的高过载机动，会给机身及飞行控制面带来巨大的结构应力。发动机要承受频繁的急加速和减速，会转化为更多的发动机内部部件磨损。再加上航母在盐水环境中不稳定俯仰的飞行甲板上弹射起飞和阻拦降落造成的应力，很容易就能看出飞机老化带来的负面影响。随着"雄猫"的老化，维护时间和飞行时间的比率呈几何数增长。

　　当格鲁曼公司关闭"雄猫"生产线后，替换备件的供应和供应链开始变慢，导致F-14在飞行甲板和停机线上的维修延误。我们为了修复足够的F-14以满足飞行计划表的要求，不得不开始让飞机"同类相食"。部件"同类相食"是指从一架故障飞机上拆下好的部件来替换另一架飞机上的故障部件，使后者恢复到适航状态的过程。从一架飞机上拆下零部件修理另一架飞机，大大增加了修理需要的维护时间。F-14的维护小时数与飞行小时数之比（到2005年每飞行1个小时需要维护60小时，相比之下F-14的继任者F/A-18A/C是20小时，F/A-18E/F是10~15小时）以及相关费用的不断增大，最终导致海军部决定在2006年初让"雄猫"退役，比原计划提前了约4年。

改进型号

　　"雄猫"在跟动力不足且经常不可靠的发动机斗争多年后，随着F-14+以及装了F110发动机后被称为"发育完全"之"超级雄猫"的F-14D的出现，终于在20世纪80年代末实现了全部作战潜力。

　　如前所述，F-14A只是为了将飞机投入一线服役而制造的过渡型号，数量有限（36架）。美国海军订购的700多架飞机中，大部分应该是F-14B，装备推力更大的F401发动机，以及F-14C，会

▲ 驾驶F-14D的机组人员佩戴的徽章强调他们的"坐骑"比原来的A型"雄猫"肌肉更加发达。（托尼·霍尔姆斯搜集）

1995年初，VF-102"响尾蛇"中队的3架F-14B在一架KC-135后面保持编队，它们正从奥希阿纳海军航空站向西飞往内华达州法伦海军航空站，参加第1舰载机联队的航空联队检查。这个单位自1994年6月开始将F-14A换装为B型，一直装备该机型直到2002年3月换装F/A-18F"超级大黄蜂"。（里克·利纳雷斯）

后新生产的飞机都要安装 F110 发动机。1987 年初，格鲁曼公司完成新发动机测试后，正式开始在卡尔弗顿工厂的生产线上给飞机安装 F110。1987 年 11 月，首批新造的 38 架 F-14+ 被交付给海军航空试飞中心，这批飞机还具有小幅度的航电和机身改进。这些改进中最重要的可能就是安装了新型直接升力控制 / 降落动力控制系统，让"雄猫"在进行空战机动，或在航母周围低空低速飞行准备降落时变成了一种更安全的飞机。飞机的雷达告警接收器（RWR）设备也进行了改进，雷达火控系统进行了升级。

除了新造的 F-14+（1991 年 5 月编号改为 F-14B）外，共有 47 架 F-14A 从舰队回到格鲁曼公司进行了升级。第一架 F-14+ 样机在帕塔克森河航空站和穆古岬航空站进行试飞后，于 1988 年 4 月在奥希阿纳航空站被移交给 VF-101 中队——所有装备 F-14+ 的部队都是由这个中队负责训练的。当时 F-14D 的试飞正在进行中，原型机于 1987 年 12 月 8 日在卡尔弗顿完成了首飞。跟 F-14+ 一样，D 型也装备了两台 F110-GE-400 发动机，可以让飞机不开加力从航母甲板上起飞，而且不需要和 F-14A 那样经常像放油一般开加力。

F-14+ 机身上出现的变化也体现在了 D 型上，不过 F-14D 的航电有明显不同。F-14D 改进的核心是 AN/APG-71 雷达，它大体上基于 AN/AGW-9 设计，但是具备数字处理和夜视功能显示器。作为美国空军 F-15E"攻击鹰"上装备的 AN/APG-70 雷达的发展型，AN/APG-71 雷达增加了 F-14D 探测和跟踪空中目标的范围，从而允许战斗机在更远的距离上发射 AIM-54 导弹。D 型还配备了 Mil-Std 1553 数据总线和两台 AYK-14 计算机，协助飞机数字座舱和平视显示器、新型雷达告警接收器和升级的安全通信设备（联合战术信息分配系统）的运行。在外部，F-14D 拥有一部 AAS-42 红外搜索和跟踪装置（Infrared Search and Track Set，简称 IRST），安装在雷达罩下面一个独特的"双下巴"吊舱中，跟罗斯诺普 AAX-1 电视摄像瞄准器（Television Camera Sight，简称 TCS）在一起。AAX-1 电视摄像瞄准器可以让机

▲ F-14A/B 后座舱中的老式"鱼缸"战术信息显示器在"雄猫"D 型上被换成了一块新的 8×8 英寸（20.32 厘米）可编程目标信息显示器，可以显示雷达以及至关重要的"蓝盾"吊舱数据。"有了'雄猫'（多亏了'蓝盾'吊舱和可编程目标信息显示器），你可以在几英里之外将炸弹扔进左起第三个窗户，杰·"幽灵"·亚克利少将（Jay "Spook" Yakeley）回忆道。（埃里克·希尔德布兰特）

◀◀ 这个 F-14D 前座舱的模型是格鲁曼公司制造的，是 20 世纪 80 年代末美国海军工程师们讨论新飞机布局的简报工具。这个模型明显还有大量传统的模拟仪表，数字式航电以围绕着两块可编程目标信息显示器的功能性按键的形式体现。D 型也装备了一台凯撒航空 AN/AVG-12 平视显示器。（格鲁曼公司）

▲ F-14D进入一线服役后前座舱看起来和格鲁曼公司的模型非常相似。新旧结合——多功能可编程目标信息显示器和老式"蒸汽"仪表放在一起显得相当不协调，前后座之间的系统集成甚至在D型上也几乎不存在——跟F-14A/B一样。（丹尼·克雷曼斯）

▲ 这款F-14D徽章也很受装备"终极雄猫"单位的欢迎，20世纪70年代初格鲁曼公司艺术家吉姆·罗德里格斯创造了这只特点鲜明的"斜靠猫"。（托尼·霍尔姆斯搜集）

组人员在 9 英里（14.48 千米）远的距离主动识别雷达接触，已经被美国海军作为标准设备安装在了所有 F-14A/B 上。

改进后的航电理所当然地受到了一线机组人员的欢迎，但据保罗·吉尔克里斯特少将所言，航电并不是 D 型背后真正的驱动力："虽然 F-14D 项目被宣传为在发动机、航电和雷达 3 个方面的改进，但隐藏目的实际上是不惜任何代价完善发动机。"

F-14D 的第一架生产型于 1990 年 5 月交付给了海军航空试飞中心，第二架飞机在 6 月份被送到了驻穆古岬的 VX-4 中队。原本 F-14D 计划生产 127 架，另外有 400 多架 A 型由格鲁曼公司升级到 D 型标准。然而，随着冷战的结束以及 11 支舰载"雄猫"中队的解散，F-14D 生产数量被国会大幅度削减，只生产了 59 架——4 架改装的试飞机、37 架新飞机和 18 架升级的 A 型。美国海军于 1992 年 7 月 10 日接收了最后一架新造的 F-14D（也是最后一架全新的"雄猫"）。

▲ 在将F-14转变为精确轰炸机的后座舱增加设备中，有一套精确攻击处理器（Precision Strike Processor，简称PSP）。该设备安装在雷达截击引导员座位左侧的控制台上，取代了战术空中侦查吊舱控制面板。处理器主机卡可以让"蓝盾"吊舱收录"雄猫"现有惯性导航系统校准和雷达截击引导员的计算机地址面板操作。（丹尼·克雷曼斯）

▼ 这张F-14D座舱视角图片清晰地显示了可编程目标信息显示器屏幕尺寸（底部）。上面是详细数据显示器，右边是多功能显示指示器。在照片中可编程目标信息显示器前面的底部可以看到一部分手动控制单元。D型后座舱增加的另一个关键部件是仪表板上方的传感器同步面板（Sensor Slaving Panel，简称SSP）。（丹尼·克雷曼斯）

2006年2月2日，在"自由伊拉克Ⅲ"任务期间，第8舰载机联队的航空联队长比尔·西泽摩尔上校（Bill Sizemore）在VF-2中队的F-14D"黑狮"207（生产编号161166）上，通过凯撒航空AN/AVG-12平视显示器将飞机定为在第40舰队战术支援中队第1遣队的一架C-2A后方。这架飞机生产编号161166号，在F-14的最后一次战斗部署期间飞行了约500小时，2005年11月17日在巴格达的一次对地扫射中发射了163发炮弹。（理查德·库珀）

主仪表板 / 风挡框

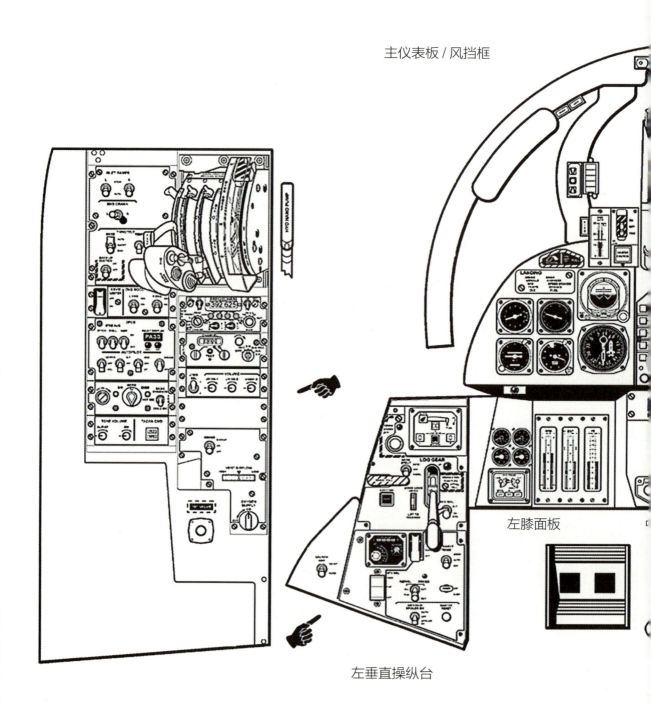

左膝面板

左垂直操纵台

▲ 1997年2月1日，NAVAIR 01-F14AAD-1
出版物《海军航空训练和操作程序标准化飞行
手册海军型F-14D》中刊发的F-14D前座舱图
解。（美国海军）

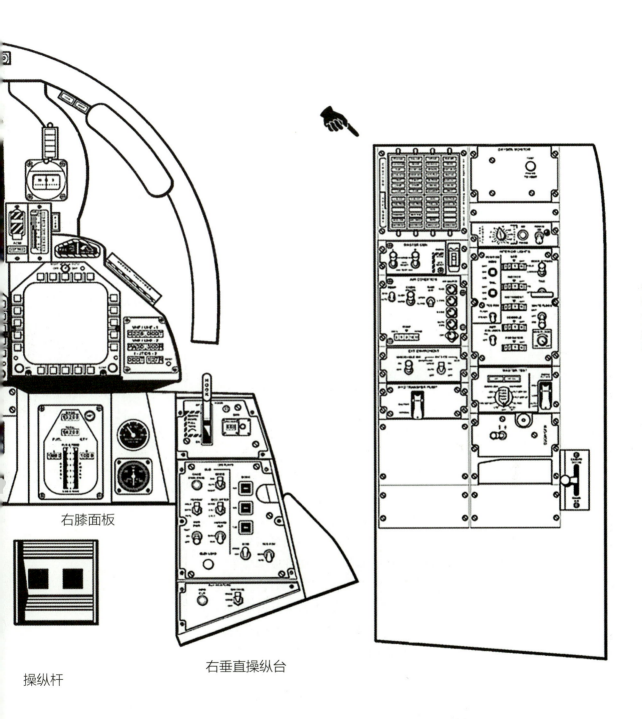

右膝面板

操纵杆

右垂直操纵台

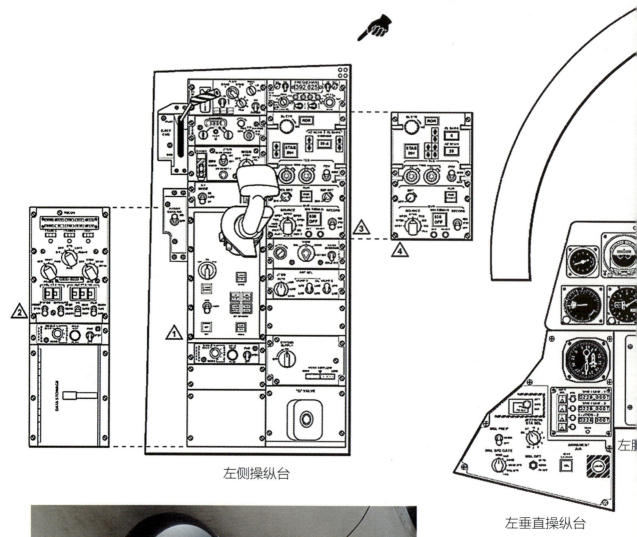

左侧操纵台

左垂直操纵台

◄ F-14D的主要外部特征是安装在飞机雷达罩下面一个造型独特的双颌吊舱，里面安装了AAS-42红外探测跟踪装置，旁边则是诺斯罗普AAX-1电视摄像系统。（丹尼·克雷曼斯）

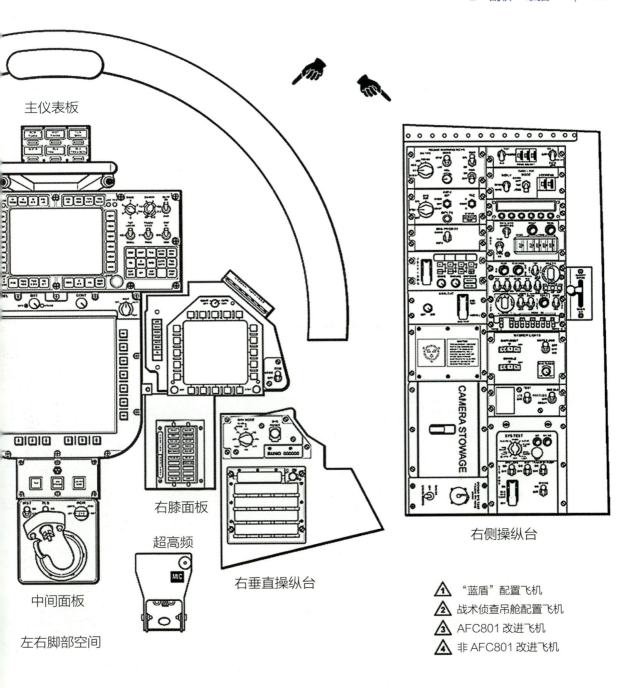

主仪表板

右膝面板

超高频

右垂直操纵台

中间面板

左右脚部空间

右侧操纵台

1 "蓝盾"配置飞机

2 战术侦查吊舱配置飞机

3 AFC801 改进飞机

4 非 AFC801 改进飞机

▲ 1997年2月1日，NAVAIR 01-F14AAD-1
出版物《海军航空训练和操作程序标准化飞行
手册海军型F-14D》中刊发的F-14D后座舱图
解。（美国海军）

▲ 装备F-14D的VF-213"黑狮"中队也在其成员徽章上采用了"罗德里格斯雄猫",格鲁曼公司样板中的"星条"被换成了中队的颜色和8颗星。要注意的是,"雄猫"有两条尾巴,但VF-213中队所有F-14D垂尾上涂的是双尾黑狮。(托尼·霍尔姆斯搜集)

▲ 一架F-14D（生产编号164599）的飞行员在从穆古岬起飞的训练飞行中，做了一个右向急转弯机动脱离另外一架F-14D（生产编号164604）。两架飞机都是测试和评估机，一开始在VX-4中队，1994年9月该中队解散后被调到了VX-9中队穆古岬分遣队。（泰德·卡尔森）

2005年7月，"西奥多·罗斯福"号在参加的联合特遣部队"韦斯特兰"（Westlant）演习 期间，舰上"小老板"跟3号弹射器的"射手"（弹射官）一起发出了弹射VF-31中队"花车101"（生产编号164603）的信号。（美国海军）

THE
TOMCAT IN
SERVICE

3 服役中的
"雄猫"

"雄猫"由于发动机不可靠、航电和武器系统复杂、20世纪70年代国防预算的大幅度削减，以及舰队士气的低迷，在美国海军的服役生涯的开端略有起伏。

冷战舰队服役

　　F-14虽然是航母飞行甲板上有史以来运作过的最复杂的战斗机，而且饱受财务纠纷和成本超支的困扰，但它在1972年10月8日就进入了服役状态——距离首飞仅21个月。F-14的第一架生产型于当年5月首飞，5个月后VF-124中队在米拉马尔海军航空站接收了交付给它的第一架"雄猫"。这标志着"雄猫"的发展达到了一个高潮，因为这代表了F-14从一种正在试飞的飞机转变成了一种能够执行指定任务的战斗机。

　　不过VF-124中队并不是一个作战战斗机单位，而是一个舰队换装中队，负责提供飞机全方位的培训；最终会在海上操作飞机的空勤

▼ 这架飞机（生产编号158617）是第一架分配给VF-124"枪手"中队的"雄猫"，1972年10月它被临时借调给该部队，以便未来的F-14教官可以获得新型舰队战斗机的经验。这架飞机最终在2003年10月退役，以海外战争7293号岗老兵的名义保存在宾夕法尼亚州的艾伦顿（Allenton）。（美国海军获自安吉洛·罗曼诺）

和地勤人员会被分配到这里进行学习。V–124 中队的人员由从两支海岸战斗机部队中抽调而来的老练的海军飞行员和雷达截击引导员组成，部队的首要工作是训练教官，而这些教官的任务是为以后的一线机组人员和地勤人员教学制订正式的训练大纲。对于要把自己的 F–4 "鬼怪" II 或者 F–8 "十字军战士" 换成 F–14 的舰载机部队，VF–124 中队还要管理它们的换装过程。

　　一开始，"雄猫" 从卡尔弗顿交付到米拉马尔的速度很缓慢，而且一直到 1973 年初 VF–124 中队才开始训练首支装备 F–14，预定加入太平洋舰队的太平洋战斗机空中早期预警联队（Fighter Airborne Early Warning Wings Pacific，简称 FitAEWWingPac）的中队机组人员。VF–1 和 VF–2 是第一批计划装备 F–14 并投入远洋服役的两个中队，它们是 1972 年 10 月 14 日为装备 "雄猫" 专门在米拉马尔成立的。到 1973 年 7 月，这两支部队在换装 F–14 方面在 VF–124 中队取得了足够的进步，已经可以自行从格鲁曼公司直接接收 F–14A。不过直到 1974 年 3 月，VF–1 和 VF–2 中队才达到 12 架飞机的满编状态。

　　VF–1 和 VF–2 中队被调到了当时隶属 "企业" 号航母的第 14 舰

▲ VF–1中队与众不同的"狼群"徽章，在单位装备F–14的21年里从未改变过。（托尼·霍尔姆斯搜集）

▼ 第一批接收"雄猫"的两个一线部队是VF–1"狼群"和VF–2"赏金猎人"中队，这两个单位都是为装备"雄猫"于1972年10月14日在米拉马尔专门成立的。图中这架VF–1中队的F–14A（生产编号为158993）在中队的巡航前检查时，为方便摄影师拍摄正在模拟航母降落进场。（罗伯特·L.劳森获自"尾钩"协会）

南加州作战区的一场空战机动训练结束后，VF-1中队的一个F-14A小队跟两架来自防空司令部第84战斗机-截击机中队/第26航空联队的两架F-106A编飞行队。它们下方是圣迭戈（右）和科罗纳多岛（左），后者是北岛海军航空站（NAS North Island）的所在地。"三角标枪"经常被驻米拉马尔的战斗机部队借调，在训练中模拟米格-21。（美国海军）

▲ VF-14"高帽人"中队和它的姐妹中队VF-32"剑客"是第一批换装F-14A的大西洋舰队战斗机部队。它们在米拉马尔由VF-124中队指导进行换装,这架飞机(生产编号159017)1975年5月拍摄于米拉马尔。1974年6月,这架新飞机被交付VF-124中队,以"高帽人"105的呼号在VF-14中队服役,后来又在VF-101、VF-11和VF-102中队服役,1994年报废。(安吉洛·罗曼诺)

▲ "高帽"徽章自20世纪20年代初就被涂在舰载机上,VF-14中队自1919年成立以来曾装备过23种飞机,番号改变过14次(现在是VFA-14,装备F/A-18E),曾隶属于20艘不同的航母(和几艘战列舰)。(托尼·霍尔姆斯搜集)

载机联队(CAW),1974年春取得了航母降落资格,同年9月17日部署在航母上首次参加了西太平洋巡航任务。这次巡航一直到1975年5月20日才结束,对两支"雄猫"单位来说巡航比较成功,因为它们在训练演习期间试射了飞机装备的3种导弹,并在美国撤离南越的最后阶段代号为"常风"(Frequent Wind)的行动中,飞到西贡(今胡志明市)上空执行了战斗空中巡逻任务。不尽如人意的是,VF-1中队在1975年1月初的12天内,因为发动机叶片故障引发的无法控制的起火损失了两架F-14。两架飞机都掉进了南中国海,不过机组人员全都安全获救。

尽管有这些损失,而且由于TF30的可靠性严重不足,VF-1和VF-2中队在巡航期间被迫更换了大约100台发动机,但它们在返回米拉马尔时已经有了3000个飞行小时的记录。总体而言,太平洋战斗机空中早期预警联队的联队长伦纳德·A.斯尼德(Leonard A. Snead)少将将此次部署形容为"海军有史以来舰队装备先进飞机最成功的一次"。

当VF-1和VF-2中队返回米拉马尔时,大西洋舰队首批装备F-14的两个中队——VF-14和VF-32即将做好进行首次作战部署的准备。为了加快"雄猫"的服役速度,美国海军决定将东海岸首批计划换装F-14的4个战斗机中队调到米拉马尔,由VF-124中队负责指导换装。1975年底,前大西洋舰队的F-4舰队换装中队VF-101接收了自己的第一架"雄猫"。VF-101 中队混装两种战斗机，一直到 1977 年 8 月才将最后一架"鬼怪"Ⅱ移交给 VF-171 中队，专心于"雄猫"的训练以支援东海岸的战斗机中队。

VF-14 和 VF-32 中队之前装备的是 F-4J，1974 年夏末从加利福尼亚回到它们的主基地奥希阿纳海军航空站。这两个中队在"雄猫"上进行了 9 个多月的强化训练后，调入了"约翰·肯尼迪"号（USS John Kennedy，CV-67）上的第 1 舰载机联队。1975 年 6 月 28 日，"约翰·肯尼迪"号从弗吉尼亚诺福克出海，横渡大西洋进行了为期 7 个月的部署，为冷战期间驻奥希阿纳的"雄猫"部队以后的行动定下了基调。CV-67 大部分时间都在地中海东部，与北约部队进行了大量演习。

1974 年下半年，大西洋舰队的 VF-142 和 VF-143 中队紧随 VF-14 和 VF-32 中队之后，从米拉马尔的"雄猫"战斗机学校毕业，把 F-4J 换成了 F-14A。不过这两个中队都要等到 1976 年 4 月才跟随"美国"号上的第 6 舰载机联队前往地中海。这次巡航的亮点出现在 7 月底，黎巴嫩的血腥内战爆发后，美国海军陆战队使用直升机从首都贝鲁特疏散了 300 多名美国公民，VF-142 和 VF-143 中队为这次行动提供了战斗空中巡逻掩护。

VF-124 中队在完成首批 4 个大西洋舰队"雄猫"中队的换装后，将注意力转回太平洋舰队战斗机空中早期预警联队，以及美国海军最后两个 F-8 一线中队的换装。VF-24 和 VF-211 中队从 1959 年就开始装备"十字军战士"，并随第 21 舰载机联队执行了 9 次巡航任务，后

▲ VF-143中队的机组人员佩戴两种徽章，一种是官方"战斗143"徽章，图案是部队专有的黑色奇美拉——不过自20世纪60年代初以来就被海军飞行员和海军飞行官戏称为"呕吐犬"，徽章上还有拉丁语铭文："无可挑剔"（sans reproache）。还有一种徽章如图，将"狗"和一只格鲁曼"雄猫"结合在一起。（托尼·霍尔姆斯搜集）

▼ 1975年秋在"雄猫"的首次地中海巡航期间，VF-32中队无外挂的"吉卜赛211"（生产编号159025）从"约翰·肯尼迪"号舯部的4号弹射器弹射起飞。这架飞机在VF-101、VF-11中队服役过，最后进入VF-302和VF-202预备役中队，1994年9月退役，多年来一直在位于南卡罗来纳州的"约克城"号（CVS-10）上展出。（安吉洛·罗曼诺）

来第 21 舰载机联队于 1975 年 10 月解散，几周后 VF-24 和 VF-211 中队开始换装 F-14A。两个中队被正式调入第 9 舰载机联队，1977 年 4 月搭载在"星座"号上执行首次西太平洋巡航任务。接下来换装 F-14A 的西海岸战斗机中队是 VF-114 和 VF-213，其中 VF-213 中队在 1976 年春换掉了 F-4J。1977 年 10 月，VF-114 和 VF-213 中队被调入"小鹰"号（CV-63）上的第 11 舰载机联队，执行首次西太平洋巡航任务。"小鹰"号换下了部署在那里的 CV-64（"星座"号）。

1977 年对于格鲁曼公司和美国海军而言是忙碌的一年，以 VF-41

和 VF-84 中队 12 月在大西洋舰队开始执行首次巡航任务圆满结束，这两个中队是首批在奥希阿纳由 VF-101 中队负责完成换装的部队。VF-101 中队从 1976 年 4 月起，负责将 VF-41 和 VF-84 中队的 F-4N 换装成 F-14A，一开始就从 VF-124 中队得到了相当多的帮助。在一连串的换装过后，两个战斗机换装中队都在将"鬼怪"Ⅱ单位转变为"雄猫"单位的过程中获得了喘息之机，直到 1978 年初 V-124 中队将 VF-51 和 VF-111 中队迎入课堂。这两个中队隶属于第 15 舰载机联队，搭载在排水量较小的"珊瑚海"号（USS Coral Sea，CV-43）上

▼ 1975 年，VF-143 中队在米拉马尔由 VF-124 中队的"雄猫学校"负责指导换装 F-14A 后刚刚返回奥希阿纳，"狗 104"（生产编号 159444）在停机坪上检查前起落架（压缩状态）。注意机头下方和左垂尾尖上的发光防撞条，表明飞机的系统已经通电。（获自大卫·F.布朗）

1976年9月20日第一架被分配到VF-114 "土豚" 中队的F-14A（生产编号159862）。在1976年10月24日举行的基地航展上，它在自己的表演程序开始时表演了不使用襟翼起飞，图为它正收起两个主起落架离开米拉马尔。（罗伯特·L.劳森获自 "尾钩" 协会）

▲ VF-114中队官方徽章图案是一名武士骑着一匹飞马，顶部是手写体希腊文"先发制人"。1942年10月，第11舰载航空大队装备SBD"无畏"的VS-11/VB-11中队创作了1个类似的徽章，VF-114中队复杂的血统可以通过1945年1月成立的VBF-119中队追溯到这个单位。不过它的番号直到1950年2月才变成VF-114中队。（托尼·霍尔姆斯搜集）

▶ VF-101"死神"舰队换装中队是大西洋舰队的"雄猫"训练部队。该中队刚开始在奥希阿纳操作F-14时还装备着大批F-4，但1977年8月VF-101中队将自己最后一批"鬼怪"Ⅱ移交给VF-171中队，专注于"雄猫"训练。图中这架生产编号不明的飞机是1979年分配给"死神"中队的20多架F-14其中之一。（美国海军）

▲ 20世纪50年代末，在漫画家约翰尼·哈特（Johnny Hart）创作的连环画《公元前》（The B.C.）中，有一只因吃东西时候发出的声音而得名"佐特"（ZOT）的食蚁兽或土豚。1961年VF-114中队开始换装"鬼怪"Ⅱ，机组人员认为该机型长得像"佐特"。1963年，当该单位将自己的绰号从"刽子手"改为"土豚"时，这个徽章也被正式采用作为非官方徽章。（托尼·霍尔姆斯搜集）

▲ 自1942年以来有3支部队使用过VF-11的番号，这头猛兽一直位于中队徽章顶部。它模仿了戈登公司在杜松子酒瓶商标上装饰的野猪头。（托尼·霍尔姆斯搜集）

▼ 在"约翰·肯尼迪"号1983—1984年漫长且艰难的地中海战斗巡航期间，VF-11"红色开膛手"中队的两个F-14A机组靠近他们的编队长机。"开膛手104"（生产编号161166）和"开膛手110"（生产编号159434）都挂载了AIM-9L和AIM-9M实弹，前者在这次任务中还使用了20毫米M61A1"火神"机炮。（美国海军获自彼得·默斯基）

将近20年后，现在被调到了CV-63上，它们最终于1979年5月装备F-14A，开始了首次西太平洋巡航。

美国海军在20世纪70年代后半段的大多数部署行动都遵循一种可预测模式，航母通常要在太平洋或地中海巡航6个月左右。在此期间，"雄猫"部队会跟其他国家的空中力量进行演习，同时花费大量时间进行战斗空中巡逻，保护航母战斗群。F-14的机组人员很快就熟悉的任务之一就是"猎熊"——苏联的安东诺夫、伊留申和图波列夫远程侦察机会例行跟踪执行战斗空中巡逻任务的"雄猫"，试图接近它们驻留的航母，以便拍照和搜集电子信号数据。冷战期间很多美国海军飞行员和雷达截击引导员都拦截过这些苏联飞机，VF-14中队的约翰·斯科格斯贝里（John Skogsberg）上尉也是其中一员，他回忆道：

当苏联侦察机能够找到航母时，它们就会尽量靠近。我们除了撞击或击落它们外没有任何切实可行的方法把它们赶走。我们的目标是在它们进入航母200英里（约321.87千米）范围内对它们进行全程伴飞——有时候距离还会更远，而且

作为伴飞者,我们总是试着出现在它们拍摄航母的每一张照片里。大体上,图-95/142"熊"和图-16"獾"的机组人员表现不错,但也有一些伊尔-38"山楂花"故意飞的非常低非常慢,试图给伴飞者制造麻烦的传闻。

1979 年伊朗国王被推翻后,美国海军在北阿拉伯湾的狭窄水域巡逻。太平洋舰队和大西洋舰队的航母轮流在阿曼湾海军作战区航行。1980 年 9 月,伊拉克入侵伊朗,进一步加剧了这个石油丰产区的紧张局势,"雄猫"部队一直忙于在战区内行动的航母战斗群上空巡逻。事实上在接下来的 27 年里,美国海军的"雄猫"将成为北阿拉伯湾上空常见的景象。

尽管美国海军的作战重心已经转移到了中东地区,大西洋舰队的航母虽然被调到第 6 舰队,但仍继续在地中海东部进行例行巡逻。1981 年 8 月 19 日,"雄猫"在地中海东部,发挥了作为战斗机应有的作用,出人意料地赢得了战绩。当时"尼米兹"号(USS Nimitz,CVN-68)搭载第 8 舰载机联队,针对在利比亚沿海国际水域活动的无

▼ VF-41中队的"快鹰107"(生产编号160390)系留在"尼米兹"号甲板上,它拥有一个苏-22击杀标志。1981年8月19日,拉里·穆钦斯基上尉和吉姆·安德森中尉驾驶这架飞机,击落VF-41中队两架利比亚苏-22战机中的第二架。1994年10月25日,这架飞机在被调到VF-213中队时,飞行员卡拉·赫尔特格伦上尉(Kara Hultgreen)在接近"亚伯拉罕·林肯"号时着陆失败。赫尔特格伦死亡,但雷达截击官马修·克莱米什(Mattthew Klemish)安全弹射。(安吉洛·罗曼诺)

▲ 现在的VF-41中队成立于1950年9月，是美国海军第4个使用这个番号的中队。在装备过"海盗""女妖""恶魔"和"鬼怪"Ⅱ之后，"黑桃"中队于1976年4月开始接收F-14A。2001年底换装F/A-18F之后番号变成了VFA-41。（托尼·霍尔姆斯搜集）

人机目标进行为期两天的导弹发射演习。利比亚政府声称美国海军的无人机靶场大部分都在其领海内，但美国政府对此予以驳斥，称只准备承认传统的 3 英里（约 4.83 千米）领海界线。

演习第一天（8 月 18 日），利比亚阿拉伯共和国空军的飞机对导弹发射区进行了近 50 次入侵，最后利比亚空军战机同 VF-41 和 VF-84 中队的 F-14，以及"福莱斯特"号上的 F-4J 进行了空战机动。19 日早上，两架苏 -22M "装配匠 -J" 跟 VF-41 中队的两架"雄猫"进行了较量，4 架飞机相遇时，一名利比亚飞行员向 F-14 误射了一枚"环礁"红外制导空空导弹。由于导弹是在使用包线之外发射的，未能捕获目标。按照当时美国海军机组人员严格遵守的交战规则（ROE），他们只能在敌人先开火的情况下才能反击，VF-41 中队的 2 名飞行员分别发射了一枚 AIM-9L，各自击落一架"装配匠"。

VF-11 和 VF-13 中队波澜不惊地将 F-4J 换成 F-14A，随后加入了"约翰·肯尼迪"号上的第 3 舰载机联队，于 1982 年 1 月开始了它们的首次"雄猫"部署。同年 12 月，VF-33 和 VF-102 也随第 1 舰载机联队搭载在"美国"号上，开始了它们的第一次地中海巡航。

1983 年，大西洋舰队的"雄猫"将会参加更多的战斗，不过这

次它们的主要武器是战术空中侦察吊舱系统（TARPS），而非空空导弹。1980—1981 年，随着越南战争时代的 RC-5A "民团团员" 和 RF-8G "十字军战士" 侦察机从一线退役，美国海军需要一种新型舰载照相侦察平台。F-14 因大航程和高速度被选中执行这类任务。战术空中侦察吊舱的开发始于 1976 年 4 月，17.29 英尺（约 5.27 米）长的吊舱里装有两部照相机和一部为在中低空使用而优化的红外侦察传感器。一开始只有 50 架 F-14A 的右后 "不死鸟" 挂点为战术空中侦察行动进行了布线，这些飞机随后被分散配属到一线部队之中。每个航空联队中只有一个中队会被指派执行战术空中侦察任务，1981 年底，第一批重达 1760 磅（约 798.32 千克）的吊舱由 VF-84 中队投入使用。

　　VF-32 中队分别于 1983 年 10 月在格林纳达上空，12 月在黎巴嫩上空执行了战术空中侦察任务，全中队对这活已经烂熟于心了。VF-32 中队搭载在 "独立" 号（USS Independence，CV-62）上，隶属于第 6 舰载机联队，通常依赖 VF-14 中队为这些有潜在危险的飞行提供战斗空中巡逻掩护。在格林纳达，"雄猫" 的战术空中侦察图像在入侵加勒比海岛屿的 "紧急狂暴"（Urgent Fury）行动开始前，为美国海军陆战队和陆军游骑兵提供了敌方部队调动及炮兵阵地的情报。在黎巴嫩，VF-32 中队在德鲁士和叙利亚炮兵阵地上空执行了 40 多次空中战术侦察任务。1984 年 12 月 4 日，VF-31 中队一架从 "约翰·肯

▲ VF-84 "海盗旗" 中队是 VF-41 中队在第 8 舰载机联队中长达十余年的姐妹中队。1976—1977 年 VF-41 和 VF-84 中队从 F-4J 换装 F-14A 后，自 1977 年 12 月开始随第 8 舰载机联队隶属于 "尼米兹" 号进行了它们的首次地中海部署。图为 F-14A "胜利 221"（生产编号 161138）和 "胜利 223"（生产编号 161141）在 1980 年 9 月举行的北约 "团队合作 80"（Teamwork 80）演习期间为 VAW-124 "熊王" 中队的 E-2C 提供紧密护航。（美国海军）

◀◀ 1981 年 8 月 19 日，在击落两架利比亚的苏-22 后不久，VF-41 中队 4 名海军飞行员和飞行官凯旋后在 "尼米兹" 号上的中队准备室摆好姿势拍摄了一张官方照片。小队的长机是中队长汉克·克勒曼中校（Hank Kleeman）（左起第二位）和他的雷达截击引导员戴夫·文莱特上尉驾驶（Dave Venlet）。驾驶 "冲锋" 2 号 "雄猫" 的是拉里·穆钦斯基上尉（右起第二位）和雷达截击官吉姆·安德森中尉。（美国海军）

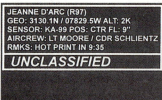

JEANNE D'ARC (R97)
GEO: 3130.1N / 07829.5W ALT: 2K
SENSOR: KA-99 POS: CTR FL: 9"
AIRCREW: LT MOORE / CDR SCHLIENTZ
RMKS: HOT PRINT IN 9:35

NORTH

UNCLASSIFIED

◀◀▲ 这个罕见的编队拍摄于"灿烂之星83"（Exercise Bright Star 83）演习结束后。埃及空军的战机包括：一架F-4E、一架"幻影"5SDE、一架崭新的F-16A、一架米格-21MF和一架F-6，还有一架隶属于"德怀特·艾森豪威尔"号（CVW-69）的VF-142中队的F-14A，机群中剩下的第7舰载机联队飞机为一架VA-65中队的A-6E和一架VA-66中队的A-7E。（美国海军）

◀◀▼ 这张法国直升机巡洋舰"圣女贞德"号在地中海中航行的照片拍摄于1994年初，是VF-103中队装备战术空中侦察吊舱系统的F-14B使用吊舱里的KA-99全景式照相机拍摄的，这种相机可以从地平线旋转到水平线，并可用于侧斜拍摄。拍照的"雄猫"是由飞行员摩尔上尉（Moore）和VF-103中队的中队长史蒂文·"鼻涕虫"·施林茨中校（Steven 'Snotty' Schlientz）驾驶的。（获自大卫·F. 布朗）

▼ 1982年初，VF-31"雄猫人"中队在隶属于"约翰·肯尼迪"号的地中海/印度洋巡航期间，海军飞行员们正在练习他们的镜像编队机动。两架F-14A（靠近照相机这架生产编号为159009，远处那架为159437）都挂载了AIM-9M和AIM-7M实弹。（美国海军/彼得·默斯基）

1979年6月格鲁曼公司向VX-4中队交付的新F-14A（生产编号160696），是第315架交付给美国海军的"雄猫"。图中的F-14剧烈滚转离开拍摄机，翼套扇翼已经完全伸出，这张照片拍摄于战术空中侦察吊舱系统获准供给舰队使用前的飞行测试期间。（格鲁曼公司）

▲ 1983年，VF-24中队的保罗·尼克尔上尉（Paul Nickell）在米拉马尔停机线上的F-14A（生产编号159621）前摆好姿势。尼克尔是在冷战的最后10年里装备F-14单位中海军飞行员和海军飞行官的典型代表，他在VF-124中队花了一年多时间学习如何驾驶"雄猫"，之后在VF-24中队完成了两次（1982年9月到1985年12月）西太平洋/印度洋部署。（保罗·尼克尔）

尼迪"号（CV-67）出动执行战术空中侦察任务的飞机遭到了攻击，美军仓促安排了一次阿尔法攻击，[1]VF-32中队为这次悲剧的攻击[2]执行了炸弹毁伤效果评估任务。

1984年4月，东海岸战斗机部队最后换装"雄猫"的VF-74和VF-103中队，加入了"萨拉托加"号（USS Saratoga，CV-60）上的第17舰载机联队，开始了首次部署。次年2月，主基地位于米拉马尔的VF-21和VF-154中队装备F-14，开始了它们的首次西太平洋巡航。1985年10月，第17舰载机联队的"雄猫"部队因参与抓捕4名巴勒斯坦恐怖分子登上了新闻头条。这批人之前劫持了意大利游轮"阿基莱·劳罗"号（Achille Lauro），并杀害了一名老年美国乘客。恐怖分子在埃及找到临时庇护所后，将乘坐埃及航空公司的波音737飞往利比亚避难。然而，VF-74和VF-103中队的7架"雄猫"在美国空军RC-135加油机和同样隶属第17舰载机联队的E-2C预警机协同下，进行了一次精准的夜间截击，把客机迫降在了意大利西西里岛的西格

---

[1] Alpha Strike，指航母上出动大量兵力对目标进行大规模攻击。——译者注
[2] 第15攻击机中队一架A-7E被击落，飞行员阵亡，攻击导航员被俘。——译者注

奈拉海军航空站（NAS Sigonella）。

1986年3月24日，利比亚在继续支持恐怖主义后，再次感受到了美国航空母舰空中力量的强大实力。"美国"号和"珊瑚海"号参加了"草原烈火"（Prairie Fire）行动，这次行动的目的是试图激怒利比亚军队跟强大的第1和第13舰载机联队交手。VF-33和VF-102中队（搭载在CV-66上）的战斗空中巡逻飞机恰好遭到了利比亚SA-5防空导弹营和高射炮的攻击，导致两艘航母出动A-6、A-7和F/A-18机群对利比亚防空导弹阵地及巡逻船只进行了空袭。利比亚空军的两架米格-23"鞭挞者"从班加西（Benina）空军基地起飞，同VF-33中队的两架"雄猫"进行了交战，4架飞机都卷入了激烈的"狗斗"之中，从20000英尺（约6096米）开始，然后螺旋下降到5000英尺（约1524米）。F-14机组人员两次在敌机"6点"方位成功锁定了他们的对手，而且两次都响起了AIM-9可以发射的提示音。然而，在他们还没得到战斗机指挥人员的开火许可之前，利比亚米格-23的飞行员就退出了交战向南返航了。

4月15日，美国空军从英国基地起飞的F-111进行了后续空袭，

▼ 1982年初，在第2舰载机联队在"突击者"号上进行西太平洋巡航前检查的最后阶段，VF-1中队的一个F-14四机编队在夏威夷作战区上空飞行。这张令人惊叹的照片是传奇摄影师兼"雄猫"飞行员C.J."加热器"·希特利（C.J. 'Heater' Heatley）为自己1986年的作品《前沿》（*The Cutting Edge*）拍摄的系列照片之一。《壮志凌云》导演托尼·斯科特说："'加热器'的照片是我在《壮志凌云》中拍摄所有飞机和航母的模板和灵感。"（C.J. 希特利）

VMGR-352中队的4架KC-130为VF-1和VF-111中的4架F-14，以及VMFA-531中队的一架F-4N供油。这张照片1982年初在加利福尼亚中部高原上空拍摄，带领编队的是KC-130F（生产编号147572），1962年交付给美国海军陆战队。如图所示，F-14接受KC-130的空中加油毫无问题。（弗兰克·B. 莫里洛）

▲ VF-33 "星战士" 中队是最后一批换装F-14的F-4单位之一，装备"雄猫" 仅12年（1981—1993）。1982年8月，VF-33中队被调到第1舰载机联队跟F-14 "新丁" VF-102中队搭档，隶属于"美国"号开始首次地中海巡航。（美国海军）

的黎波里机场、军营和政府目标都遭到了攻击。CV-60 和 CV-66 上出动的"雄猫"为行动提供了战斗空中巡逻掩护。

回到美国，最后两个装备 F-14 的一线中队于 1986 年 12 月开始接收飞机。VF-191 和 VF-194 中队自 1977—1978 年以来一直都处于休眠状态，重新启用这两个中队是为了配属给新成立的第 10 舰载机联队，预计将搭载在"独立"号（CV-62）上。尽管两个中队都得到了满编的飞机，并进行了彻底的检查，但在预算被削减后，太平洋舰队裁撤了第 10 舰载机联队，两个中队也在 1988 年 4 月被解散。不过，第 10 舰载机联队的残部变成了 F-14 预备役部队，分别是第 20 预备役舰载机联队的 VF-201 和 VF-202 中队，以及第 30 预备役舰载机联队

▲ VF-154中队令人印象深刻的徽章是由美国传奇漫画家弥尔顿·卡尼夫（Milton Caniff）在1957年中队刚刚换装F-8"十字军战士"后创作的，他的代表作有《泰瑞和海盗》（Terry and the Pirates），以及《史蒂夫·坎杨》（Steve Canyon）。这个徽章最初由中队飞行员约翰·米奥特尔（John Miottel）设计，最终版本由卡尼夫绘制。其特征是一名银色十字军骑士站在一片黑色背景上，两个F-8分队在背景上穿过。（托尼·霍尔姆斯搜集）

的 VF-301 和 VF-302 中队。

前一年（1987 年）的 3 月，格鲁曼公司向美国海军交付了第 557 架，也是最后一架标准生产型 F-14A。现在它要把注意力转向 F-14+（随后编号被改为 F-14B）和 F-14D。

1987 年 8 月 8 日，隶属 CV-64 上的 VF-21 中队的两架"雄猫"，拦截了两架伊朗空军第 91 战术战斗机联队的 F-4E，这两架"鬼怪"Ⅱ正在北阿拉伯湾搜索伊拉克空军攻击超级油轮的"幻影"F1。由于担心"鬼怪"Ⅱ会把美国海军船只当成目标，"雄猫"的机组人员对着伊朗的两架 F-4E 迎头发射了两枚"麻雀"导弹。由于导弹是在没有制导参数的状态发射的，结果一枚导弹失灵，另一枚被身经百战的 F-4

从20世纪70年代中期到1985年，照片中这5种喷气式飞机占据了调遣到大西洋和太平洋舰队航母的飞行甲板。1982年2月10日，这些独特的飞机在被调到隶属于"星座"号的第9舰载机联队时拍摄了这张照片。引领编队的是VF-24和VF-211中队的4架F-14A，A-7E是VA-146和VA-147中队的；A-6E是VA-165中队的；S-3A是VS-38中队的；还有1架EV-6B是VAQ-134中队的。（美国海军）

▲ VF-111中队历史可以追溯到
1942年10月成立的VF-11中队,其
独特的徽章和绰号具有历史意义。
"落日者"(Sundowner)是大航
海时代的一个术语,指一天到晚劳碌
的勤劳水手或者船长。在第二次世界
大战期间,由于VF-11中队的主要任
务是击落日本"太阳"(飞机),这
个单词有了明显的太平洋战区含义。
(托尼·霍尔姆斯搜集)

◄ 1984年6月20日,在一次紧急
阻拦网着陆后,甲板人员正在使用
NP-50起重机将VF-1中队重伤的
F-14A(生产编号161296)从"小
鹰"号的飞行甲板上移走。在回收起
落架有故障的飞机时,甲板上的所有
阻拦索都会被拆卸,以免缠在起落架
上。喷气折流板也会升起,以保护停
放在舰艇的飞机。(美国海军)

1987年1月，当"卡尔·文森"号在北太平洋进行飞行作业时，第15舰载机联队在美国海军航空联队有史以来经历过的最严酷的寒冬条件下行动。当"落日者213"（生产编号161153）在结冰的飞行甲板上滑行时，甲板人员清除机身和机翼上的冰。VF–111和VF–51中队的飞机上还涂有第9舰载机联队的标识，以欺骗跟踪航母的苏联间谍船和侦察机。（美国海军）

1987年初，VF-33中队的F-14A（生产编号159427）开始在加勒比海进行AIM-9L实弹射击，在离开"西奥多·罗斯福"号舰艏3号弹射器时带着接近20°的偏航角向左滚转50°。"雄猫"被压在弹射器上40g过载2.5秒后，被压缩的前起落架液压油会在飞机离开飞行甲板时膨胀，将战斗机的机头向上推起以便急速爬升。（美国海军）

美国海军最后成立的两个一线"雄猫"中队是VF-191"撒旦的小猫"和VF-194"红色闪电",均成立于1986年12月。这两个中队隶属于第10舰载机联队,是冷战最激烈时成立的第13支舰载航空联队,但这两个单位仅存在16个月便随第10舰载机联队一同解散。照片中这架飞机(生产编号161626)是VF-194中队的航空联队长机,1988年2月8日拍摄于圣迭戈上空。(美国海军)

▲ 162594号机在1986年1月交付给VF-124中队时是新飞机，后来被调到了VF-111"落日者"中队并成为航空联队长机。除了该单位特色的鲨鱼嘴涂装外，这架飞机在机号200后面还涂有"RR侦察拉力赛"（RR RECCE RALLY）和"加油加油"（BOOLA BOOLA）的印花。VF-111中队作为第15舰载机联队的战术空中侦察单位，曾在1990年全太平洋舰队战术空战侦察单位公开赛中夺冠。（汤姆·图米）

▶▶▲ 162594号机1988年从VF-124中队调到VF-111中队，如前所述，它最终成为了部队的航空联队长机。该机使用"落日者200"呼叫代号一直到1992年9月28日。然后它进行了为期18个月的维护，于1994年被调到驻日本的VF-21中队回到舰队现役。1996年这架飞机被调到了隶属于第5舰载机联队的VF-154"黑骑士"中队，不久后又被调到了VF-101中队。（汤姆·图米）

▶▶▼ 图为1989年1月29日VF-32中队在不凡的1988—1989年地中海巡航结束后返回奥希阿纳。在这次巡航中，VF-32中队随第3舰载机联队隶属于"约翰·肯尼迪"号。这架"雄猫"（生产编号159237）是25天前击落两架利比亚米格-23的两架F-14A之一。（大卫·F.布朗）

▲ VF-51中队是太平洋舰队中资格最老的战斗机中队，其历史可以追溯到1927年，当时它的"啸叫鹰"徽章装饰的是VF-3S"攻击鹰"中队的寇蒂斯F6C-4双翼战斗机。经历二战中和结束后的几次番号变更后，"啸叫鹰"的番号在1948年8月改为VF-51。这个单位一直使用这个引人注目的徽章，直到1995年3月解散。（托尼·霍尔姆斯搜集）

◀ 1991年4月初，第15舰载机联队在隶属于"小鹰"的西太平洋/印度洋部署期间，VF-51中队的"鹰114"（生产编号162610）在东太平洋散云上巡航。这架飞机1987年作为新机被分配到VF-1中队，到1992年11月VF-51中队再次出海巡航时它的呼叫代号变成了"鹰101"，它一直都是中队长机直到1995年3月31日"啸叫鹰"中队解散。（美国海军）

TOMCATS-4 LIBYA-0

▲ 1989年1月29日VF-32中队击落利比亚的米格-23后，这款保险杠贴花在奥希阿纳大批印制并广泛分发。分数代表20世纪80年代"雄猫"在利比亚阿拉伯共和国空军身上累积的战果；大西洋舰队的F-14单位在地中海的两次交战中均取得了胜利。（彼得·默斯基搜集）

飞行员轻松规避。1988 年 4 月 18 日，在"螳螂"（Praying Mantis）行动中伊朗空军的"鬼怪"Ⅱ再次跟美国海军纠缠。这次行动是一场针对在北阿拉伯湾攻击超级油轮的伊朗护卫舰的"一日战争"，伊朗空军的一架 F-4E 被美军"温赖特"号（CG-28）巡洋舰发射的防空导弹击中，但它设法挣扎着返回了基地。几个小时后，伊朗空军的"鬼怪"Ⅱ编队试图截击一架从"企业"号上起飞的 E-2C，但被 VF-213 中队的两架 F-14 警告驱离。

1989 年 2 月 4 日，是"雄猫"最后一次参加冷战期间的作战，当时第 6 舰队在利比亚海岸附近进行一次"航行自由"演习，VF-32 中队的两架 F-14 成功击落了利比亚空军的 2 架米格-23"鞭挞者"。当 E-2C 探测到两架米格机从本拜（Al Bumbah）北空军基地升空时，从"约翰·肯尼迪"号（CV-67）上起飞的两架"雄猫"正在执行战斗空中巡逻任务。"鞭挞者"直奔美国海军战斗机而去，在 72 英里（约 115.87 千米）的距离上被 F-14 的 AN/AWG-9 雷达发现。VF-32 的机组人员适当地进行了至少 4 次回避机动，试图避免冲突，但每次利比亚空军的飞机都跟着他们相应转向。当双方相距仅有 13 英里（约 20.92 千米）时，"约翰·肯尼迪"号上的战斗机指挥员给了"雄猫"

▼ 作为舰队的主力防空战斗机，F-14 从一线服役开始就被要求执行拦截苏联搜索航母编队的远程轰炸机和海上巡逻机的任务。1979 年 10 月 15 日，VF-51 中队的"鹰 113"（生产编号 160687）在菲律宾附近跟苏联海航的一架图-95RT"熊-D"编队飞行，它没有携带副油箱但挂载了一枚 AIM-54A 和一枚 AIM-7F。（美国海军）

机组人员跟米格–23 交战的许可,"雄猫"向敌长机发射了两枚"麻雀",很快将其击落。F–14 向第 2 架敌机发射的第 3 枚"麻雀"失灵,随后用一枚"响尾蛇"将其摧毁。

狩猎"熊"和"獾"

在冷战时期,"雄猫"机组人员在为北半球行动的航母战斗群执行战斗空中巡逻任务时,跟苏联执行搜索任务的安东诺夫、伊留申和图波列夫远程侦察飞机之间的"亲密接触"可谓司空见惯。F–14 机组人员努力让正在窥探航母战斗群的"熊""獾"和"山楂花",以及偶尔出现的"鞭挞者"远离己方舰队,正如飞行员乔恩·"汽笛"·施赖伯(Jon "Hooter" Schreiber)所述:

你完成了补充舰载机大队(或者是舰队换装中队,取决于你所在的年代)课程,求生、规避、抗拒审讯和逃脱(Survival、Evasion、Resistance and Escape,SERE)学校让你体验了水刑的快感,并且现在成了舰队的一员,于是你得到了自己的"黄金之翼"。[1]"男人,哦,马尼舍维茨"(Man–O–Manischevitz),[2] 这将是一件令人兴奋且重要的事情——我做好成为一名勇士的准备了吗?我需要购买一支单兵武器吗?嗯……选来选去,点357[3]一发升天? 9 毫米?当然是空尖弹。我们什么时候出发去巡航?这些事情自 1911 年以来可能已经在成千上万名海军飞行员的脑海中出现过。

想当年,大约是 1987 年,那会冷战还未结束,美国总统还是罗纳德·里根,我驾驶 F–14A 在 VF–2"赏金猎人"中队参加了一次巡航。1987 年 5 月 8 日,我在西海岸的补充舰载机单位,也就是 VF–124 中队完成了训练大纲。不到 4 个星期后,我在"突击者"号上获得了昼夜降落的基本资格。注意,我不是一块"矿石"(新人)。我已经在 VF–154 中队驾驶 F–4N"鬼怪"Ⅱ参加过一次巡航,并且在"珊瑚海"号(CV–43)上进行过 300 多次阻拦降落,所以我对航母部署的日常非常熟悉。我清楚地记得自己作为一名中尉首次出海执行实战任务时的激动心情,策划阿尔法攻击,在循环操作和弹性甲板(Flex

---

[1] 指代表美国海军航空兵的金色证章。——译者注

[2] Manischewitz 是一种酒的名字,而 Man, oh Manischewitz 是该品牌的广告词,20 世纪 50 年代由于"乌鸦"(The Crows)音乐组合在歌曲 *Mambo Shevitz* 中将其用作歌词而流行,美国人将其用于表达庆祝等欢快的心情。——译者注

[3] 0.357 英寸口径左轮手枪子弹,一般是 9×33 毫米马格南弹。——译者注

```
NAME  IL-38 MAY # 76        DE/IR 5-423-5397-80
COORD 1838N   05850E   CTY UR  DTG 210535Z JAN 80
MSN   135       FR N/A     SENSOR KS-87B
STA   3         F/L 6"     ALT 1500 FT
PILOT LTJG COCHRAN        CLASS  UNCLAS
```

▲ 对于 "雄猫" 的机组人员而言，冷战期间最刺激的任务就是拦截苏联的远程轰炸机，以及试图拍摄美国海军航母和搜集电子信号数据的侦察机。这张照片里的伊尔-38 "山楂花" 是1980年1月VFP-63中队第5分遣队的一架RF-8G "十字军战士" 拍摄的，当时它正在印度洋上空1500英尺（约457.2米）高度被VF-41 "黑桃" 中队的一架F-14A（生产编号160388）盯梢。（美国海军）

Deck）[1] 执行飞行任务，执行航线逻辑（Vector Logic）[2] 任务（顺便说一句，F-4N 很难执行该任务），当然，还有靠港享受异域风情和 "酷比" 热狗（Cubi Dog）。[3]

巡航一开始，我就感受到了战斗空中巡逻（CAP，又叫 "在天空中钻孔"）、加油机定位和最远距离截击目标带来的兴奋感。没错，海军航空兵的很多飞行任务就是开着炫酷的飞机，以一种相当枯燥的方式等待着事情发生，幸运的是，并没有发生很多事情。

回到冷战末期，最常发生的事情是 "伴飞任务"。这个词组并不像无线电呼叫代号 "子弹201" 那样让人产生手心冒汗的敬畏感，但敌机就在瞄准器靶心的350方位，距离只有40英尺（约12.19米）。执行 "红色警戒，解除武器管制"。尽管我必须说考虑到当时所受的

[1] 指航母甲板同时进行起飞和回收作业。——译者注
[2] 美国海军在冷战期间为防止航母战斗群遭到苏联空袭采用的一种战术，建立一个圆形网格状防空区，不一定以航母为中心，力求在该区域内击落敌方轰炸机，并拦截其发射的导弹。——译者注
[3] 一种纯牛肉香肠做成的热狗。——译者注

威胁，伴飞是不让苏联人逼近的一种非常重要的手段。这一章中，我将介绍自己驾驶 F–14A 在冷战时期的飞行中使用过的作战方案。

在检查和短暂的"菠萝巡航"（Pineapple Cruise），[1] 也就是在夏威夷群岛周围训练大概一个月后，我们会在航母停靠的地方把设备和大部分中队人员送上船——通常在圣迭戈的北岛海军航空站（NAS North Island）。我们在码头上装载设备和人员，等航母驶离加州西海岸几百英里后，就驾驶飞机从米拉马尔飞到船上。从陆基到舰载的转换过程比上面讲述的要复杂得多，但并不是本章所要讲述的重点。

一旦航空联队所有的飞机和人员登舰，我们的预定移动位置（Point of Intended Movement，简称 PIM）就开始朝南和朝西向夏威夷移动。在驶向夏威夷的一两周时间里，我们将完成关键的训练和维护，并且确保我们处于循环操作的思维模式中。循环操作是一种起飞和回收策略，在这种策略下飞机会在 1 小时 45 分的周期内分组起飞以保护舰队。如果你走运的话，可能会加入一支去瓦胡岛的海岸分遣队，会跟来自卡内奥赫湾（Kaneohe Bay）海军陆战队航空站（Marine Corps Air Station，简称 MCAS）的海军陆战队飞机进行一些空战机动。这种情况最多只会持续几天或一个星期，然后就"向西—嗬"（Westward–ho）。[2]

从字面上讲，这就像是打开一个开关，因为一旦预定移动位置延伸越过夏威夷以东 100 英里（约 161 千米），航母战斗群就会建立警戒态势。那么什么是警戒态势呢？通常而言它意味着两种方案中的一种——持续性循环操作或非循环操作。最紧张的方案是持续循环操作，或在进行中的循环操作里实施 24 小时警戒。后者通常在每 1 小时 45 分钟的周期内至少有 4 架战斗机在空中执勤。典型的循环操作一般会从黎明持续到当地日落后大约 5 个小时。第二种方案只有在循环操作因为入夜而结束后才会建立警戒。持续性警戒的第一种方案对于大部分舰载机联队人员和参与弹射及回收运作的舰员而言，是相当累人的。这也意味着飞行甲板上排布有更多的飞机，不过，通过将起飞流程完成后剩余的战斗机标定为 5 级戒备的方式，在一定程度上减少了飞机排布数量。

尽管很累人，但持续警戒姿态可以确保任何携带"鲑鱼""厨房""王鱼""袋鼠"等空射反舰导弹的来袭飞机在发射导弹之前就被拦截。拦截载机的距离取决于苏联空射反舰导弹的射程，通常在 100 ～ 350 海里（约 185 ～ 648 千米）之间。这一点很重要，因为我们一直被教

[1] 指舰队在珍珠港周围巡航。珍珠港因地处热带，驻扎在此地的美军舰队被戏称为"菠萝舰队"。——译者注

[2] ho 是拟声词，形容骑马向西。——译者注

导干掉"弓箭手"比试图干掉"箭"更容易也更安全。

在第二种方案中，日落后约3.5 ～ 5个小时的第二或者第三次夜间回收结束后，循环操作将会停止。基本上，我们在循环操作期间都有"空中警戒"，如果有什么东西飞过来的话，两架战斗机和一架加油机就会飞过去，为任何可能飞越航母战斗群上空的飞行物伴飞。

无论是那种方案，战斗机在循环操作中都会在一个相当老套的任务剖面中飞行。弹射起飞，空中加油，沿威胁轴飞到200 ～ 300海里（约370 ～ 556千米）的战斗空中巡逻岗位，然后开始进行战斗空中巡逻。战斗空中巡逻无非就是保持最省油攻角的定型航线飞行，你的主要任务是让雷达尽可能远地探测到任何飞向航母战斗群的东西。

关于"尽可能远"的策略，"突击者"号上的"雄猫"机组人员在1987年的巡航中提出并演示了一种新的战术，可以让飞机的雷达更长时间地监视威胁轴。这种战术被称之为"油箱拉锯"（Tank Saw），在F-14需要加油前，加油机和战斗机要尽可能朝战斗空中巡逻岗位的方向远飞。加油机在返回航母之前会给战斗机提供尽可能多的燃油。接受空中加油的战斗机不得不关闭雷达，有可能会让航母战斗群暴露在偷袭之下。不过，由于使用"油箱拉锯"战术，一开始飞出的航程距离较远，因此当第一架"雄猫"进行空中加油时，还有时间让随后起飞的另一架"雄猫"对威胁轴方向提供雷达覆盖。

第一架 F-14 在加满油后，就会脱离加油机，再次启动 AN/AWG-9 雷达并继续朝外飞，让第二架 F-14 加油。第一架飞机在空中加油后，会尽可能地朝远处飞（我记得大约 600 ~ 800 英里，约966 ~ 1287 千米）直到最终调头。每架 F-14 的机组人员随后会返回航母附近，要么加满他们的油箱再次调头向外飞，要么降落。这是一个相当复杂的方案，我只参加过一次，但"油箱拉锯"战术无疑增强了我们的远程探测能力。

在执行战斗空中巡逻任务时，我们并不总是开着雷达，偶尔会在发射控制（Emissions Controlled，简称 EMCON）的情况下执行任务。在发射控制中，我们的雷达处于待命状态，如果没有充分理由就传送信息，那机组人员就遭殃了。例如，充分理由应该是这样的：你收到预警机或 E-2 以某种代码发来的电台呼叫——我们称之为"来自天空的声音"。你不用确认收悉呼叫，但你要开始朝呼叫告诉你的方向前进，保持雷达待机状态，直到呼叫告诉你开机。这样做的目的当然是给入侵者一个惊喜，尽可能压缩他们搞清楚发生什么状况的时间。通过使用发射控制，航母战斗群的位置几乎不会暴露。

我记得有个发射控制日，我们的中队长遇到了空中紧急状况，打开了雷达仅仅对我们的航母进行了一次扫描，以确保能够返航，然后就把雷达调到了待命状态。他们顺利地回到了舰上，但中队长和他的飞行员都被训了一通，部分参与训斥的高级军官眉头紧锁、咬牙切齿。就我个人而言，我认为中队长做了正确的事。

在发射控制中保持位置是一种挑战。航母的"塔康"系统（战术空中导航系统，Tactical Air Navigation System，简称 TACAN）会关闭，我们当时还没有全球卫星定位系统——如果有那样的能力当然是很棒的。如果你能获得一个良好的惯性导航系统（INS）校准，那也不算太差，但如果你不得不使用"Ded"计算（没错，我对推导计算用的是老式拼写：Deduced Reckoning，简称 Ded），那就完全是另外一回事了。有一次，我的雷达截击引导员和我在一架没有惯性导航系统的"鬼怪"Ⅱ中，测算出来的飞行航线跟我们最终应该抵达的目的地偏了大约 300 英里（约 483 千米）——风偏很棘手。

好吧，回到战斗空中巡逻上。假如你的弹射起飞、空中加油和飞行一切顺利，你也已经处在战斗空中巡逻岗位上。在围绕你的战斗空中巡逻岗位飞几圈后，你会得到一个有意思的雷达接触，或者是得到

VF—2中队隶属于"突击者"号，完成了1987年西太平洋/印度洋巡航后归来，乔恩·"加汽笛"·施赖伯上尉在米拉马尔跟"子弹202"（生产编号162598）合影。这是他的第二次巡航部署，1983年他在装备F—4N的VF—154中队已经完成过一次。（乔恩·施赖伯）

► 1987年乔恩·施赖伯上尉在"突击者"号上参加巡航期间，在VF-2中队的准备室就刚完成的5分钟警戒截击任务做总结简报。这些遭遇战通常会在中队情报官的陪同下，由参与任务的海军飞行员和海军飞行官进行彻底的分析，以便记录苏联飞机的任何异常特征或活动，然后分发给舰队中的其他战斗机单位。（乔恩·施赖伯）

一个截击航向，然后你就会离开巡逻岗位前去拦截敌机。一般而言，拦截"熊""山楂花""幼狐""獾"等典型目标的流程是相当标准的，包括你通过换位咬尾跟踪目标编队时进行的一系列将雷达接触保持在武器包线内的机动。换位咬尾的目的是得到你携带的每种武器的目标解算参数——从"不死鸟"到"麻雀"，再到"美能达"机炮。[1] 就"不死鸟"而言，那意味着在你眼睛能看到目标以外近100英里（约160千米）远的距离上就有了击杀它的手段。飞行员和雷达截击引导员密切合作，以确保航向参数在拦截的每个阶都能最优化。

让我在这里插入一小段来描述一个技术细节，这是保持航向参数最优化的关键。成功截击的关键是保持适当的目标进入角，这是任何给定远程武器获得击杀手段的主要因素。目标进入角是敌机可以看到你的方向，是通过敌机和战斗机之间的相对位置，使用缩写为"RBA"的3个参数进行数学计算得出的，3个字母分别代表倒数（Reciprocal）、方位（Bearing）和视方位（Aspect）。倒数是通过计算敌机的航向倒数得出的——如果敌机以180°向你飞来，倒数就是360°。敌机的航向可以从别人那里获取，也可以在你的雷达锁定它时测定。

方位是从战斗机到目标的方向，如果方位是030，也就是360°方

---

[1] 美能达是一个相机品牌，Minolta Gun 是美国海航飞行员对"火神"机炮的昵称。——译者注

位的右侧30°，得出的结果就是右侧30°视方位。因此敌机必须看向他机头右边30°才能看到你在他的"1点"方位。

在"不死鸟"的远程射击中，目标进入角最好小于10°。"麻雀"的包线在射程上有点短，但目标进入角更大也是可行的，但如果你在"麻雀"的最大射程上发射导弹，目标进入角最好不要超过35°。"响尾蛇"的包线更短，我们在1987年携带的AIM-9在进入视距范围内后有良好的360°目标进入角性能。当然，如果你想要用机炮攻击敌机，那目标进入角就不是那么重要了。你只需要像用自己的相机一样，轻松地瞄准和射击，但是你必须要非常接近才能做到这一点。

如果你没有收到"红色警戒，解除武器管制"的呼叫（这个呼叫代表敌机被证实有敌对行动，你可以随时开火），你的目标就是跟在战斗群附近"开车兜风"的敌机组成编队。一些交战规则会把你定位在敌机和它感兴趣的舰只之间，阻止想拍照的人清楚地拍到那艘船。

这就是从战斗空中巡逻岗位开始的正常伴飞的具体细节。从警戒弹射起飞开始，拦截和伴飞的基本准则保持不变，但你如何抵达截击阵位却有很多差异。

我们至少有三种警戒级别——30分钟、15分钟和5分钟。如果你

▼ VF-24中队隶属于"突击者"号参加1983—1984年西太平洋/印度洋部署期间，"狂怒205"（生产编号159625）的5分钟警戒机组人员正在跟配备给他们飞机的机长和两名安全检查员聊天。注意这架"雄猫"并没有被系留在飞行甲板上，而且牵引杆已经从前起落架上拆下。（美国海军）

熟悉棒球，那么三种警戒就类似于"下一棒击球者"（in the hole）、"下一个准备上场的击球者"（on-deck）和"轮到击球者"（at bat）。有人把顺序中执行下一个 30 分钟警戒的机组人员叫 60 分钟警戒。我不喜欢那个术语，但有些人喜欢。每个机组都会被分配两个小时的警戒时间。因此，如果你在 2 点钟被指定为 30 分钟警戒机组人员，你将在 4 点钟担任 15 分钟警戒，6 点钟担任 5 分钟警戒。

执行 30 分钟警戒的机组人员需要在 30 分钟内起飞。就程序而言，那意味着如果什么东西来袭，你需要能够醒来或立刻放下手头任何正在做的事情，穿戴好飞行装备，拿到一份最新的天气和威胁情况简报，检查飞机并在 30 分钟内起飞。

15 分钟警戒意味着你要穿着飞行装备，在飞行甲板下的准备室里待命。如果 5 分钟警戒启动，你应该带着当前的天气和威胁情况简报跑到飞行甲板上，迅速登机并启动飞机，进行起飞前检查，并在发动

▼ "突击者"号1987年巡航期间，乔恩·"汽笛"·施赖伯上尉跟老练的雷达截击引导员兼前海军战斗机武器学校教官戴夫·"比奥"·巴拉内克少校搭档，部署期间两人在这种事情上耗费了大量的时间——当"突击者"号（CV-61）在太平洋或印度洋行动时，在炎热的夏日阳光下在5分钟警戒飞机岗位上待命。照片中两人都佩戴了合适的帽子以保护自己不被太阳晒伤。（乔恩·施赖伯）

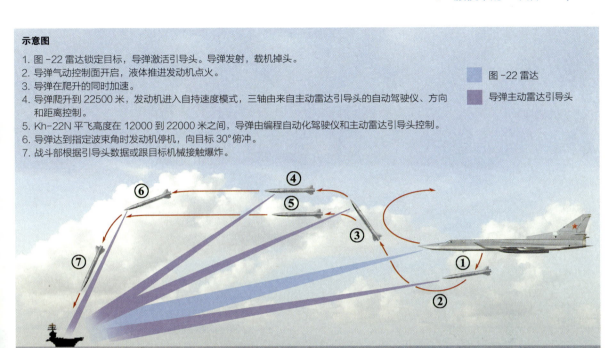

示意图

1. 图 -22 雷达锁定目标，导弹激活引导头。导弹发射，载机掉头。
2. 导弹气动控制面开启，液体推进发动机点火。
3. 导弹在爬升的同时加速。
4. 导弹爬升到 22500 米，发动机进入自持速度模式，三轴由来自主动雷达引导头的自动驾驶仪、方向和距离控制。
5. Kh-22N 平飞高度在 12000 到 22000 米之间，导弹由编程自动化驾驶仪和主动雷达引导头控制。
6. 导弹达到指定波束角时发动机停机，向目标 30° 俯冲。
7. 战斗部根据引导头数据或跟目标机械接触爆炸。

图 -22 雷达
导弹主动雷达引导头

▲ 苏联图-22的典型导弹攻击剖面示意图。（汤姆·库珀制图）

机运转状态下待命。

执行 5 分钟警戒的机组人员实际上是系好安全带坐在驾驶舱里的，通常就在弹射器附近，带着一辆"赫弗"（Huffer，燃气涡轮发动机启动车——没错，我们的 F-14 没有辅助动力装置）并接通电源。5 分钟警戒机组人员在接手值班后就要启动飞机，检查所有系统然后静默等待通过 1MC（1 号主线路——舰载公共地址线路）传来的"弹射 5 分钟警戒机"呼叫。如果这种情况发生在巡航行动中，那么通常只会起飞一到两架战斗机。如果呼叫是在循环操作结束后发出的，5 分钟警戒机的起飞通常是一架直升机先飞离甲板，然后是战斗机，最后是加油机。5 分钟警戒是相当紧张忙碌的，通常在漆黑的夜色中进行，是航母夜间行动的特征。我在 4 分钟多一点的时间里从沉睡中醒来，以 500 多海里 / 小时（约 926 千米 / 小时）的速度飞行——这是一种地狱般的苏醒方式。

请注意，甲板人员的反应必须同样迅速，因此警戒机的弹射起飞是一个完整团队的努力——军械人员、维护人员、飞行甲板管理人员、安全人员、消防人员、最终检查人员、弹射人员、飞机维护长和加油人员等等。这确实是一套能让一架喷气式飞机在 5 分钟之内离开航母甲板的惊人协调配合和复杂的事件序列。

在这个过程中，机组人员将会得到飞往威胁来袭方向的初始航线。航线信息可能是通过一张被递到你手上的纸条、一个 1MC 通知或是一

VF-2中队在1987年部署期间，"子弹201"（生产编号162596）和"子弹200"（生产编号162604）在无所事事的任务结束后返回"突击者"号时减速以便"比奥"·巴拉内克拍照。两架飞机的机翼都处于中间后掠角，放下了尾钩，武器配置也一样——AIM-54C、AIM-7M和AIM-9L各一枚。这是5分钟警戒机的典型任务挂载。（戴夫·巴拉内克）

▲ "雄猫"机翼完全后掠的平面造型非常独特，是多支中队的徽章的一款流行补充，通常被F-14海军飞行员和飞行官佩戴在肩膀上。这是VF-2中队"子弹"们佩戴的版本，黄色的"雄猫"装饰着该单位著名的"兰利纹"。（托尼·霍尔姆斯搜集）

块上面写着"350@200 25K"的黑板得来的——翻译过来就是"航向350°，敌机现在距离200海里（约370千米），高度25000英尺（约7620米）"。如果你不在发射控制之中，那么你将在弹射器上通过电台得到初始航线，假设你没忘了把它打开了。我的意思是"不会吧"，我刚醒来就有一大堆事情要做。起飞后不久，实际上是离开弹射器几秒钟后，你将会转向威胁来袭方向，迅速向敌机扑去。一旦你在路上了，拦截和伴飞就跟前面说的从战斗空中巡逻岗位被引导飞向敌机差不多——飞最佳航线，与敌机组成编队并紧紧跟住。

很多时候敌机在抵达航母战斗群前就离开了。事实上，在我参加过的3次巡航中只看到过一架"熊"从航母上空飞过。在飞"鬼怪"Ⅱ时，我曾护送过一架印度的伊尔-38"山楂花"海上巡逻机（苏联产的相当于P-3"猎户座"的飞机）从航母上空飞过。飞F-14时，我护送过一架安-12"幼狐"运输机，但它没有飞越航母。伊尔-38和安-12都不会被认为是非常危险的威胁。我曾被引导去拦截两架图-16"獾"，但天气太糟我们未能看到它们。

一旦5分钟警戒机组起飞，执行15分钟警戒任务的机组就会变成5分钟警戒，30分钟警戒的机组变为15分钟警戒，另一个机组会被唤醒，成为新的30分钟警戒。这种情况在一连好几个月里每天都会发生，会让人感到麻木无聊。那么我们怎样才能保持精神饱满呢？是的，我们驾驶F-14，飞得快，飞得高，还飞得远，但那有什么乐趣？你得找点"乐子"。

在执行5分钟警戒任务的"雄猫"中，可以通过戴着奇怪的帽子或墨镜在整个任务过程找点乐子。你可以在弹射起飞后转向威胁方向的途中，或跟有威胁目标的机组人员互动时，甚至在如何返回航母的方式上找点乐子。这都是严肃的事情，但你也可以从中得到乐趣。

作为如何给转向威胁方向找乐子的案例，我提供了这个海上小故事。

我们有个新人是一名很优秀且富有侵略性的飞行员。当他轮到自己的第一次5分钟警戒任务时，他向我们几个老手询问了弹射起飞后的转向流程。我们所有人都叫他在弹射起飞后"立刻"转向指定航向，他听了我们的话。对我们而言，"立刻"是指航母已经在你身后。他是从"突击者"号的艏部弹射器起飞的，这意味着当你离开弹射器时，右边还有几百英尺高的航母。这名特别的飞行员一定是在飞机滑下弹射器导轨时就开始了转弯，向右在飞行甲板高度围绕舰艇做了一个"灯塔盘旋"！我觉得飞机距离航母还不到100英尺（约30米），我们能看到的是他侧倾90°从舰艇前方穿过。航空主管甚至是从塔台上俯视

▲ VF-2中队的徽章是向自己的历史致敬，它是1922年美国海军第一支部署在"兰利"号（Langley）航空母舰上的中队。一开始分配到飞机的飞行员名字会被印在徽章左上侧的蓝色星星处，但后来发现人名变化太过频繁导致徽章不能重复使用，因此用星星代替了名字。（托尼·霍尔姆斯搜集）

他的飞机。他返航后立即被联队长和舰长召见，然后又是一群人眉头紧皱，咬牙切齿。

顺利完成伴飞返回航母时，可以通过在舰岛上空来一次高速急转弯，或是在"外倾区"（在降落区的后面）上空进行盘旋急转来找乐子。但这些行为只有在你的着陆被评为合格或优良时才会被视为真正的乐子。

关于如何跟敌机机组人员互动的故事数不胜数，我还看到过很多敌机机组人员和美国海军同行相互表演各种手势，以及展示流行男性杂志的照片。我听说过一些关于显摆饮料、书面交流，在敌机旁边机动得到了"技术精湛"夸赞的虚构故事。我要郑重声明，我参与的两次伴飞都没有发生恶作剧。

大型飞机的拦截和伴飞虽然非常重要，但执行过程却相当乏味，哪怕是拦截据称载有核武器的大型飞机也没有特别之处。不过，我还是要强调我看到的那头从我们航母旁飞过的"熊"有点不同寻常。它飞的真的很低——约等于或低于飞行甲板的高度。我认为苏联飞行员已经把飞机雷达系统中的乙醇基冷却剂抽出来喝掉了。

要明确的是，并非所有的拦截都针对苏联飞机。正如前面提到的，

▼ 图为1987年"比奥"·巴拉内克在5分钟警戒任务开始后被"突击者"号艏部4号弹射器弹出几秒后的自拍。可以看到巴拉内克的僚机在舰艏的1号弹射器上刚刚开始弹射行动。系留在舰艏2号弹射器一侧的是VA-145中队和VMA（AW）-121中队的A-6E，已经被弹射器拉动的"雄猫"左侧还可以看到VQ-1中队的一架EA-3B"天空勇士"。（戴夫·巴拉内克）

▲ F-14机组人员在整个20世纪80年代经常碰到印度海军的伊尔-38和图-142，尤其是当他们的航母途经印度洋和孟加拉湾往返波斯湾时。1988年7月，这架-142ME "熊" F Mod3隶属于印度海航第312中队，从果阿起飞，被拍到跟VF-111中队的F-14A（生产编号160676）编队飞行。（美国海军）

我有一次拦截和伴飞了一架印度海军的伊尔-38，是苏联制造的相当于P-3 "猎户座" 的飞机。有时我们也会拦截没有 "应答"（根据另一架飞机或者空中交通管制部门的电台频率 "询问" 后，通过应答器发送应答）的客机，有时甚至还不得不拦截盟国的小型飞机，因为它们没有遵循正确的返回基地程序。这里有两个关于这些方面的故事。

我们被部署在阿曼湾支援 "欧内斯特·威尔"（Ernest Will）行动——美国海军为穿过霍尔木兹海峡的油轮提供海空掩护的任务。伊朗人在海岸线的多个地点部署了 "蚕" 式反舰导弹，最需要注意的就是法奥半岛（Al-Faw Peninsula）上的导弹阵地，1987年从那里发射的几枚导弹击中了多艘油轮以及科威特境内的一座石油加注站。"蚕" 的尺寸跟A-4 "天鹰" 差不多，伊朗装备的导弹型号可以在约20米的高度以0.8 ~ 0.9马赫速度巡航。我们得到的情报称伊朗在西部和南部海岸的阿巴斯港（Bandar Abbas）、贾斯克（Jask）和恰赫巴哈尔（Chabahar）也部署有 "蚕" 式反舰导弹。

我们在航母战斗群和那些海岸城市之间设置了定期战斗空中巡逻岗。

有一天，天气雾蒙蒙的，但还算晴朗，一个低空飞行无应答的高亚音速（0.8 ~ 0.9马赫）目标在贾斯克附近的 "湿脚"（开阔水域上空）被发现。我们的一架得到 "红色警戒，解除武器管制" 许可的F-14从

战斗空中巡逻岗位被引导飞向目标。飞行员和雷达截击引导员打开了他们的 AN/AWG-9 雷达，并对一个飞行高度约 50 英尺（约 15 米）、直奔战斗群而去的目标取得了有效锁定。他们选定了一枚"麻雀"导弹，正接近杀伤包线的最大射程准备开火。然而，他们在电视摄像瞄准器中看到的画面看起来却很奇怪，所以机组人员略微等了一会儿，以便将目标看得更清楚。

结果，"雄猫"的机组人员发现"目标"是一架法国海军的 F-8 "十字军战士"。因为他飞得太低了，没有跟任何友军进行无线电联络，而且在"干脚"（从海上飞进陆地上空）的时候关掉了无线电应答器。这架 F-8 完成了任务后，在贾斯克附近"湿脚"，返回跟我们一起在阿曼湾执行任务的法国航母"福熙"号。几名航空联队人员和我们的飞行员及雷达截击引导员随后飞抵"福熙"号上空，提醒我们的友军应该遵循我们所有人都被授予的标准作战程序（Standard Operation Procedure，简称 SOP），沿威胁轴返回航母战斗群。那套标准作战程序有一套"蛇形"飞行剖面，以便让己方飞机看起来不像是一枚"蚕"式导弹。这名特立独行的法国飞行员还不知道自己只差 1 分钟就会变成"法式吐司"。

某日凌晨 2 点，我也经历了"红色警戒，解除武器管制"的插曲。我们再次从一个战斗空中巡逻岗位朝贾斯克飞去，被引导飞向一个无

▲ 1989年，VF-1中队执行5分钟警戒任务的"威奇托103"（生产编号162603）飞行员在从"突击者"号上弹射起飞后，小心翼翼地侧倾到跟自己跟踪的图-95RT "熊-D"相同的角度。这种图-95是西方空中力量最常拦截的型号。当"雄猫"飞到跟"熊"如此之近的距离时，图-95的32片桨叶的轰鸣声几乎能把"雄猫"的机组人员震聋。（美国海军）

应答、不主动询问的目标，高度约 FL250（海平面以上 25000 英尺、约 7620 米）、以约 0.7 马赫速度飞行，数量也无法确定。那是一个晴朗无月光的夜晚，我们刚锁定目标就看到了它的导航灯和闪烁的信号，正常的坏蛋是不会打开这些的。当我们靠得更近时，我还能看到更多其他的灯光。那些灯光源自一架客机的右舷窗户，里面坐满了去东南某个地方的乘客，将会从我们的航母战斗群上空飞过。我们解除了锁定并关闭了武器保险，战机保持着灯光静默，在几百英尺远的地方跟着客机编队。随后，在报告了看到的情况后，我们被引导回了战斗空中巡逻岗位。

当然，5 分钟警戒机也会弹射起飞对付较小的战术飞机，如下面这个海上故事所述。根据我的日志，1987 年 8 月 14 日，我驾驶的是生产编号为 1622594 的 F-14A，雷达截击引导员是吉姆·"拇指狗"·道奇（Jim 'Thumb dog' Dodge）中校，当时是"赏金猎人"中队的中队长。我们的航母编队恰巧在南中国海沿着越南海岸航行，靠近金兰湾。在

▼ 这架全副武装的米格-23MLD是第2舰载机联队在1987年西太平洋/印度洋巡航期间被VF-1和VF-2中队机组人员拦截的几架"鞭挞者"之一。"金刚石03"从金兰湾起飞，它使用的迷彩涂装方案基于20世纪70年代出口版米格-23MS/BN所使用的涂装。苏联在越南装备和使用的"鞭挞者"经常紧急起飞去拦截在金兰湾或南中国海执行飞行任务的EP-3E"猎户座"电子情报机。（汤姆·库珀搜集）

这个不同寻常的日子里，我坐在一架 5 分钟警戒飞机上。当 5 分钟警戒机起飞呼叫响起时，中队长和我被定位在了 3 号弹射器。我们启动了自己的"雄猫"，仔细地进行了检查并在 5 分钟内升空。我们被告知有一架米格 –23"鞭挞者"战斗机（苏联空军的一种飞机，从金兰湾的前美国空军基地起飞——这个基地在 1979 到 1989 年被租借给苏联，里面驻扎的飞机可以为港口附近的苏联海军船只提供支援）向航母飞来。我对真的起飞去应对威胁感到很兴奋，但还没有过头。基本上，我认为"这会很好玩"。

因为我们是在和平时期的交战规则下行动，唯一的任务是让敌机无法在没有伴飞的情况下在航母附近飞行。如果它决定从航母上空飞越，我们也不会将它击落，除非它有非常挑衅性的举动。我记得我们的交战规则是不打第一枪。我们弹射起飞时的位置在金兰湾以东仅约 100 英里（约 160 千米）处，这意味着除非我放掉一些油，否则在接敌时飞机会很笨重。接敌时飞机过于笨重会限制约 1.5g 的机动性过

载，但除非事态失控，否则这不是问题。我们被引导向西飞，不久后中队长就用雷达锁定了目标，我在平视显示器的菱形图标里看到了一个黑点，距离约 20 英里（约 32 千米）。我们查看了截击事项检查单，在接敌途中讨论了我们的"游戏计划"。以我们的接近速度，我们将在 1 分钟多一点的时间内跟敌机接触。

在这个短暂的放松时刻里，我记得我在看风景。还算明朗的晴天让大海显得灰暗而不是蔚蓝，自然风很小，所以海洋几乎和南北的天空融为

1990年，"卡尔·文森"号（CV-70）在西太平洋/印度洋部署期间，"鹰101"伴飞这架从金兰湾出动的图-95K-22"熊-G"离开"卡尔·文森"号战斗群。VF-51中队的这架飞机装备了一枚AIM-54C和一枚AIM-7M，M61A1"火神"炮还带有675发20毫米炮弹。160660号机在1991年7月16日失事，当时它仍以"鹰101"的呼叫代号在VF-51中队服役，在"小鹰"号（CV-63）上降落时一根阻拦索断裂，飞机从舰侧飞了出去。两名机组人员都成功弹射。（美国海军）

▲ 这个臂章是专门为分配隶属于"美国"号参加"沙漠风暴"行动的第1舰载机联队下属中队制作的，包括VF-32和VF-102中队。（托尼·霍尔姆斯搜集）

一体。向西，透过平视显示器我可以看到越南青翠的群山打破了灰色的大海和天空的单调。实际上阴天是一个很好的环境因素，它可以将太阳光和海水的闪烁从交战演算中剔除。

当我们跟敌机头对头、左对左（每架飞机的左侧）相隔不远交错而过时，高度约为5000英尺（约1524米）。"鞭挞者"向右翻转，倾斜着拉起机头。我继续向左转，在垂直方向多拉了一点以获得高度优势，希望能够飞到"鞭挞者"的后方。在转了大约180°后，我在敌机上方约1000英尺（约305米）的高度从机翼轴线略后一点的地方飞过。一切都很顺利。"鞭挞者"的飞行员再次滚转，我通过大约四分之三副翼侧滚继续进行横滚机动，然后在右转弯中飞到他的后方。"鞭挞者"略微拉起了机头，最后我们进入了倾斜"剪刀"机动——不是纯粹的垂直格斗，也不是低速水平"剪刀"，更像是朝西南方向的一种螺旋转弯机动。我们获得了一点优势，但我怀疑"鞭挞者"飞行员在跟他的战友讲述自己的故事时也会说同样的话。

这样持续了几个回合后，敌机只好停止了"游戏"，改平后调头向大陆飞去。中队长和我改平飞机，试图跟似乎准备返回基地的"鞭挞者"编队飞行。当我们靠近敌机时，用电视摄像瞄准器给它拍摄了一张很清晰的照片。我们确保自己不会侵犯越南海岸周围12英里（约19千米）领空，不会引发某种政治事件。我们跟E-2C"鹰眼"和航母都核实了自己的位置，它们一直提醒我们，让我们知道在行动区域内的地理位置和其他潜在威胁。

另外一次5分钟警戒任务，是在一架正在执行电子情报搜集任务的EP-3附近空域，给我们以北几英里外的另一架米格-23伴飞。当我们接近"鞭挞者"时，我们想跟它编队飞行并拍几张照片。我们原以为"鞭挞者"的飞行员会很乐意并上镜，然而他另有打算。他开始把发动机推力从加力调整到怠速，打开并收起减速板，并且上下摆动机翼扰流板和升降副翼，仿佛在给我们打旗语信号。也许，如果我学过旗语，就可能明白他说的是"别跟我编队，杨基战狗"。这种情况持续了一小会儿，直到我们接近12英里领空限制不得不停止跟踪，我向东南偏南方向转弯，返回了国际空域。

中队长提醒我不要让"鞭挞者"跟在我们后面。我们一直盯着它，直到它右转调头，这将会让它占据我们的"6点钟"方位（尾部）。我们向右急转弯调头保持对它的跟踪，并把自己的机头指向米格-23。E-2C说米格-23再次向航母飞去。当我们接近米格-23时，它转向我们，我们又跳起了同样的"舞蹈"——迎头交错而过、侧滚"剪刀"、急转弯和假动作的"短途旅行"后调头飞向海滩。到那时我就会停止追击，而米格机则恰到好处地调头朝航母方向飞,我们不得不再次进行拦截。这是"土拨鼠日"[1]式的飞行。在第3次也是最后一次交锋过程中,我们终于能短暂地跟米格-23编队,我看到这名"越南"飞行员根本不是越南人。他是被塞进座舱的,我猜他约6英尺2英寸(约1.83米)高,220磅(约100千克)重,留着一头红发和棒球替补投手式的小胡子。他确实很上镜。

"雄猫"在冷战期间是一种优秀的工具。它有着相当不错的滞空时间,一套很棒的雷达,一些真正堪用的远程武器,以及一个由两名目光坚毅的勇士组成的机组,能够让所有来犯者铩羽而归。F-14的远程截击能力跟盘旋格斗一样强,攻击包线从500英尺(约152米)到100英里(约161千米)。正如F-14徽章上的铭文所言:"任何时候,宝贝!"我很自豪地称自己为一名"雄猫"飞行员,我也很荣幸能够与一些真正优秀的人一起飞行和共事。

"沙漠风暴"行动

虽然对于仓促组建的西方联军而言,将伊拉克军队驱出科威特的战役,也就是"沙漠风暴"(Desert Storm)行动是一次压倒性的胜利,但"雄猫"空优战斗机的主力地位却被美国空军的F-15C"鹰"所取代。的确,F-15宣称击落了34架敌机,而F-14只击落了一架。"沙漠风暴"行动中"雄猫"的边缘化对这种飞机在美国海军的未来服役生涯产生了深远的影响。

1990年8月2日,伊拉克军队入侵邻国科威特,打了西方世界一个措手不及。当乔治·布什总统在4天后宣布"沙漠盾牌"行动开始时,距离受威胁海湾国家最近的美国空中力量是"独立"号航空母舰上的VF-21和VF-154中队,隶属于第14舰载机联队。"沙漠盾牌"行动的目的是阻止伊拉克总统萨达姆·侯赛因命令其部队乘胜进入沙特阿拉伯。8月8日,"德怀特·艾森豪威尔"号(USS Dwight D. Eisenhower, CV-69)从东地中海经苏伊士运河进入红海,加强了美国在该地区的海军力量。她搭载的第7舰载机联队辖有VF-142和VF-143中队,让F-14+首次在作战行动中亮相。

到美军匆忙从本土派出的5艘航母和从日本派出的一艘航母(没有搭载"雄猫")替换这两艘在战区值勤的航母时,美国及其盟国已经在"沙漠盾牌"行动中投入了50多万人。虽然这支具有压倒性力量

▲ 所有参加"沙漠风暴"行动的航母都有特制的徽章,以纪念他们参加过美国海军航空力量自二战以来规模最大的集结。"美国"号和第11舰载机连队的特制徽章跟其他部队的战后徽章相比已经相当低调。(托尼·霍尔姆斯搜集)

[1] 美国传统节日,会进行土拨鼠天气预报,但准确率不高,形容常做的无用功。——译者注

VF-143中队是1990年8月伊拉克入侵科威特之后为脆弱的海湾国家提供保护的4个"雄猫"中队之一。在为期6个月的地中海/波斯湾部署结束后，VF-143中队（及其姐妹中队VF-142）承担了为期一个月的"沙漠盾牌"巡逻任务，它们的飞机全副武装从红海里自己的航母"德怀特·艾森豪威尔"号上出动，在沙特阿拉伯上空进行常备巡逻。（美国海军）

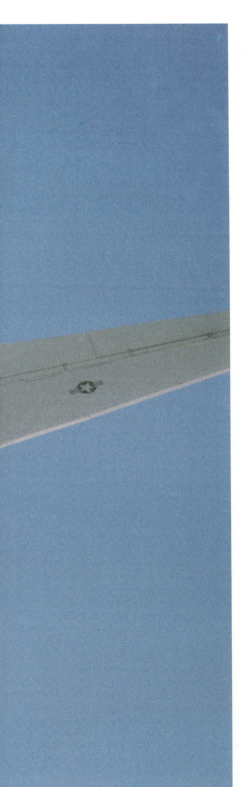

的部队集结在伊拉克边界和被伊拉克占领的科威特边界上，但萨达姆·侯赛因还是拒绝将自己的部队撤出科威特，"沙漠风暴"行动遂于1991年1月17日发动。

在这场一边倒的战役中，共有99架"雄猫"参加了战斗。其中"约翰·肯尼迪"号上的VF-14和VF-32中队，装备F-14A；"萨拉托加"号上的VF-74和VF-103中队，装备F-14+；"美国"号上的VF-33和VF-102中队，装备F-14A，这3艘航母全部都部署在红海。"美国"号在2月初地面战斗开始前进入了北阿拉伯湾。"突击者"号载有装备F-14A的VF-1和VF-2中队，和"西奥多·罗斯福"号载有装备F-14A的VF-41和VF-94中队，这两艘航母从战斗打响后就一直在北阿拉伯湾行动。

"雄猫"部队在战争期间主要执行护航、战斗空中巡逻和战术空中侦察任务。通常战斗空中巡逻任务通过空中加油会持续5～7个小时，而大多数攻击护航出动平均只有3个小时。F-14在战役期间的标准任务挂载包括机身下的两枚AIM-54C"不死鸟"和两枚AIM-7F"麻雀"，翼套挂架下的另外两枚AIM-7和两枚AIM-9L，以及在发动机舱下挂载点上的两个副油箱。战术空

◄ "美国"号在北波斯湾进入战斗岗位后，VF-33中队的任务从为攻击机护航和防御米格机的战斗空中巡逻变成了更为单调的舰队防空。这架F-14拍摄于1991年2月底的一次舰队防空出动的飞行中，全副武装地混装了短程、中程和远程空空导弹。"沙漠风暴"行动期间这个外挂方案在没有装备战术空中侦察吊舱的"雄猫"上很常见。（美国海军）

▲ 1991年1月初，在"西奥多·罗斯福"号快速横渡大西洋期间，VF-41中队的航空联队长机（生产编号162703）被系留在甲板突出部上面的飞行甲板上。这架飞机近乎一尘不染的外观反映了这样一个事实：在这张照片拍摄时，第8舰载机联队刚登上"西奥多·罗斯福"号（CVN-72）才几天。这艘航母在对伊拉克作战开始后不久抵达红海，第8舰载机联队立刻开始执行战斗飞行任务。（里克·摩根）

▼ 在"沙漠盾牌/风暴"行动期间，英国皇家空军的加油机很受"雄猫"机组人员的欢迎，因为它们安装在机翼上的加油锥套相比美军自己尤其是KC-135上使用的更容易让F-14的加油管插进去。图中第101中队的VC-10 K2 ZA140号机拖着右侧机翼的软管和锥套，准备为VAQ-130中队的EA-6B"灭虫器620"（生产编号163400），以及为其护航的VF-14中队的F-14A"卡米洛特104"（生产编号160396）加油。（戴夫·帕森斯）

VF-14中队的"卡米洛特114"(生产编号
不明)在"沙漠风暴"行动即将结束时从
第190堪萨斯空中国民警卫队(Air National
Guard,简称ANG)的一架KC-135E接受
空中加油。无处不在的美国空军"同温
层加油机"因为其装备的锥套(以及链接
锥套和软管的钢制转向节配件)容错率极
低的特性被"雄猫"的机组人员们戏称为
"铁娘子"。KC-135给F-14的加油管整
流罩造成了不少损伤。(美国海军)

▲ 1991年2月26日，VF-41中队的"快鹰100"在红海上空又一次平静的战斗空中巡逻结束后，在"西奥多·罗斯福"号上空急转弯进入着陆定型航线。这架战斗机装备了4枚AIM-7和相同数量的AIM-9M，AIM-54C因为这些武器造成的超重而被留在了航母上。（美国海军）

中侦察任务配置的飞机会用侦察吊舱取代机身下的两枚 AIM-7。

F-14 飞行员在机身上增加得分标志的愿景，因伊拉克空军没有出现在他们的巡逻空域而化为泡影。"雄猫"的任务是为红海和北阿拉伯湾里的航母战斗群执行防御性战斗空中巡逻，一直到联军进攻科威特，F-14 部队才被派到伊拉克上空的一个战斗空中巡逻岗位。当"雄猫"执行攻击护航任务冒险飞越敌方领土时，伊拉克空军却拒绝与它们交战。

一些F-14机组人员认为，伊拉克飞行员无论什么时候感应到F-14的 AN/AWG-9 雷达的雷达波都会选择逃跑。"很显然，伊拉克人不想跟我们战斗，他们在逃离我们，要不然我们就把他们从天上打下来了。"VF-32 中队在"沙漠风暴"行动期间作为雷达截击引导员执行过飞行任务的戴夫·帕森斯（Dave Parsons）指出，"他们绝不会靠近F-14。这也是 F-14 没有取得任何固定翼飞机战果的一个重要原因。"

"雄猫"飞行员内部也有一种感觉，就是负责指挥拦截伊拉克空军飞机的美国空军 E-3 预警机指挥人员更乐意调动 F-15C 去对付敌机的威胁。20 世纪 80 年代末曾在 VF-14 中队服役的雷达截击引导员道格·丹尼尼（Doug Denneny）解释道：

关于 F-14 和 F-15 的战斗空中巡逻岗位安排，有很多本位主义。"鹰"取得击杀是因为美国空军的 E-3 在北边出风头，他们甚至会把海军的人调走，然后让"鹰"来捡便宜。这也许只是愤怒的海军飞行员的咆哮和怒吼，但就我个人在

"伊拉克自由"（Iraqi Freedom）行动中看到的情况而言，
这些故事可能有一定的真实性。

经验丰富的EA-6B"徘徊者"电子对抗官里克·摩根（Rick
Morgan）"沙漠风暴"行动期间在VAQ-141中队服役，他亲眼目睹
了F-14机组人员在战斗中的挫败感：

> 在第8舰载机联队，我们有两个非常棒的"雄猫"中队：
> VF-84和VF-41。他们都认为空对空行动比他们看到的要多
> 得多，而且这个猜测可能是合理的，他们肯定对始作俑者恨
> 得咬牙切齿。很快，米格机击杀（以及击落"幻影"和其他
> 伊拉克空军飞机）的机会就不可能再有了，所以执行战术空
> 中侦察任务就变得至关重要，同时也是VF（战斗机）飞行
> 员们获得空中攻击勋章的捷径。我发射AGM-88高速反辐
> 射导弹支援了两次战术空中侦察任务，其中一次一枚SA-6
> 防空导弹射向了VF-84中队一架执行战术空中侦察任务的飞
> 机。我们要么干掉防空阵地，要么把它吓个半死，因为防空
> 导弹在高速反辐射导弹的影响下会变傻。从两种飞机机组人
> 员的角度来看，侦察和反制都是令人满意的任务，但从F-14

▼ "雄猫"单位依赖战略加油机，
比如图中展示的第93空中加油中队
（Air Refueling Squadron，简称
ARS）的KC-135R，以及战术加油
机，比如VA-75中队的KA-6D（生
产编号151579），它在跟随美国海
军第3舰载机联队的攻击机一起进入
海岸后加满了自己的油箱。VF-32
中队的"吉卜赛204"（生产编号
160397）上的机组人员正在密切观
察加油过程，这架F-14装备了"不
死鸟""麻雀"和"响尾蛇"。（戴
夫·帕森斯）

的机组人员角度来看无疑更令人兴奋。

　　为什么战绩这么少？有人说美国空军（负责编写空中任务命令）为自己的F-15选择了"最赚钱"的战斗空中巡逻位置，F-14根本得不到机会。还有另一个故事在流传，体现了一些事实，就是伊拉克的雷达告警接收系统都针对AN/AWG-9雷达进行了调谐，因为它是伊拉克人的主要敌人，也就是伊朗人所拥有的威胁程度最高的系统。随着战事的发展，每次伊拉克人的设备接收到从海军"雄猫"的AN/AWG-9雷达发出的雷达波时，都会朝其他方向逃跑——通常会直接撞上美国空军那群正在觅食的"鹰"。最终在战争期间F-14只把一架倒霉的直升机收入囊中。

　　有一天，我看到一名F-14飞行员在飞行结束后把他的头盔扔到了我们情报中心。他刚在北阿拉伯湾执行战斗空中巡逻任务，看到自己下方至少有一架"幻影"F1。根据我对这个故事的回忆，他到达有利位置准备射击时，E-2叫他停止射击，因为那架"幻影"F1是"友机"。他听从了指示没有扣下扳机，但回来之后非常激动，因为他确信那架"幻影"F1就是伊拉克的。后来我们发现那架"幻影"F1实际上是卡塔

◄◄ VF-32中队的一架飞机在接近科威特海岸时透过挡风玻璃看到的景色。飞行员视线中的一个黑色矩形物是一个小型摄像机，用来记录投射在挡风玻璃上的符号——F-14A没有现代化平视显示器。座舱围板下面是空战机动面板，红色发光文字表明M61A1是针对高射速优化，AIM-9的引导头冷却已经打开，而且导弹准备（所有武器都已准备就绪，随时准备与敌方交战）也已打开。（美国海军）

▼ VF-1中队的"威奇托105"（生产编号162607）和"威奇托113"（生产编号162592）用AIM-9M、AIM-7M和AIM-54C武装到了牙齿，清楚地展示了任务性质。照片拍摄于1991年1月底，它们正准备从当时在北阿拉伯湾行动的"突击者"号上弹射起飞。VF-1中队在43天的"沙漠风暴"行动中完成了540多次战斗出动。（皮特·克莱顿）

尔空军的战机，推测他们恐怕是第一天参战——但没人告诉我们他们参战了。海军的纪律和一名眼尖的 E-2 机组人员成功阻止了一件误伤友军的悲剧。

事实上，"雄猫"是由于美国海军未能开发必要的系统才一直被排除在空中行动之外——主要是现代化的敌我识别仪（Identification Friend or Foe，简称 IFF），以及将航母舰载机联队整合为联合空中作战司令部下属部队所需的程序。这意味着 F-14 机组人员无法解决严格的交战规则不允许他们使用机载设备自主攻击空中目标的问题。相反，他们不得不依赖如美国空军的 E-3 预警机等指挥平台，授予他们开火许可。在符合交战规则标准的情况下，装备有像 AIM-7 "麻雀"

和 AIM-54 "不死鸟"这样超视距空空导弹的战斗机可以在远距离开火，无需担忧击落该地区的友军飞机。美国空军的 F-15C 飞行员在击落敌机之前，可以在自己的座舱内解决识别敌机所需的所有交战规则标准。相反，F-14 缺乏满足所有交战规则标准的敌我识别系统和软件，导致机组人员只能依靠外部许可来执行任务。因此，击败伊拉克空军的任务交给了"鹰"的飞行员，他们理所当然地击落了 34 架敌机。

最终，F-14 在"沙漠风暴"行动期间只执行了 6 次截击任务，取得了一个空战战果。1991 年 2 月 6 日，VF-1 中队的一个机组击落了一架米 -8 直升机。但这个战果在某种程度上只能说弥补了"雄猫"的损失，因为 VF-103 中队的一架"雄猫"在 1 月 21 日被 SA-2 防空导弹击落，飞行员获救，雷达截击引导员被俘。这架飞机当时执行的是

◀ VF-1的姐妹中队VF-2也一直忙于执行攻击机护航、防御米格机的战斗空中巡逻和舰队防空，以及至关重要的战术空中侦察任务。"子弹207"（生产编号不明）在北阿拉伯湾的一次任务开始时从"突击者"号舰艏的4号弹射器加速后，飞行员和雷达截击引导员都被向前推进了座椅安全带中。注意前起落架舱门上的骷髅标识。（皮特·克莱顿）

1991年1月，VF-1和VF-2中队的F-14A在两次出动之间享受些许罕见的停航时间。不过镜头最远处的两架"狼群"飞机的机组人员已经系好了安全带，所以他们将很快弹射升空。"沙漠风暴"行动开始之前，配属给第2舰载机联队的所有"雄猫"都拆除了遮盖空中加油管的整流罩，以防它们卡在战区中"大翅膀"加油机身后的锥套中。（皮特·克莱顿）

▲ 1991年2月6日，斯图尔特·"米特"·布罗斯上尉（Stuart 'Meat' Broce）和罗恩·"邦戈"·麦克埃拉特中校（VF-1中队中队长）驾驶这架飞机（生产编号162603）用AIM-9M击落了一架米里米-8"河马"直升机，取得了F-14在"沙漠风暴"行动中的唯一空战战果——飞机在回到"突击者"号（CV-61）后马上涂上了击杀标志。（美国海军）

▼ 战斗结束后不久，"狼群"聚集在"威奇托106"（生产编号162608）前。米-8杀手斯图尔特·布罗斯上尉站在黄色救援箭头的正下方，而他在那次任务中的雷达截击引导员、部队中队长罗恩·麦克埃拉特中校蹲在前排左起第八位。他左边是第2舰载机联队航空联队长杰·坎贝尔上校（Jay Campbell，后晋升为少将）。（尼尔·詹宁斯）

一次战术空中侦察任务，因此也证实了这些侦察出动通常比"雄猫"在"沙漠风暴"行动期间执行的传统战斗机任要刺激的多。随着战事的发展，战术侦察的重要性与日俱增，因为美国海军很快就发现在舰载攻击机发动空袭后，自己无法依赖美国空军的战术侦察资源来获取最新的炸弹损伤评估照片。装备战术空中侦察吊舱的F-14也有助于日常猎杀伊拉克的机动式"飞毛腿"弹道导弹。

虽然"雄猫"保证了77%的任务出动率，在40天的空中战斗中总共出动了4182个架次，完成了14248个飞行小时（比美国海军的其他任何固定翼飞机都多），但事实证明F-14作为一款截击机，在它的主业方面很大程度上没有发挥作用。而在"雄猫"历史上，此时此刻作为一种战斗机基本上仍然是它唯一能体现的功能。不过，随着多功能"炸弹猫"的出现，这种状况将会在20世纪90年代初有所改观。

▼ 用VF-84中队箭头标识图案装饰的战术空中侦察吊舱被推向系留在"西奥多·罗斯福"号舰艉的飞行甲板上的"胜利211"（生产编号161164），该机是被调到单位为战术空中侦察任务配置的3架"雄猫"之一。最初只有50架F-14A在右后方"不死鸟"挂点上为战术空中侦察行动布线，这些飞机随后就分散到了一线中队中。（美国海军）

第17舰载机联队隶属于"萨拉托加"号,是唯一装备F-14+(VF-74和VF-103中队)参加"沙漠风暴"行动的单位。VF-103中队为航空联队执行战术空中侦察任务,参加了很多次行动,为联军地面部队提供了目标被攻击前后的最新图像。"魔鬼101"加满了油,全副武装并通报做好任务准备,即将被拖向"萨拉托加"号的舰艇弹射器,担任5分钟警戒机。(美国海军)

"大翅膀"加油机的支援是"沙漠风暴"行动成功的关键。1991年2月，VF–103中队的F–14+（生产编号162920）正在红海上空接受第154空中国民警卫队（俄亥俄州）KC–135E的空中加油就证实了这一点。这张照片是VF–103中队的另外一架F–14通过挂载自己机身下的战术空中侦察吊舱中安装的KA–99相机拍摄的。（美国海军）

▲ "沙漠风暴"行动结束后，美军为联合国维和观察员密切关注伊拉克军队的动向提供支援，确保战败国和科威特、沙特阿拉伯之间的边境上没有军事集结行动。1991年9月，谢恩·史密斯森上尉（Shane Smithson）和史蒂夫·戈佐（Steve Gozzo）驾驶全副武装的"土豚107"在执行战斗空中巡逻任务时，被拍到飞过科威特空军基地被摧毁的加固机库。（美国海军）

"炸弹猫"的进化

"沙漠风暴"后的几年对于美国海军的战斗机部队而言是惨淡的，随着预算的大幅度削减，11个"雄猫"舰载机单位因为天文数字般的维护费用和单一的任务能力而被裁撤。然而，就在F-14远航的日子屈指可数之际，"缓刑"却随格鲁曼"钢铁厂"另外一种产品的加速退役而到来。A-6"入侵者"全天候远程攻击机再次因为高昂的维护费用及其使命，在冷战后被认为已不应存在而被草草退役。

"入侵者"即将退役，"雄猫"看样子也会步其后尘，此时美国海军发现自己面临着战术舰载机短缺的问题，无法完成自己的全球"警务"任务。当F-14在20世纪60年代末开发时，尽管美国海军没有明确规定"雄猫"有投掷炸弹的任务要求，但格鲁曼公司已经让飞机拥有了相关能力。在"雄猫"服役生涯的前20年里，该机一直被完全作为战斗机使用，追加的照相侦察功能在20世纪80年代初才被舰载机中队勉强接受。的确，在F-14服役初期，米拉马尔和奥希阿纳的战斗机部队都流行一款汽车保险杠贴纸，上面写着"没有一磅用于空对地"，指的是F-14是一种彻头彻尾的截击机。相反，20世纪90年代初在 A-6"入侵者"和 F/A-18"大黄蜂"部队里,一些职业攻击机机组人员都在怀疑他们驾驶"雄猫"的兄弟们是否具备执行对地攻击任务的完备能力。这导致当时的"泥巴搬运工"们普遍认为,"花在'雄猫'上的钱要比花在'大黄蜂'上的要好得多"。

显然,尽管 F-14 的机组人员为确保他们在舰队中的生存,要接受执行精确攻击任务,但很多驾驶这种飞机的人仍然认为 F-14 首先还是一种战斗机。后来成为武器战术和攻击战斗机战术教官的詹姆斯·"帕克"·豪(James 'Puck' Howe)就是其中之一:

> 20 世纪 90 年代初,当我还是 VF-101 中队的一名年轻学员时,"雄猫"才刚刚开始发展自己与生俱来的空对地能力。回首往事,这很有意思,因为我们真的不知道自己在干什么。那并不是给一个小孩一把上了膛的枪,但很接近。此

◄ VF-24中队在历史性的法伦特遣队于1990年8月成为第一个从飞机上投下炸弹的舰队"雄猫"单位后创作了这枚徽章。姐妹中队VF-211也在法伦特遣期间投掷了自由落体弹药。幸运的是,美国海军并未为现在的多功能"雄猫"采用"F/A-14+"的编号。(保罗·纽曼搜集)

▼ 这架 F-14 A(生产编号:157990)是FSD 11号机,如图,这架飞机20世纪70年代初被调到穆古岬海军航空站。它使用各种各样的弹药进行试飞,包括这种混合任务挂载,"雄猫"挂载了14枚装有Mk15"蛇眼"尾部减速器的Mk 82 500磅(272千克)模拟炸弹,两枚AIM-9"响尾蛇"和两枚AIM-7"麻雀"以及副油箱。(美国海军)

1994年1月，第15舰载机联队在法伦海军航空站的3周逗留期间，VF-51中队的F-14A（生产编号：162602）准备在法伦的"亡命徒"20靶场上空滚转。这架飞机于1994年7月11日被除役，它在"小鹰"号上重着陆后被摔成两截，飞机的座舱部位摔在飞行甲板上滑出了船舷。（汤姆·图米）

▲ 兰迪·帕里什少校（Randy Parrish,飞行员）和VF-51中队的中队长约翰·希尔中校（John Sill）在"亡命徒"20靶场的俯冲攻击中，从"鹰102"上投下了机上挂载的全部4枚Mk 83炸弹。1994年1月，VF-51中队的航空联队法伦分遣队投放了50000磅（约22.68吨）实弹和惰性弹药。（汤姆·图米）

▶ ▲ VF-14中队的航空联队长机（生产编号161855）是F-14部队在"沙漠风暴"行动后接受发挥对地攻击功能的完美诠释，这架飞机在翼套挂架上挂载了AIM-7M和AIM-9L实弹各两枚，机身中线上的BRU-32挂架上挂载了两枚装有BSU-85高阻尾翼的Mk 83通用炸弹。（美国海军获自彼得·默斯基）

▶ 1990年11月至12月，F-14A 159455号机被调到位于帕塔克森特河海军航空站的海军航空试飞中心，在"中国湖"海军武器中心大量参与了早期"炸弹猫"空对地性能试飞，挂载各种空对地弹药进行了23次飞行。图为1996年5月的一次空中投放试飞，飞机挂载了经过改装的FPU-1A/A副油箱，可以携带摄像机记录武器分离过程。（美国海军）

▲ 洛克希德·马丁公司的AN/AAQ-25"蓝盾"吊舱彻底改变了F-14在美国海军最后10年一线服役生涯中的作战使用。这种吊舱（成本300万美元）的特点是集成了可以提供定位信息的GPS系统，以及可以提升稳定性和精度的测距单元，此外还有配备了一台内置计算机，可以为F-14携带的各种精确弹药生成弹道数据。（丹尼·克雷曼斯）

▲ 自20世纪90年代中以来，"雄猫"中队在使用洛克希德·马丁AN/AAQ-25夜间低空导航和红外寻的吊舱后，"雄猫"部队中佩戴这个徽章来装饰自己的飞行服的人越来越多。徽章中的图案是常用的格鲁曼双尾猫，左肩膀上栖息着一只带"激光眼"的猛禽。（托尼·霍尔姆斯搜集）

外，对于F-14成为"攻击战斗机"的潜力，似乎没人真的显得太严肃或太高兴。我们是纯粹的战斗机飞行员——自大、傲慢、厚脸皮。我们唱《你失去了爱的感觉》（You've Lost that Loving Feeling）[1]让驾驶战斗机看起很酷。扔炸弹是为那些没能拿到高尔夫球后两场比赛资格的人干的。但是我们的领导层一直在告诉我们，在一支注重成本的新型海军中，一种单一用途的飞机是服役不了多长时间的。如果我们搞不清楚怎么投弹，很快"雄猫"就会褪色，毫不客气地被遗忘。步入"灵活性"状态，成为预算中可削减的部分。

在5年内，F-14从一个保护航母战斗群不受已经永远不会再发生的"熊"和"逆火"攻击的冷战奇迹，变成了自主护航攻击战斗机的一个选项。"雄猫"带着自己的双座座舱，比F/A-18更大的载弹量和更多的燃油，更快的速度和更大的回收载荷成为了"炸弹猫"。让我们的"大黄蜂"兄弟们大为懊恼的是，现在最艰巨的任务都被分配给了"雄猫"中队。

在大规模裁军的威胁下，F-14战斗机部队希望拓展任务能力以保持相应的地位。东西海岸战斗机联队里的关键人物们看到曾经由A-6执行的精确轰炸任务现在出现了空缺，就努力让"雄猫"与多种附加瞄准吊舱系统进行匹配。

标准型"雄猫"在"沙漠风暴"行动之前就进行过常规炸弹投掷试验。1990年8月，VF-211中队的一架F-14B，在亚利桑那州犹马

---

[1] 电影《壮志凌云》原曲，1964年由"正义兄弟合唱团"发布。——译者注

（Yuma）附近的一座靶场对目标投下了第一批从现役"雄猫"上释放的实弹。然而海军高层意识到，如果没有多种精确制导武器的投放能力，F-14就无法成为一种堪用的战斗/攻击平台。海军几乎没有资金来开发这样一个系统，多亏了1994年秋海军大西洋航空兵（Naval Air Force Atlantic，简称AIRPLANT）的游说获得了少量资金，"雄猫"才得到了一种成品吊舱。被海军选中的装备是经历过战斗考验的AN/AAQ-14夜间低空导航和红外寻的吊舱（low-altitude navigation and targeting infrared night，简称LANTIRN或"蓝盾"），是马丁·玛丽埃塔公司（后来的洛克希德·马丁公司）为F-15E开发的。

"雄猫"部队在一批精干的国防承包商协助下，用微薄的预算将数字化吊舱跟使用模拟计算机的F-14A/B进行了整合，到1995年3月，一架由VF-103中队提供的测试飞机在AN/AAQ-25（美国海军赋予AN/AAQ-14改进型的编号）"蓝盾"吊舱的协助下投放了激光制导炸弹。这次早期评估的结果令人震惊，"雄猫"机组人员获得了比美国空军装备同类吊舱的F-15E"攻击鹰"和F-16C"战隼"更好的红外图像及炸弹命中精度。1996年6月14日，第一批达到舰队装备标准的"蓝盾"吊舱在奥希阿纳交付给了VF-103中队。在纪念这一刻的仪式上，时任海军部长约翰·H.达尔顿（John H. Dalton）自豪地宣布："'雄猫'回来了。"

为了让一架像基准型F-14那样的简易轰炸机具备精确瞄准能力，基准型"蓝盾"系统被改进为海军专用的"蓝盾瞄准系统"（LANTIRN Targeting System，简称LTS）配置。马丁·玛丽埃塔公司移除了"蓝盾"双吊舱系统中的导航吊舱，并对"雄猫"使用的瞄准吊舱进行了大规

▲ 1995年春，在航空联队检查期间，VF-11中队的F-14D（生产编号163418）准备接受KC-135的空中加油，它严重风化的涂装掩盖了相对年轻的状态。这架飞机是1990年10月第一架交付给VF-124中队的D型"雄猫"，两年后，当VF-11中队被从大西洋舰队调到太平洋舰队并换装"雄猫"的最终改进型时，该机被移交给了VF-11中队。（泰德·卡尔森）

▲ VF-211中队醒目的徽章是3架喷气机以紧密编队从一艘航母上爬升起来，飞机被描绘在有部分方格装饰的天空背景下。（托尼·霍尔姆斯搜集）

模改进。美国海军的吊舱采用了嵌入式 GPS 和惯性测量装置,让吊舱具备了提供高低线提示和武器投掷弹道的功能。关键的是,F-14 雷达截击引导员座舱里的显示器比 F-15E 上的武器系统军官的要大得多,这让 F-14 拥有了更好的放大倍率和目标识别能力。

跟美国空军的配置不同,蓝盾瞄准系统执行了所有武器的投掷计算,并生成投掷信号提示展示给机组人员。它还集成了一个隐蔽回避曲线显示器,最后还有一个指北针提示和一台有效照射距离达 40000 英尺(约 12 千米)的激光器。后者可以让 F-14 机组人员在潜在威胁系统的有效作战高度之上投放激光制导炸弹,在实战中十分有用,尤其是"持久自由"(Enduring Freedom)行动期间在阿富汗海拔较高的地方。

但这一切都是未来的事,因为在 1996 年 6 月 F-14/LTS 的搭档仍未能在实战中得到检验。9 个月之前,作为即将到来的事情的先兆,"雄猫"曾被短暂地赋予机会来证明了自己在"运泥巴"业务中的价值。1995 年 9 月 5 日,在"盟军力量"(Allied Force)行动期间,"尼米兹"号上的 VF-41 中队的两架 F-14A,由 F/A-18 指示目标向波斯尼

▼ 1997年底,VF-211中队的F-14A "镍币110"(生产编号162606)向"尼米兹"号降低高度。这架飞机展示了"战斗将死"中队的F-14在"南方警戒"行动期间的一种常用挂载方案:左侧翼套挂架上一枚AIM-54C和一枚AIM-9M,一枚AIM-7M(后机身挂架),前BRU-32挂架上两枚Mk 7 CBU,左侧翼套挂架上挂着一具"蓝盾"吊舱,并满载20毫米机炮炮弹。(戴夫·巴拉内克)

▲ 在"蓝盾"吊舱和精确制导弹药被投入使用之前，F-14在"南方警戒"行动中的主要任务是使用战术空中侦察吊舱执行战术照片侦察任务。这款重达1760磅（约789.32千克）的吊舱在舰队中一直用到2004年。1998年初，VF-102中队这架F-14B（生产编号163221）从"乔治·华盛顿"号上起飞执行"南方警戒"行动任务，携带了一具ALQ-167（V）"布温克尔"电子干扰吊舱以及AIM-7M和AIM-9M导弹。（美国海军）

▼ 执行"南方警戒"任务的"雄猫"单位偶尔会执行"海龙"行动中的海上监视任务。飞机的两人机组，大航程而且有"蓝盾"吊舱，让"雄猫"非常适合执行此类任务。1998年8月，隶属于"亚伯拉罕·林肯"号的第14舰载机联队VF-31中队的F-14D（生产编号163904），装备了一枚AIM-54C和一枚可能装装有Mk 20"石眼"炸弹的Mk 7 CBU。（吉姆·缪斯）

亚（Bosnia，原南斯拉夫中部）东部一个弹药库投掷了激光制导炸弹。

　　除了巴尔干半岛（1995 和 1999 年）和阿富汗（2001 至 2002 年）的短暂战斗外，F-14 的飞行员和雷达截击引导员在"雄猫"一线服役的最后 15 年间，执行的战斗任务都是从航行在北阿拉伯湾的航母上出动的。"沙漠风暴"行动之后，为了保护什叶派穆斯林免遭萨达姆·侯赛因政权的迫害，1992 年 8 月 26 日，联军在联合国的授权下在伊拉克南部设立了禁飞区，称之为"南方警戒"行动。同日，由美国、英国、法国和沙特部队组成的西南亚联合特遣队（JTF-SWA）成立，负责监督"南方警戒"行动的日常执行。

　　"雄猫"证明了自己是"南方警戒"行动中的主力机种，但并不是因为它是一种远程战斗机。跟"沙漠风暴"行动中的情况一样，F-14 的战术侦察能力为西南亚联合特遣队提供了在天气良好的情况下日常监视伊拉克军事行动的灵活性。虽然战术侦察任务被一些"地道的"

▼ 这张照片拍摄于1988年4月第2舰载机联队检查期间，由VF-2中队的F-14D携带的战术空中侦察数字照片吊舱拍摄，"飞毛腿"导弹及其运载起竖发射车位于内利斯空军基地的一个靶场中。战术空中侦察数字照片吊舱非常适合精确定位类似"飞毛腿"导弹这样的移动目标，然后通过F-14的加密超频电台以数字化数据的方式将照片传送给等待攻击的飞机。（美国海军）

LAT: 37:41.6 LONG: 116:38.1 HEADING: 345.9
AGL ALTITUDE: 04120 TIME: 00:21:16 DATE: MON APR 20 1998
PITCH: 01.1 ROLL: 02.2
TARPS DI Image of Nellis AFB Target

的战斗机机组人员视为一种"无可避免的灾祸",但它仍是"雄猫"部队能够为"南方警戒"行动的日常执行做出具体贡献。在装备蓝盾瞄准系统的飞机抵达战区前的几年里,F-14部队在战区存在的意义通常都是单调且令人厌倦的战斗空中巡逻,而战术空中侦察又远比战斗空中巡逻重要。

最终携带蓝盾瞄准系统吊舱的F-14战斗轰炸机不得不等到1998年12月16日,才能证明自己在"南方警戒"行动中的价值。当时美国海军率先发动了"沙漠之狐"(Desert Fox)行动,这次行动是5年后"伊拉克自由"行动的前奏。"企业"号上装备F-14B的第3舰载机联队VF-32中队,参与了对伊拉克防空设施的第一波攻击,投下了由载机自行引导的GBU-12、GBU-16、GBU-24激光制导炸弹。"雄猫"还为随同的F/A-18"大黄蜂"提供了激光照射。两天后,"卡尔·文森"号上的第11舰载机联队VF-213中队的F-14D也参加了行动。在为期4天的"沙漠之狐"行动中,仅VF-32中队就投下了111054磅(约50吨)弹药,其中包括16枚GBU-10、16枚GBU-16,还有至少262000磅(约119吨)的GBU-24侵彻型激光制导炸弹。后者是美国海军对付地下飞机掩体、司令部碉堡以及指挥和控制机构建筑物的首选制导武器。不过,并不是"雄猫"每次出动都携带炸弹,从"沙漠之狐"行动第二天开始,美国空军的B-1B轰炸机就参加了行动,VF-32和VF-213中队为它们提供了一系列的战斗空中巡逻护航。

"'雄猫'显著的尺寸和性能让任何敌人都望而生畏。"VF-32中队中队长威尔·库尼(Will Cooney)中校在"沙漠之狐"行动开始后不久后就得出了结论,"F-14B/D装备了大推力发动机,它的速度和推力都很惊人。再加上体积大、载弹量大、航程又远,'雄猫'真的可以伸出手去揍那些'南方警戒'行动中的坏蛋。"

"沙漠之狐"行动之后,伊拉克空军采取了更为激进的姿态,1999年1月5日,VF-213中队的F-14D向闯入禁飞区的米格-25发射了两枚AIM-54C,差点让美国海军的"雄猫"声称取得自己的首个"不死鸟"击杀。由于伊拉克飞机已经调头向北高速返航,而且"雄猫"的机组人员是在很远的距离上发射的导弹,两枚导弹均未能命中目标。

两个月后,也就是3月份,VF-14和VF-41中队参加了"审慎力量"(Deliberate Force)行动——即北约解除塞尔维亚对科索沃控制的战役,"雄猫"又回到了巴尔干半岛上空的行动中。两个中队的高龄F-14A从"西奥多·罗斯福"号上出动,消耗了将近800000磅(约363吨)激光制导炸弹和常规炸弹。两个中队的机组人员还为其他参加科索沃战役的飞机担任了前进空中管制官 [Forward Air Controller(Airborne),

▲ 这枚徽章由VF-2中队创作,纪念自己在"突击者"号的最后一次部署期间在北阿拉伯湾的时光,凸显了F-14在常年"南方警戒"行动中至关重要的战术空中侦察任务。注意飞行员座椅上的"雄猫"挥舞着左轮手枪,而后座上的"雄猫"则拿着一台照相机,精确地描述了F-14在战术空中侦察飞行中任务配置。(保罗·纽曼搜集)

▲ 第3舰载机联队在自己繁忙的1998—1999地中海/北阿拉伯湾部署期间,隶属于"企业"号参加了伊拉克和巴尔干上空的行动。航空联队的"雄猫"单位VF-32中队在"沙漠之狐"行动期间处于攻击的最前线,它的F-14为攻击伊拉克境内纵深军事目标的飞机提供了精确制导。(保罗·纽曼搜集)

▲ VF-41中队向西飞执行第8舰载机联队的航空联队法伦部署，随后隶属于"西奥多·罗斯福"号前往地中海和北阿拉伯湾，开始自己充满了战斗任务的1999年部署。虽然"黑桃"中队和它的姐妹中队VF-14装备的都是舰队中几乎最老的"雄猫"，但这些飞机在对它们航空电子设备和飞行控制系统的一系列升级中获益匪浅。（泰德·卡尔森）

▼ VF-32中队的一名地勤人员利用"沙漠之狐"行动期间空袭伊拉克行动的间隙为中队的一架F-14B绘制炸弹计数标记。这张照片是1998年12月18日在"企业"号上拍摄的。（美国海军）

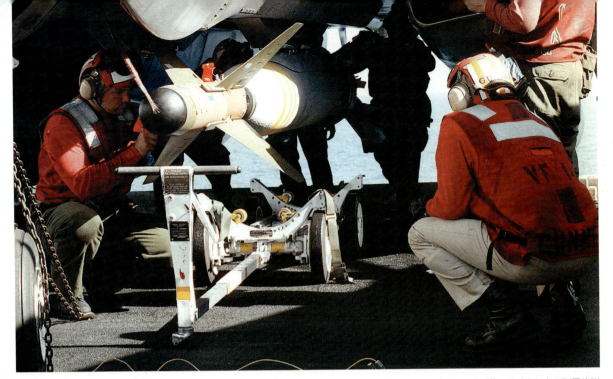

▲ 1999年4月14日，"盟军力量"行动期间，VF-14中队的军械员正在检查GBU-24A/B "宝石路" Ⅲ 2000磅（约908千克）激光制导炸弹的制导叶片，这枚炸弹已经被挂在了"高帽人"中队一架F-14A的左侧BRU-32炸弹挂架上。5个月前，VF-32和VF-213中队在"沙漠之狐"行动期间首次在战斗中从一架"雄猫"上投下了GBU-24"地堡杀手"，这种很难挂载的炸弹专为攻击良好防御的高价值目标而研发。（美国海军）

▼ 1999年9月9日，隶属于"星座"号的第2舰载机联队参加"硝烟"行动（Gun Fire），对伊拉克南部的高射炮和防空导弹阵地进行了为期一天的集中攻击。VF-2中队装备的F-14D是这场战斗的先锋，其中一个机组还对伊拉克的一架米格-23发射了一枚AIM-54C，但未能命中目标。（汤姆·图米）

简称 FAC（A）]。VF-41 中队的中队长特德·卡特（Ted Carter）中校解释了前进空中管制官是如何执行任务的：

> 我们以小队为单位出动，一架飞机为其他飞机护航。每架 F-14 通常携带 4 枚炸弹，我们既可以自己攻击目标，也可以为其他攻击飞机指示目标。前进空中管制官就像是橄榄球队的四分卫，寻找并识别目标，引导攻击飞机抵达现场，为特定目标选定弹药类型，确保他们能够识别潜在地形危险，并为他们提供进入和退出战场的航向。

1999 年，执行"南方警戒"行动任务的部队继续反制伊拉克高射炮和防空导弹的抵抗，9 月 9 日，"星座"号上的第 2 舰载机联队在自己的巡逻行动中遭到猛烈抵抗后，展开了"硝烟"（Gun Smoke）行动。在第 3 舰载机联队的一系列精确攻击后，伊拉克 39 个高射炮和防空导弹阵地中有 35 个被摧毁，这是自"沙漠风暴"行动以来美国海军在伊拉克单日弹药消耗量最高的一次行动。VF-2 中队的 F-14D 在这场战斗的胜利中发挥了主要作用，除了投放激光制导炸弹外，还向一架伊拉克的米格-23 发射了一枚 AIM-54C，但这枚导弹再次因为发射距离过远而未能命中目标。

伊拉克的紧张局势一直持续到 2001 年，当年 2 月 16 日，"哈里·杜鲁门"号（USS Harry S. Truman, CVN-75）上参加"南方警戒"行动的第 3 舰载机联队，攻击了伊拉克的 5 个指挥、控制和通信中心。VF-32 中队再次充当了这场"一日战争"中的先锋，投掷激光制导炸弹，为随同的"大黄蜂"攻击机提供激光照射，执行战术侦察任务并在"南方警戒"行动巡逻区进行空防搜索。

2001 年 9 月 11 日，纽约世贸中心和五角大楼遭毁灭性袭击，让伊拉克南部稳步升级的冲突戛然而止。随后，美国总统布什宣布反恐战争开始，美军第五舰队下属的航母战斗群从"南方警戒"行动岗位中撤出，向东进入阿拉伯海和印度洋，支援在阿富汗的"持久自由"行动。

如今，F-14 作为一款真正的多功能战斗轰炸机，承担的任务比当时美国航母上的任何一种飞机都要多，老而弥坚的"雄猫"在阿富汗和伊拉克的冲突中发挥主导作用，不再是"沙漠风暴"行动中扮演的配角。戴夫·帕森斯曾是雷达截击引导员，也是作为民间承包商推动 F-14 和蓝盾瞄准系统整合的关键人物，据他说：

1999年6月初，VF-2中队10架 F-14中的8架停放在奥希阿纳的中队停机坪上，几天后它们将横跨美国去北岛，隶属"星座"号参加第2舰载机联队的西太平洋/北阿拉伯湾部署。排在队列最前面的VF-2中队的航空联队长机，生产编号163901，座舱滑轨右侧涂的是单位中队长和执行官的名字，而非航空联队长及其副官。（桥本敬史）

▲ 第8舰载机联队在2001年的部署中隶属于"企业"号，一开始用传统方式执行"南方警戒"行动任务，但2001年9月11日纽约和华盛顿特区遭到恐怖袭击，"持久自由"行动开始后该单位开始在阿富汗上空执行大量战斗任务。这枚徽章是为了纪念"雄猫"空勤人员在伊拉克上空完成了50次"南方警戒"行动任务而创作的。（保罗·纽曼搜集）

▲ 拍摄于1990—1991年VF-32中队的"沙漠盾牌/风暴"行动巡航期间,戴夫·"嘿乔"·帕森斯是一名服役了15年的海军飞行官,之前曾在海军陆战队服役了5年。1994年3月他离开美国海军后马上就加入了防务承包商惠特尼,布拉德利和布朗(Whitney,Bradley&Brown)公司,是将F-14转变成精确轰炸机的"伟大'蓝盾'集成不法活动"的关键推动者。(戴夫·帕森斯)

▶ 2000年夏,第3舰载机联队在航空联队法伦部署期间,VF-32中队的两架F-14B跟VFA-37中队的两架F/A-18C编队飞行,所有航母航空联队单位聚集在一起去完成它们的巡航前训练。对于第3舰载机联队的"大黄蜂"中队和VF-32中队而言,在内华达州进行的为期两周的演习的目的是让他们做好执行"南方警戒"行动典型任务的准备。(美国海军)

这也许是最具讽刺意味的，"雄猫"被设计成最强的空中优势战斗机，却作为一种精确攻击战斗机取得了更多的战果。这是一个 F-14 从未想过要发挥的功能，而且这种飞机差点错过证明自己是一种精确轰炸机的机会。

反恐战争

由于"雄猫"新开拓了精确轰炸能力，加上它无与伦比的航程以及作为战斗机和战术侦察平台所体现的价值，当美军致力于全球反恐战争时，"雄猫"发现自己成了先锋。

在"双子塔"和五角大楼遭到基地组织劫持的客机袭击仅仅数小时后，F-14 就执行了在自己作战生涯最后阶段中的第一次作战任务。当天上午，"约翰·肯尼迪"号上的 VF-11 和 VF-143 中队，正准备作为第 7 舰载机联队的一部在弗吉尼亚海岸执行巡航任务。在世贸中心南塔遭撞击后不久，北美防空司令部（NORAD）跟美国海军联络，

▼ 对于在"持久自由"行动中驾驶臭名远扬的"短腿大黄蜂"的飞行员而言快速找到加油机一直都是个问题。图为VF-213中队的F-14D"黑狮"107（生产编号164344）正在观察VFA-94中队的一个小队在前往阿富汗的途中，轮流从驻迭戈加西亚第305空中机动联队第32空中加油中队KC-10A空中加油机加满油。（托尼·托马）

请求海军帮助他们确保东海岸空域的安全。第2舰队派"约翰·肯尼迪"号和"乔治·华盛顿"号（CVN-73）出海，搭载着从奥希阿纳飞过来的几个战斗机中队。

VF-11和VF-143中队被派到了"约翰·肯尼迪"号（CV-67）上，VF-143中队的飞行员约瑟夫·格林特里（Joseph Greentree）中尉随后执行了几次任务，支援匆忙在纽约海岸建立的由北美防空司令部指挥的海上防空网：

> 在VF-1和VF-143中队搭载在"肯尼迪"号上的头72个小时里，我们在东海岸不停地起飞降落，执行全天候战斗空中巡逻任务。在此期间天空保持着诡异的空旷，所有的民航交通都被禁飞。3天后第二舰队通知我们停止战斗空中巡逻任务，开始进行我们的检查工作。

由于"基地"组织和9月11日的袭击有直接关系，美国政府将注意力转移到了恐怖组织在阿富汗的基地。纽约市和华盛顿特区的恐怖袭击发生后不到3周，舰载机将成为美军联合行动中的先锋，瓦解塔利班政权并摧毁"基地"组织在阿富汗建立的基础设施。美国海军离这个内陆国家最近的航母是"企业"号，搭载着装备F-14A的VF-14和VF-41中队。这两支部队装备"雄猫"参加的最后一次巡航即将结束，在"南方警戒"行动为期5周的巡逻中，在伊拉克参加过行动。"卡尔·文森"号也从印度洋向阿拉伯海疾驰，搭载着装备F-14D的VF-213中队。在五角大楼的参谋们制定的代号为"持久自由"的行动中，这3支"雄猫"中队将成为先锋。

两艘航母在阿拉伯海北部的巴基斯坦海岸附近航行，已做好在9月底对基地组织和塔利班的目标发起攻击的准备，但"持久自由"行动中的首次任务一直到2001年10月8日才开始。政治上的问题导致美军不能使用阿拉伯湾和印度临近阿富汗的陆上基地，布什政府又不愿意使用巴基斯坦、乌兹别克斯坦和塔吉克斯坦过于拥挤的一线机场，航空母舰就成了美军一开始向阿富汗部署战术空中力量的唯一途径。在这场有史以来距离最远的舰载机攻击中，第8舰载机联队（CVN-65）和第11舰载机联队（CVN-70）的攻击战斗机准时轰炸了恐怖分子训练营、塔利班兵营、空军基地和防空导弹／高射炮阵地。"雄猫""大黄蜂"和"徘徊者"部队经常在距离航母700多英里（约1120千米）远的地方作战，飞行时间长达6～10个小时。

因为在"持久自由"行动的早期阶段不需要支援战区内的联军地

▼ 2001年10月底，"企业"号对克里特岛苏达湾进行为期3天的短暂港口访问期间，VF-41中队的军官们为庆祝他们的巡航结束合影。"黑桃"中队1999年创记录的"盟军力量"/"南方警戒"行动巡航中扔下了超过200000磅（约90.71吨）弹药，随后2001年的部署可能对参与的机组人员而言有些虎头蛇尾，但"南方警戒"和"持久自由"的攻击行动确实并非如此。（布莱恩·高恩）

面部队，"雄猫"的机组人员转而跟双人特种作战小组配合战斗，他们会把需要攻击的目标找出来，为机组人员提供目标指示。F-14由于久负盛名的航程，还负担了消灭在阿富汗最北部和最西部目标的重任。美国海军的攻击机在"持久正义"行动期间严重依赖"大翅膀"加油机的支援，在这些马拉松式的任务中，F-14的机组人员至少要从美国空军的KC-10和KC-135以及英国皇家空军的VC-10K和"三星"加油机进行3次空中加油。

VF-14和VF-41中队只使用激光制导炸弹，从10月8日到23日，截至"罗斯福"号（CVN-71）替换"企业"号（CVN-65）（搭载装备F-14B的VF-102中队）时，消耗了38000磅（约17吨）弹药。"VF-41中队取得了82%的命中率，这是美国海军前所未有的精度水平。"中队

长布赖恩·高恩(Brian Gawne)中校回忆道。第8舰载机联队的两个"雄猫"中队也为"大黄蜂"部队的"小牛"空对地导弹和激光制导炸弹提供了激光照射。

VF-213中队在这段时间里也积极投入到作战之中,该部队在11月大力支援了北方联盟对塔利班的地面进攻。11月5日,中队长奇普·金(Chip King)中校和他的雷达截击引导员迈克尔·彼得森少校(Michael Peterson)创造了历史,成为第一个在作战行动中使用F-14的20毫米机炮进行对地攻击的美国海军机组。金回忆道:"我记得自己当时在想,技术上多么悬殊啊,就像是巴克·罗杰斯(Buck Rougers,1928年的漫画《惊奇故事》中的主角英雄,使用飞行器在空中飞行)碰到了《天方夜谭》里的人物,因为我们扫射的塔利班武装分子都骑在马上。"

▲ 这枚臂章在"持久自由"行动之后的几个月里在奥希阿纳的"雄猫"单位里流行,反映出战斗机部队已经完全接受了精确攻击任务,"雄猫"现在是美国海军执行此类任务的先锋。(保罗·纽曼搜集)

▲ 2001年11月初，在一次"持久自由"行动的任务结束后奇普·金中校（Chip King，VF-213中队的中队长，左）和凯文·克拉菲少校（Cdr Kevin Claffy）在飞行甲板上对比笔记。在他们的背后，一个勤劳的"黑狮"军械组已经开始将GBU-12挂上163899号机的BRU-32炸弹挂架。（托尼·托马）

▶▶ "黑狮"111（生产编号161159）装备了1枚2000磅（约908千克）的GBU-24A/B"宝石路"Ⅲ激光制导炸弹，正在被引导滑向"卡尔·文森"号的一部舯部弹射器。这种武器在"持久自由"行动中只使用了一小批。VF-41中队进行了两次GBU-24攻击，其中一次是由彼得·根德鲁上尉（Peter Gendreau）和他的雷达截击引导员斯科特·巴特勒"少侠"（Cdr Scott Butler）执行的，他们对喀布尔郊区的一个武器储存设施进行了昼间攻击。（美国海军）

VF-213、VF-102中队在塔利班和"基地"组织的武装分子向东逃进巴基斯坦边境及托拉博拉（Tora Bora[1]山洞群时，执行了"持久自由"行动中一些最具挑战性的任务。2001年12月15日，"约翰·斯坦尼斯"号（CVN-74）替换了CVN-70，此时VF-213中队已经消耗了452枚激光制导炸弹和470发20毫米机炮炮弹。CVN-74上搭载的是VF-211中队，装备F-14A。该部队在抵达战区4天后，托拉博拉进攻战结束，阿富汗的战斗强度急剧下降，一直到2002年3月美军山地特遣部队在阿富汗东部山区发动了"蟒蛇"（Anaconda）行动，战事才再次爆发。美军这次进攻的目标是盘踞在沙里科特（Shar-i-Kot）山谷的山脊和山洞中的1000多名"基地"组织核心人员，但进攻陷入了严重困境，只有通过压倒性的战术空中力量才能确保跟敌人交战的美军部队的生存。

在"蟒蛇"行动的最后阶段，"肯尼迪"号（CV-67）替换了"罗斯福"号（CVN-71），它搭载的第7舰载机联队（辖有VF-11和VF-143中队）于3月11日首次执行作战任务。VF-11中队的一架F-14B在这一天创造了历史，它的机组人员在战斗中投下了首枚由"雄猫"投掷的联合直接攻击弹药（Joint Attack Munition，简称JDAM或

[1] 巴基斯坦边境小镇。——译者注

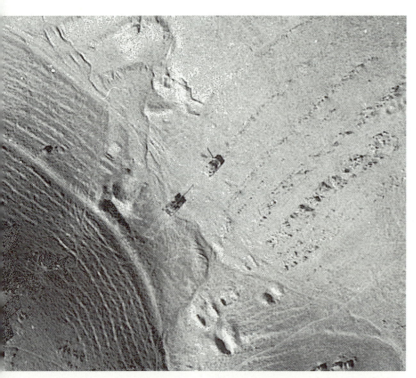

▲ 2001年11月11日，VF-213中队装备战术空中侦察吊舱的飞机拍摄的两辆塔利班的T-62M主战坦克遭攻击前后的照片。这些照片由吊舱中的KS-153B远程相机拍摄，坦克被GBU-12炸弹命中。（VF-213中队）

"杰达姆"），F-14B/D 随后将在"伊拉克自由"行动中广泛使用这种 GPS 制导武器（A 型没有使用"杰达姆"的软件）。

2002 年秋，反恐战争的焦点转向了伊拉克。当时"雄猫"已经证明了自己是一个真正的多功能战斗平台，具备精确轰炸、使用蓝盾瞄准系统为友机提供目标激光照射、前进空中管制，攻击协调武装侦察（Strike Coordinating Armed Reconnaissance，简称 SCAR）、照相和数字侦察，当然还有战斗机截击任务的能力。

"雄猫"在"伊拉克自由"行动中使用的主力武器之一是 2000磅（约 908 千克）的 GBU-31"杰达姆"炸弹。一开始只有 F-14B 能用，F-14D 在参加"伊拉克自由"行动前的几周里通过安装 DO 4 武器计算机的升级匆忙完成了跟"杰达姆"的兼容。"星座"号上的第 2 舰载机联队 VF-2 中队是第一支进行升级的 D 型部队。2003 年 2月 28 日，VF-2 中队在伊拉克南部上空执行"南方警戒"行动任务时，由一架愤怒的 F-14D 投下了首批 GBU-31。搭载在"亚伯拉罕·林肯"号（CVN-72）上装备 D 型"雄猫"的 VF-31 中队，紧随 VF-2 中队之后安装了 DO 4 计算机。VF-31 中队被调到第 14 舰载机联队后，自 2002 年 7 月 20 日开始随联队开始部署行动。最后一个接受 DO 4 任务磁带升级的"雄猫"单位是 VF-213 中队，从地中海里的"西奥多·罗

▲ 在"持久自由"行动的早期任务中，VF-213中队的"黑狮"101（生产编号164603）装备两枚1000磅（约454千克）GBU-16激光制导炸弹接近KC-10加油机进行正面加油。"黑狮"中队在"持久自由"战役期间消耗了157枚GBU-16炸弹，主要针对固定目标。随着战争的进程，炸弹的挂载方案也随着地面目标性质的不断变化而改变。（美国空军）

▼ VF-213中队的飞行员和雷达截击引导员在单位的"持久自由"行动巡航即将结束时，跟"黑狮"101和精选的激光制导炸弹（从左到右：GBU-16、GBU-24和GBU-10）合影。VF-213中队在阿拉伯海北部为期10个星期的任务期间出动完成率达到了99.6%，在巡航中消耗了452枚炸弹和470发20毫米炮弹。（VF-213中队）

2001年11月15日，VF-102中队在抵达阿拉伯海北部后不久，航空联队长机（生产编号163225）在荒无人烟的地貌上空巡航向北朝阿富汗飞去。这架飞机跟"响尾蛇"中队全部10架F-14B的机队一样，在"持久自由"行动期间单位159天不间断行动中辛勤工作。（美国海军）

▶▶ 2002年5月，VF-11中队的克里斯·肖普少校（Cdr Chris Chope）和他的飞行员在"持久自由"行动的巡逻时跟一架KC-10进行任务中加油。肖普回忆道："如果你有点缺油，你可以让加油机的飞行员朝某个方向平飞，从而一边加油一边把你拖着飞向目标。"（克里斯·肖普）

▶ 2001年11月17日，VF-102中队的一架F-14B后座舱里的8*8英寸（约20.32厘米）大型可编程战术信息显示器显示阿富汗塔林科特（Tarin Kowt）附近崎岖不平的地形。美国海军和空军在"持久自由"行动期间使用的其他战术航空平台都没有这个尺寸的战术显示器。当这个显示器跟"蓝盾"吊舱结合使用时，"雄猫"就成了战区中精确轰炸机和攻击协调武装侦察/前进空中管制的首选。（VF-102中队）

▼ 2002年3月底，VF-211中队4架无挂载"雄猫"组成紧密编队在"约翰·斯坦尼"号上空等待进场和解散编队。"镍币101"（生产编号161603）和"镍币102"（生产编号162612）显摆它们座舱盖下方几乎看不清楚的炸弹投掷纪录。VF-211中队的每架"雄猫"的座舱盖滑轨上都写有2001年9月11日纽约遇害警察和消防员的名字。（米奇·麦卡利斯特）

▲ 2003年4月15日，VF-2中队的"子弹106"（生产编号164342）正滑向"星座"号的一部舰载弹射器，自豪地展示了自己的投弹纪录。"伊拉克自由 I"行动结束后，VF-2中队勤奋的地勤人员给他们的飞机涂上了弹药投掷纪录，因为他们在战役期间的任务间隙几乎没有时间给飞机涂纪念标志。（美国海军）

▲ VF-2中队创作了这枚五彩斑斓的徽章纪念它作为一个装备"雄猫"的战斗机中队，和"星座"号上的最后一次西太平洋部署——这艘航母上作为单位的海上基地已经长达10年，在此期间VF-2中队在"星座"号（CV-64）上完成了5次作战部署。（保罗·纽曼搜集）

斯福"号上出动。

在剩下两个参战的"雄猫"中队中，VF-32中队再次搭载在地中海里的"哈里·杜鲁门"号上，在部署前完成了F-14B和"杰达姆"的兼容工作，但从北阿拉伯湾的"小鹰"号上出动的VF-154中队，它的基准型F-14A仍然只能用激光制导炸弹。

VF-2中队自"伊拉克自由"行动开始就一直在一线，参加了2003年3月21/22日夜的"震慑"（Shock and Awe）攻击。VF-2中队的F-14D甚至引导了第一个非隐身攻击机群（全部第2舰载机联队的飞机组成）冒险进入巴格达的"超级导弹交战区"（Super Missile Engagement Zone）去攻击伊拉克首都的目标，它的"雄猫"投掷了"杰达姆"，执行了空中防御和侦察任务。他们在巴格达上空遭到了至少12枚无制导防空导弹和持续不断的高射炮攻击。

VF-2中队从第5舰队在"伊拉克自由"行动期间指定的夜间行动航母上出击，在黑夜的掩护下执行了大量任务。一开始VF-2中队使用"杰达姆"攻击固定目标，如指挥部、防空导弹和雷达阵地、机场和共和国卫队兵营，以及总统府和复兴党大楼。随着地面部队向巴格达推进的势头增强，VF-2中队随后转为近距离空中支援攻击。在联军跟共和国卫队在诸如卡尔巴拉（Karbala）和纳西里耶（An Nasiriyah）

等城市周围交战时，"雄猫"因为具备为其他攻击机执行所需的前进空中管制和攻击协调武装侦察任务的能力而获得了极高赞誉。

在"伊拉克自由"行动28天的战斗中，VF-2中队成功完成了195次战斗出动，总飞行时间887.5个小时。中队的10架飞机投下了221枚激光制导炸弹（217枚GBU-12、4枚GBU-15）和61枚GBU-31"杰达姆"。此外，VF-2中队还消耗了约1704发20毫米炮弹用于扫射地面目标，并且使用战术空中侦察吊舱给至少125个目标拍了照片。

其他在北阿拉伯湾的"雄猫"中队也执行了从精确攻击到近距离支援，再到前进空中管制等各种各样的任务。VF-31中队从指定为昼间行动的"林肯"号（CVN-72）上出动，跟首次执行巡航任务的第14舰载机联队VFA-115中队密切合作，该中队装备的是F/A-18E"超级大黄蜂"。由于"超级大黄蜂"的航程跟"雄猫"差不多，VF-31中队经常跟VFA-115中队混编执行攻击任务。到4月14日，当"尼

▼ 2003年4月5日，在"亚伯拉罕·林肯"号上，VF-31中队的F-14D（生产编号163898）被两架VS-35中队的S-3B夹在了中间，身穿棕衣的机长正在擦拭它的挡风玻璃。跟"花车104"的呼叫代号一样显眼的是，VF-31中队使用了一种"菲利克斯和炸弹"的剪影来代表它的飞机在"伊拉克自由I"行动期间投掷的每一件武器。（美国海军）

▲ 2003年3月底，卡塔尔特遣队（4架F-14A）的一个分队准备从艾尔乌代德出发执行黄昏任务。它们背后可以看到美国空军第389战斗机中队的F-16CJ，以及皇家澳大利亚空军第75中队的F/A-18A和皇家空军的"狂风"GR.4。VF-154中队的岸基机组人员跟这3种机型以及美国空军第4战斗机联队驻该基地的F-15E合作密切。（VF-154中队）

米兹"号带着第 11 舰载机联队（这是第一个全部装备"超级大黄蜂"而没有"雄猫"的航空联队）在战区接手了"林肯"号（CVN-72）和第 14 舰载机联队的任务时，VF-31 中队在马拉松般的"持久自由""南方警戒""伊拉克自由"行动的 10 个月部署中，战斗出动达到了惊人的 585 次，总飞行时间 1744 个小时。该部队投放了 56 枚"杰达姆"、165 枚 GBU-12、5 枚 GBU-16 和 13 枚 Mk 82 常规炸弹，消耗了 1355 发 20 毫米机炮炮弹。

VF-154 中队的 F-14A 无法使用"杰达姆"，但它经历的战斗无疑是参加"伊拉克自由"行动的"雄猫"部队中最为与众不同的。VF-154 中队作为第 5 舰载机联队的一部，最后一次使用 F-14 参加巡航任务，2003 年 2 月中旬搭载在"小鹰"号上冒险进入北阿拉伯湾。VF-154 中队在战区跟美国空军的飞机一起执行任务时，美国空军请求它分出 4 架飞机和 4 个机组，专门为联军从卡塔尔艾尔乌代德（Al Udeid）空军基地出动的高速战机提供前进空中管制和攻击协调武装侦察。除了执行这些任务外，VF-154 中队的"雄猫"机组还负责指导来自第 4 战斗机联队第 336 战斗机中队驾驶 F-15E 的兄弟们，如何执行有效的前进空中管制和攻击协调武装侦察任务。

据 VF-154 中队在巡航后总结自己对"伊拉克自由"行动的贡献：

在近代历史上，从来没有哪个舰载攻击战斗机中队被指派同时在岸上和海上作战。前进空中管制专业机组人员在岸上积累 300 多个战斗小时，4 个机组和 4 架飞机在 21 天的飞行里投放了 50000 多磅（约 23 吨）弹药。

　　然而，VF-154 中队在岸基攻击行动中并非毫发无损，4 月 1 日晚，VF-154 中队的一架"雄猫"因为左侧发动机和燃油输送系统发生故障，机组人员被迫在伊拉克南部上空弹射。燃油输送系统的故障导致那台没有发生故障的发动机干转，因此机组人员被迫在敌占区弹射。幸运的是，他们很快就被一支来自科威特的战斗搜索和救援队救回。VF-154 中队的岸上分遣队在 4 月的第二周回到了"小鹰"号（CV-63）上，到当月 14 日空袭结束时，VF-154 中队在 286 次战斗出动中投下了 358 枚激光制导炸弹。

　　两艘在地中海的航母参战情况跟航行在北阿拉伯湾的航母形成了鲜明的对比。由于土耳其拒绝美军第 4 步兵师将其领土作为出发点，美国海军在伊拉克北部前线的行动集中在支援敌后作战的特种部队小队上。这些小队严重依赖第 3 和第 8 舰载机联队的近距离空中支援。第 8 舰载机联队搭载在"罗斯福"号（CVN-71）上，也位于地中海东部。两个航空联队的 F-14 都执行了支援特种部队的近距离支援任务，经常把弹药危险地投放在友军附近。这些飞机提供的支援无疑挽救了联军

▼ VF-154中队的一名飞行员正在检查挂载在自己F-14上的一枚2000磅（约908千克）GBU-24"宝石路"Ⅲ激光制导炸弹的制导叶片，这架飞机被系留在了"小鹰"号的飞行甲板上。这种武器更大的稳定套件可以让它飞得更远。"黑骑士"中队在2003年3月21日至4月14日间消耗了358枚激光制导炸弹，主要执行前进空中管制和攻击协调武装侦察任务。（美国海军）

▲ VF-32中队的"伊拉克自由"I
行动纪念徽图案是装备了"蓝盾"
吊舱的F-14B在伊拉克上空投下了一
枚激光制导炸弹和一枚"杰达姆"。
（保罗·纽曼搜集）

▼ 2003年4月7日，VF-32中队的3
架F-14B混合挂载了GBU-12和"杰
达姆"，准备被引导滑向"哈里·杜
鲁门"号的弹射器。3架飞机在雷达
天线罩上都涂有VF-32中队"决斗剑
客"的标志，而"吉卜赛107"在机
头编号下还涂有航天飞机的剪影，以
纪念2003年2月1日遇难的"哥伦比
亚"号航天飞机机组人员。（美国
海军）

地面部队官兵的生命，并最终导致10万伊拉克军人投降。

VF-32 和 VF-213 中队在为特种部队执行近距离支援任务之前，已经使用"杰达姆"和激光制导炸弹完成了一些对伊拉克固定目标的常规攻击任务。这些任务是战斗刚开始时就执行的，是战争中距离最远的任务，每趟单程远达 800 英里（约 1280 千米）。正如"雄猫"在"持久自由"行动中的表现，它完全有能力胜任这样的任务，而且这些较为常规的攻击行动往往都是由一个 F-14 机组来领导。VF-32 和 VF-213 中队接下来对固定目标进行了进一步攻击，土耳其允许美国飞机飞越其领空后，任务时间略有缩短。第 3 舰载机联队在"伊拉克自由"行动期间被指派给昼间航母，而第 8 舰载机联队则在夜间执行了大量任务。"罗斯福"号（VF-213）中队很快就将自己的夜间飞行任务称之为"吸血鬼"出动，飞机经常从漆黑的 CVN-71 甲板上弹射起飞，一头扎进恶劣天气状况中。持续的夜间行动最终激发了 VF-213 中队机组人员的灵感，创造了一句新俚语："活在午夜后，轰炸至黎明。"（living after midnight, Bombing'til the dawn）

VF-213 中队执行的最为不寻常的一次任务，是为美军第 173 空降旅的 1000 名伞兵空降突击伊拉克空军基地的行动提供战斗空中巡逻掩护。这次行动是自二战以来规模最大的伞降作战，伞兵们从一队 C-17

上跳入库尔德人控制的伊拉克北部。CVN-71上出动了3波攻击飞机为"全球霸王"运输机护航,美国海军的飞机还轰炸了巴沙尔(Bashur)机场附近的伊拉克指挥和控制掩体、部队以及炮兵阵地。随着战争的进行,VF-32和VF-213中队的主要任务变成了为特种部队小队提供近距离支援,第8舰载机联队联队长戴维·纽兰德(David Newland)上校讲述他们在这项任务上的成功之道:

> 为一个特种部队小队投掷精确制导武器是一项能给机组人员即刻满足感的任务。他们被告知弹药要瞄准那里,弹药投放之后他们会得到地面部队的直接结果反馈。

到4月15日VF-213中队停止在"伊拉克自由"行动中的战斗出动时,它的机组人员共出击了198次,总战斗飞行时间907.8小时,出动完成率100%。投掷了至少196枚精确制导武器,重达250000磅(约113吨),其中有102枚激光制导炸弹和94枚"杰达姆"。VF-32中队完成了惊人的268次出动和1135.2个战斗小时,投下了247枚激光制导炸弹和118枚"杰达姆"(共计402600磅,约183吨)。VF-32中队的机组人员还在对地扫射中消耗了1128发20毫米高爆燃烧弹。

F-14在"伊拉克自由"行动之后仍是美国海军在伊拉克上空的主

▲ 图为1枚GBU-12正在飞向它的目标[一处SA-2防空导弹阵地,约20000英尺(约6096米)下方],这张令人惊异的照片是VF-32中队一架装备战术空中侦察吊舱的飞机在"伊拉克自由"I行动期间拍摄的。飞机的雷达截击引导员是大卫·多恩少校(Cdr David Dorn),他回忆道:"我们用战术空中侦察吊舱拍摄了一些很棒的镜头,激光制导炸弹离开我们的飞机,向下飞命中了SA-2阵地。"(VF-32中队)

▲ VF-32和VF-213中队的飞机在"伊拉克自由Ⅰ"行动期间经常混合挂载弹药,这架"黑狮"中队的飞机装备了一枚500磅(约227千克)GBU-12激光制导炸弹和1枚2000磅(约908千克)GBU-31(V)2/B"杰达姆"。VF-213中队的飞行员马可·哈德逊少校(Marc Hudson)解释了这种挂载背后的考量:"由于'雄猫'可以同时使用'杰达姆'和激光制导炸弹,我们可以在一次近距离支援任务中对付两种不同的目标。"(VF-213中队)

▼ "黑狮"106(生产编号163893)参加第8舰载机联队在"自由伊拉克"Ⅰ行动中的第一次攻击行动。VF-213中队的机组人员在完成了大量的夜间"吸血鬼"任务后,用"活在午夜之后,轰炸至黎明"这句话来总结他们在"自由伊拉克"Ⅰ行动期间的经历。VF-213中队在"自由伊拉克"Ⅰ行动期间一共出动了198次,总飞行时间907个小时,出动任务完成率100%,投掷了102枚激光制导炸弹和94枚"杰达姆"。(美国海军)

力机型，为联军努力控制不断升级的叛乱提供支援。在此期间，VF-
211（2003-04）、VF-11（2004）、VF-143（2004）、VF-103（2004）
和 VF-32（2005）中队都完成了自己装备"雄猫"后的最后一次巡航，
执行了类似于 2003 年联军进攻伊拉克期间的任务。到 2005 年秋，美国
海军只剩下两支"雄猫"部队还在役，其他的战斗机中队要么正在换装，
要么即将换装 E 或者 F 型"超级大黄蜂"。这些中队在换装新波音飞机时，
会被重新定义为攻击战斗机部队。"雄猫"的最后一次部署是 2005 年
9 月，当时装备 F-14D 的 VF-32 和 VF-213 中队随第 8 舰载机联队搭
载在"罗斯福"号（CVN-71）上。两个中队在这次巡航中在伊拉克上
空执行了相当多的任务，巡航一直持续到 2006 年 3 月初，而早在 2006
年 2 月 8 日 VF-213 中队的飞机就进行了 F-14 的最后一次战斗降落。
当两个中队返回奥希阿纳时，行动日志表明它们出动了 1163 次，完成
了 6876 个飞行小时，愤怒地投下了 9500 磅（约 4 吨）弹药。

在为期 36 年的舰队服役后，"雄猫"于 2006 年 9 月 22 日正式退役。
10 月 4 日，美国海军的一架 F-14 进行了告别飞行，VF-31 中队的"雄
猫人"101（Tomcatter 101）进行了一次从奥希阿纳飞往纽约法明代尔
的短途飞行，随后被放置在贝思佩奇附近的诺斯罗普·格鲁曼公司总
部门前进行静态展示。

▲ "兰利纹"和骷髅头一直是 VF-2
中队徽章的一部分，该部队在装备
F-14D 的最后一次巡航中，这两个特
征都被涂在 F-14D 最显眼的位置上。
这两个特征都被保留在了 VAF-2 中队
崭新的 F/A-18F 上。（托尼·霍尔姆
斯搜集）

▼ 2003 年 5 月，弗吉尼亚上空老飞
机遇到了新飞机。2006 年 6 月，"赏
金猎人"中队在自己的"自由伊拉
克" I 巡航结束后飞往奥希阿纳，
VF-2 中队的航空联队长机（生产编
号 163894）遭到了配属给 VFA-2 中
队的头两架 F/A-18F 其中一架的"拦
截"。到当月月末，最后一个"雄
猫"单位消失了。（VF-2 中队）

▲ 2004年4月28日，VF-143中队的飞行员贾维尔·李上尉（Javier Lee）在绕机检查时，查看挂载在左前BRU-32挂架上的GUB-12的激光编码。当天晚上时候这枚炸弹被扔在了费卢杰的一处阵地上。（美国海军）

◀◀▲ 2003年12月，VF-211中队的"镍币115"（生产编号161297）从"企业"号的一部艏部弹射器上弹射起飞。这个单位大部分时间都在"自由伊拉克"Ⅱ行动的岗位上，在伊拉克南部上空执行情报、监视和侦察（Intelligence, Surveillance and Reconnaissance，简称ISR）巡逻任务，经常跟VMFA-312中队的F/A-18A+配合，这个中队也隶属于第11舰载机联队。（美国海军）

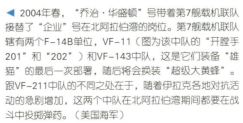

◀ 2004年春，"乔治·华盛顿"号带着第7舰载机联队接替了"企业"号在北阿拉伯湾的岗位。第7舰载机联队辖有两个F-14B单位，VF-11（图为该中队的"开膛手201"和"202"）和VF-143中队，这是它们装备"雄猫"的最后一次部署，随后将会换装"超级大黄蜂"。跟VF-211中队的不同之处在于，随着伊拉克各地对抗活动的急剧增加，这两个中队在北阿拉伯湾期间都要在战斗中投掷弹药。（美国海军）

▲ 大部分F-14机组人员都不愿意从"雄猫"换装"超级大黄蜂"，这是在奥希阿纳的单位制作的几个徽章之一，概括了围绕换装的情绪。（托尼·霍尔姆斯搜集）

▲ 第8舰载机联队一直都在徽章上使用一只罗马风格张开翅膀的鹰。它是最后一支将F-14纳入其麾下的航空联队。（托尼·霍尔姆斯搜集）

从2004年底开始，"雄猫"在"伊拉克自由Ⅲ"行动中的出场由VF-32中队承担，它是第3舰载机连队一部，隶属于"哈里·杜鲁门"号。跟"伊拉克自由Ⅰ"行动后战区中的其他"雄猫"单位一样，"剑客"中队也跟航空联队中"大黄蜂"单位，尤其是装备F/A-18+的VMFA-115中队的飞机混编飞行，被戏称为"一窝蜂"飞行。（埃里克·希尔德布兰特）

2005年1月30日伊拉克大选期间，VF-32中队的"吉卜赛101"（生产编号161860）在第3舰载机联队参谋官的驾驶下，在卡迪西亚之剑雕塑和巴格达市中心的无名战士纪念碑上空盘旋。第3舰载机联队于2005年4月18日完成战斗巡航，F-14B在美国海军的一线服役生涯也随之结束。（埃里克·希尔德布兰特）

2006年2月2日，第8舰载机联队的航空联队长比尔·西泽摩尔上校（Bill Sizemore）在北阿拉伯湾上空的一次任务中，在脱离跟VRC-40中队第1分遣队的C-2A组成的编队时，在VF-213中队的"黑狮"207（生产编号161166）上发射了一枚红外诱饵弹。2005年12月16日，西泽摩尔上校驾驶"黑狮"213完成了自己的第1000次航母降落后，加入了专属"大佬俱乐部"。（理查德·库珀）。

▲ "花车103"（生产编号164350）的AN/APG-71雷达天线正在运行，为飞机的下一次任务做准备。这架飞机是VF-31中队在2005—2006年部署期间的高航时飞机，记录飞行时间为589.2小时。F-14在伊拉克上空每飞行一个小时，中队的地勤人员就要花约60个小时来修理渗漏的液压管线，排除变化无常的航空电子设备故障，或只是在任务之间让飞机情况好转。（格特·克罗姆特）。

▲ 2005年12月13日，"黑狮"213（生产编号164602）的飞行员在降落到"西奥多·罗斯福"号上之前放油以减轻重量，飞机在航母后方数英里处滚转进入低空待机着舰定型航线。2015年11月6日，这架飞机将1枚GBU-12和1枚GBU-38投在了加伊姆镇（al Qaim）被装备有RPG的武装分子占据的建筑物上，然后在对这个目标的扫射中发射了500发20毫米炮弹。（斯科特·提梅斯特）

◀ 2005年9月12日，VF-213中队的F-14D"黑狮"210（生产编号163897）在大西洋上空跟隶属于"西奥多·罗斯福"号的VS-24中队的一架S-3B编队飞行。"雄猫"的右侧翼套挂架上挂载一具"蓝盾"目标指示吊舱。2006年3月20日，这架由VF-213中队飞往前麦克莱伦空军基地（McClemman）的加州航空博物馆，此后一直在那展出。（斯科特·提梅斯特）

▲ 2006年10月23日黄昏时分，VF-213中队的一架F-14D带着一枚GBU-38和一枚GBU-12向北飞往伊拉克。（斯考特·提梅斯特）

◀◀▲ 2006年1月初，VF-31中队3架久经风霜的F-14D向北飞越北阿拉伯湾前往伊拉克。每架飞机都配备了一具"蓝盾"吊舱（由于大量的F-14退役，因此有足够的"蓝盾"让"罗斯福"号（CVN-71）上的每架F-14都配备），镜头中最近的两架飞机装备了GBU-38，"花车112"（生产编号163417）也至少装备了一枚激光制导炸弹。（埃里克·希尔德布兰特）

◀ 这是一幅令世界各地的"雄猫"粉丝欣欣鼓舞的景象。VF-31和VF-213中队准备从弗吉尼亚海岸的"西奥多·罗斯福"号上进行一次22架F-14D的大规模弹射起飞，以纪念2006年3月10日"雄猫"的最后一次作战巡航结束。第8舰载机联队的"雄猫"在地中海/北阿拉伯湾部署期间共飞行了9856.2个小时。（美国海军）

▶ "菲利克斯和炸弹"的徽章首次出现在太平洋战争期间VF-3中队的F4F"夜猫"身上。1943年7月，该单位与VF-6中队互换番号时，关于哪个单位可以使用这个徽章存在争议。VF-3中队的番号于1946年11月变成了VF-3A，并获得了官方批准使用该徽章。一年多后，该部队番号又变成了VF-31，2006年底变成了VFA-31。（托尼·霍尔姆斯搜集）

▲ 这枚色彩斑斓的徽章是为2006年9月20—23日在奥希阿纳举行的"雄猫日落"退役活动而设计的，"雄猫"在这个活动上潇洒地退出了现役。（托尼·霍尔姆斯搜集）

2006年9月10日，在奥希阿纳航展上，VF-31中队的4架"雄猫"和VFA-34、VFA-87中队的F/A-18C，以及VFA-11中队的F/A-18F编成紧密编队飞行。到月底，"雄猫人"中队退役了自己最后一架心爱的F-14战斗机，开始换装"超级大黄蜂"。（美国海军）

VF-101中队的最后一架彩色涂装机，F-14D（生产编号163144）在2005年3—4月在"西奥多·罗斯福"号上大量参与了"雄猫"学员最后的航母起降适应性阶段。这架飞机是格鲁曼公司生产的第3架D型，1990年从卡尔弗顿工厂直接交付给驻穆古岬的VX-4中队。科目I飞行员在进行航母起降适应性训练之前，已经转换到"雄猫"上完成了50次左右的飞行。（格特·克罗姆特）

4 训练"雄猫"飞行员和雷达截击引导员

　　"雄猫"从一开始就是作为一种双座飞机来打造的，它强劲的雷达和远程导弹性能，需要后座上一名经过专业训练的海军飞行军官的全部注意力。尤其是 AN/AWG-9 雷达所处的前数字化时代，雷达操控被视为一门科学，也是一种"艺术形式"，要求雷达截击引导员全神贯注地"让雷达说话"。道格·"布格"·丹尼尼在舰队任期之间训练新飞行员和雷达截击引导员，在这一章中他详细地说明了自己如何来做这件事。

海军有两个舰队换装中队，主要任务是训练具备驾驶F-14A、B和D型资格的海军飞行员及雷达截击引导员。VF-101 "死神"（Grim Reapers）中队驻弗吉尼亚州弗吉尼亚海滩的奥希阿纳海军航空站，还有VF-124 "枪手"（Gunfighters）中队，驻加利福尼亚州圣迭戈米拉马尔海军航空站。我是 "雄猫" 部队巨变时期在两个中队都当过学员和教官的幸运儿之一。

简单介绍一下我的背景。1985年10月到1986年7月，我是东海岸VF-101中队的海军飞行军官学员，2000—2001年，我在奥希阿纳担任大西洋战斗机联队联队长的参谋长，同时还是VF-101中队的教官。当时我并没有教导很多学员，但作为参谋长，我在VF-2 "赏金猎人"

▼ 1985年10月，道格·丹尼尼少尉（Doug Denneny，站立者，右起第三名）跟他在VF-101中队01-86班级的其他科目Ⅰ飞行员和雷达截击引导员合影。通常情况下学员们将会在舰队换装中队用大约9个月时间完成F-14的换装课程。（道格·丹尼尼）

（Bounty Hunter）中队担任副中队长和后来的中队长期间，在任期中通过了 F-14D 的科目（Category，简写为 CAT）Ⅲ学员训练大纲，之后做了一些简单的教导工作。在美国海军当时唯一的"雄猫"战斗机联队基地奥希阿纳担任参谋长是一份有趣的工作，也是我被在华盛顿特区的两份工作打断了 3 年后重回战斗机部队的好方法。

我的第一轮舰队任期是从 1986 到 1989 年，在"约翰·肯尼迪"号上的 VF-14"高帽人"（Tophatters）中队，结束后我接到了好几道命令，让我去米拉马尔的 VF-124 中队当教官，任期从 1989 年 8 月到 1992 年 8 月。我先在 F-14A 上当教官，然后在 F-14D 上当学员，以获得教导和转换其他机组人员的资格，包括 VF-11、VF-2 和 VF-31 中队要转换到"超级雄猫"上的人员。成为首批 100 名驾驶 F-14D 战斗机的其中一员是一件令人兴高采烈的事，我们知道这种飞机将要生产 450 多架。不幸的是，由于预算削减 F-14D 只生产了不到 60 架，而且我们目睹了舰队"雄猫"中队的数量在 20 世纪 90 年代初减半，然后在 2006 年完全消失。这实在是太可惜了，因为 D 型是一款优秀的攻击战斗机。

2003 年夏天，当我从"雄猫"转飞"超级大黄蜂"时，我在 F-14A、

▲ VF-101 中队将自己在奥希阿纳的 3 号机库命名为"雄猫胡同"（Tomcat Alley），并将这个独特的标志性招牌挂在了建筑物的后墙上。该单位的"死神"徽章也被张贴在了机库墙壁上，在"雄猫胡同"的右边还有一个格鲁曼公司的"任何时候，宝贝"主题徽章。这个主题徽章是 VF-31 中队 2006 年秋开始换装 F/A-18E 后不久绘制的。（美国海军）

B 和 D 型上已经飞了 3100 多个飞行小时。除了在 VF-14 中队和战斗机换装中队的任期外，我还特别幸运地成为了一名海军战斗机武器学校（Naval Fighter Weapon School，简称 NFWS，也就是 Topgun）教官，在 VF-213 "黑狮"（Blacklions）中队完成了两轮舰队任期，并在和平时期和战时被选中担任 VF-2 中队的副中队长和中队长。虽然我的 D 型飞行时间很长，但很显然那 3100 多个飞行小时大部分都是 F-14A 的，B 型只有几个小时。作为一名在 F-14 被全部调回奥希阿纳之前曾在东海岸和西海岸都服役过的雷达截击引导员，我认识了 "雄猫" 部队里优秀的军官、飞行员、地勤和水兵。

当 F-14 被美国海军选定提前退役时，我黯然神伤，对于将封存在戴维斯—蒙森（Davis-Monthan）空军基地里的 F-14 几乎全部销毁的决定（防止伊朗为自己的 F-14 获得宝贵的零备件），我感到很难过。不过我也很高兴看到战斗机精神在 F/A-18E/F 部队里得到了延续，我指挥过 VFA-2 中队，并驾驶过第 25 批次的 "超级大黄蜂"，但 "超级大黄蜂" 的故事是以后另外一本书里的另一个章节了。

为了打好基础，我们需要先谈谈数量、产量和规模。如果你在 20 世纪 80 年代担任 VF-124 或者 VF-101 中队的中队长、作战军官（OPS O）、维修军官（MO）、训练军官或者是阶段性领导，你就会担心海军给你的资源被占用——人员、飞机、零件和飞行费用（预算），以及在 10 个月到一年时间里培养出来的训练有素的 "雄猫" 飞行员和雷达截击引导员。有时候，如果你在一年内没有足够的可用战斗机去训练人员，新雷达截击引导员学员的训练大纲会延长到 18 个月，偶尔战斗机换装中队还要尽力让他们在两年内毕业。

学员们很难忍受断断续续的训练。飞行不像开车，你必须一直坚持下去才能做得更好。你不可能在两个阶段之间中断几个月还带着以前拥有的技能回来继续训练。出于安全方面的考量，你需要进行热身飞行。这些热身飞行以及其他因为延误造成的损耗，会让整个过程更加低效。

VF-101 和 VF-124 中队的主要任务都是训练（或重新训练）海军飞行员如何驾驶 F-14，以及使用它去战斗。我认为训练的全盛时期是 20 世纪 80 年代和 90 年代初，每个战斗机换装中队为东西海岸各约 12 个中队提供飞行员。战斗机换装中队大约一个月开一个新班，包含至少 6 名科目 I 新飞行员（刚刚获得飞行资格章）和 6 名科目 I 新雷达截击引导员，这意味着 VF-101 和 VF-124 中队会同时有 70 多名科目 I 学员在册。他们会跟大约 30 名科目 II（在之前的巡航中曾驾驶过 "鬼怪" II，需要缩减训练大纲训练内容的人员）和科目 III（少校及以上军衔，拥有丰富的"雄猫"驾驶经验,但是曾在非飞行岗位上待过一段时间的人员)一起学习。

战斗机换装中队需要大约 50 名合格的教官(25 名飞行员和 25 名雷达截击引导员),50 多架飞机和 500 多名地勤人员。有时人数会增加到 1000 多人,还有 70 多架处于不同维护阶段的飞机。两个战斗机换装中队的人员和飞机总数根据时间表与任务会存在很大差别。

所以,从一些好看的飞行故事开始讲述在情理之中。但我不会那样做,相反,我将从是什么让一名雷达截击引导员教官完成他的工作开始。还有两个战斗机换装中队庞大的地勤专业团队,他们让飞机升空,让我们能够飞行并训练新飞行员,或者成批地接纳新学员。有些人可能认为我从地勤开始介绍是在曲意逢迎。然而,如果你从未在战斗机部队待过,那让我来告诉你,没有飞机就意味着无法击落米格机,没有零件就没有飞行,没有人就没有降落(航母阻拦降落),没有高质量的机师(维护技师)你的很多襟翼和前缘缝翼就会锁闭,因为没人知道如何正确地装配襟翼和前缘缝翼。一切都从地勤开始。

地勤

作为一名雷达截击引导员或飞行员教官,你在 VF-101 或者 VF-124 中队 3 年的任期里可能会负责管理一个地勤分队或支队。一个分队或支队由 15 至 100 多名现役地勤专业人员组成。在自己的地面工作中履行正常职责的教官通常是地勤支队长或分队长,然后是训练阶段的领导(稍后会详细介绍),而且在他任期快结束时,一旦弄清楚了中队工作的每个部分是如何组合在一起的,就可能成了日程官。

在 20 世纪 80 和 90 年代,作为资深少校回来当教官,你在两支战斗机换装中队都有机会当上作战军官,或是在 VF-101 中队当上维修军官。在 VF-101 中队,维修军官由一名老练的"雄猫"飞行员或者雷达截击引导员担任,要求是曾作为维修军官完成过一轮舰队任期,并在其所在的舰载机中队里出色地发挥过作用。如果佩戴维修军官或者作战军官的工作胸章,你就是部队领导,毫无疑问将会指挥一个 F-14 中队。一旦在 VF-101 中队当上了维修军官,中队长很快就会知会你,虽然你首先是一名教官,但你在部队的主要工作是管理庞大的战斗机换装中队的地勤部门。你的目标是维护可升空的飞机,为作战军官和飞行日程表提供支持。你会一直铲一大堆石头,不可松懈,永无休止。

不过,你会得到很有才干的人帮助来完成这项任务。你的士官和军士都是舰载机中队为自己精挑细选的,而你需要保护他们,激励他

▲ VF-124 中队的"雄猫"和"不死鸟"导弹的徽章是 1972 年该单位装备 F-14 之后采用的。在此之前这个太平洋舰队的训练中队自 1958 年 4 月开始就一直装备"十字军战士"。VF-124 中队最初使用的徽章是一架拉烟的 F-8 在一本打开的书和一支火炬上平飞。火炬是传统的学术符号,象征着"知识的启迪",当时 VF-124 中队的绰号是"十字军战士学院"。(托尼·霍尔姆斯搜集)

们并留住他们。他们都是知道如何修理喷气式飞机的人，而且是快速熟练地修理。军士长和资深士官主持工作，处理 24 小时维护行动，不仅需要支持昼夜飞行，还要实时管理地勤甲板的整个流程。这是一项大规模生产工作，需要不断地调整优先级和重新确定优先级，以及各级人员的决策能力，所有这些都是在非常危险和苛刻的环境下进行的。

凌晨 2 点降落的飞机可能需要连夜维护，以便它能在 6 点起飞，为当天第一项任务出动。更复杂的是，如果这项任务是一次机炮训练飞行，意味着飞机的 20 毫米机炮需要测试然后装弹。为了确保这样的出动能够精准地在预定时间内进行，VF-124 和 VF-101 中队的地勤部门全天 24 小时工作，每周无休。即使节假日也有人在，要么在飞机上工作，要么在机库里值班，确保那 80 多架飞机是安全稳妥且无渗漏的。

跟 VF-101 中队维修军官一直是飞行员或雷达截击引导员不同，VF-124 中队的维修军官只是一名资深维修军官，或者叫"有限职务军官"（Limited Duty Officer，简称 LDO），而非飞行员。你很有可能从入伍时的军衔被提拔到海军上士或海军三级军士长，然后入选有限职务军官团队。接下来，你会努力成为一个舰载机联队（也称之为舰载机大队，Carrier Air Group，简称 CAG，是舰载机联队之前的叫法）的维修军官。你刚刚作为舰载机大队维修军官完成一轮次海上任期，现在肩负着管理一个庞大的地勤部门的艰巨任务。

第一项挑战就是观察你所在的战斗机部队的编制和组成。在不同时期，战斗机换装中队的地勤部门由以下几个部分组成：

■ 刚接收的全新 F-14A。你频繁使用它们，但不得不尽量推迟日常维护，因为你需要它们来制定每天的飞行计划。因此你要尽一切努力将它们保留在你的飞行计划表上。它们对防腐蚀的要求较低（你手上旧飞机惯有的问题），并且帮助你为作战军官完成大量训练。你知道可以在强制性阶段维护周期中快速完成飞机维护，让它们重新升空。

■ 老旧且疲惫的 F-14A。这些飞机中有一部分是"宝石"，似乎永远不会发生故障，而其他的是有问题的飞机，需要大量工时来解决烦人和反复出现的问题。在 A 型不同的亚型中，有些飞机的电台不一样，升级过，还有一些兼容了战术空中侦察吊舱，配置了"蓝盾"（前视红外）吊舱等。

■ 全新的 F-14B 或者 F-14D，配备新的不同型号发动机以及升级的航电，它们是海军航空兵司令部（Commander, Naval Air Force，简称 CNAF）或大西洋舰队海军航空兵司令部

（Commander，Naval Air Force，Atlantic Fleet）分配给你的常驻飞机。这些飞机和 A 型的差异是一项管理上的挑战，因为有些地勤人员只有维护一种型号的资格，你必须不断地训练人员，让他们获得安全地在多个"雄猫"型号上工作的资格。

■ 其他预定要配属给舰载机中队的新飞机，但作为临时分配飞机放在了你的"马厩"里，因为新成立的舰载机中队没有获得"安全飞行"认证，而且也无法维护这些飞机。你试图将换装中队的机组人员专门分配到那些飞机上，但难以很快进行管理。不过你可以无所顾忌地使用那些"租借"来的飞机，因为它们通常崭新而且状态良好。

在你面临的其他挑战中，有一项是战斗机换装中队总是被舰载机联队或战斗机联队视为一种资源，可以从中为一线部队"窃取"飞机和人员。一个舰载机中队部署前的状态可能十分糟糕，而航空联队长会跟战斗机联队联队长（也就是战斗机换装中队中队长的上司）达成协议，允许该部队"偷走"3架你状态最好的飞机，以确保中队能在

▼ VF-124中队在装备F-14的22年期间，有一小队飞机一直保持着高曝光度的彩色涂装，这些飞机经常被要求在美国西海岸举行的航展上进行表演飞行。图为1989年11月"枪手451"（生产编号162589）和"枪手453"（生产编号162591）在圣迭戈湾上空以紧密编队飞行。这两架飞机都是1985年11月交付给VF-124中队的新飞机。（VF-124中队）

两周内带着满编 F-14 出海。基本上你一直在以牺牲自己的战斗机换装中队的飞机和你最好的部下为代价让舰队运转起来。你是一家拥有丰富人才和资源的银行，如果舰队发生了事故，你最终可能要舍弃你状态最好的一架飞机去支援作战人员。这种持续不断的变化和不可预测性，让你很难管理好自己的战斗机部队。

在航展季，你必须在生产飞行计划中抽调至少两架状态最好的飞机，作为主力和备用机，以支持全国范围内的周末飞行表演。在航母降落资格分遣队或者其他分遣队中，你也要抽调出表演机。你还经常会遇到一些烦人的小事儿，包括你的机库空间被承包商侵占做长时间改装工作，联队占用你的人员、资源和时间去参加一些贵宾活动或者特殊项目。

除了监督在奥希阿纳或米拉马尔的行动外，你还要用自己的飞机在遥远的地方运行分遣队。很多时候，你会同时在佛罗里达州的基韦斯特（Key West）海军航空站或加州的埃尔森特罗（El Centro）海军航空站有一个空战机动分遣队，在东海岸或者西海岸的一艘航母上有一个航母降落资格分遣队，最后在其他地方还有一个炮术或攻击分遣队。当分遣队需要支援时，你要派出最好的飞机和最好的人员，去发挥独立的较小规模地勤功能。如果你每个周末都派飞机在转场中进行训练飞行，总会有一些飞机出故障，你可能会让一些你手下最好的机械师组成救援分遣队奔赴遥远的地方。

此外，还有之前提到的阶段性检查（日常、7 天、28 天、56 天、112 天和 224 天等）。还有大型检查维修、行政检查、腐蚀检查、质保问题、安全问题和"红色条纹"公告[1]，都可能会对良好的地勤计划产生不利影响。舱壁破裂、艰难的机翼改进、事故、人事问题和几乎不切实际的计划及飞行时刻表，你必须签字同意，亦或是反对、驳回。但这一切都是为了战斗力，你和作战军官共同努力完成这项工作，全力以赴支持训练大纲和新飞行员的产生。

作战军官、训练官和日程官负责确保学员尽快完成训练大纲。他们通过辗转腾挪地勤部门给他们的资源，以及大西洋海军航空兵或太平洋海军航空兵提供的飞行时间预算，做大量工作去培养新飞行员。

训练大纲

作为一名教官，你最终会被训练为在教学的各个不同阶段帮助产

◄◄ 1992年3月，一名飞行员学员在"枪手400"（生产编号161620）上正准备滑出VF-124中队的停机坪开始训练飞行。从这个角度可以清楚地看到座舱前方的偏航校准绳，飞行员使用这个确定自己的修正设置以消除侧滑。当绳子飘起向后直接指向风挡且有合适的倾斜角时就代表飞机没有侧滑。（美国海军）

[1] 指飞行限制公告。——译者注

生新飞行员。你参与过的阶段越多，你从日程官那里获得的新飞行员就越多，获得的飞行时间就越多。一般而言，努力进取的飞行员和雷达截击引导员教官对飞行都很有积极性，其他的一切都是行政管理和负担。为了更多的飞行时间，你需要尽快获得尽可能多阶段的资格。

训练阶段领导都是资深教官，带领他们的班级完成战斗机换装中课程的以下阶段：熟悉（Familiarization，简称 FAM）；基本武器使用阶段（Basic Weapons Employment Phase，根据所在的海岸简称 BWEPS 或者 BFAS）；使用 20 毫米机炮对拖曳横幅进行空对空射击以及对地扫射（Guns）；高级战斗机空中优势（Advanced Fighter Air Superiority，简称 ADFAS）；战术空中侦察吊舱系统；投掷炸弹（攻击）；空战机动和高级雷达截击操作（战术）；空中加油；以及航母降落资格。

作为一名新来者，你首先会在一个叫"学员管理"的办公室登记，他们会给你一份命令复印件，并把你分配到一个已确定开学日期的班级。在开课之前，学员管理部门的工作是确保你完成了所有的最终训

▼ 2003年5月15日NAVAIR 01-F14AAA-1出版物《海军航空训练和操作程序标准化飞行手册海军型 F-14A》中刊发的航母降落定型航线图解。（美国海军）

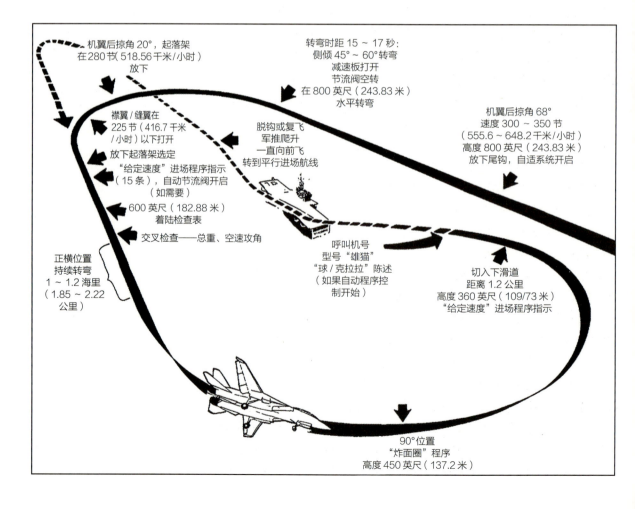

机翼后掠角 20°，起落架在 280 节（518.56 千米/小时）放下

转弯时距 15 ~ 17 秒：
侧倾 45° ~ 60° 转弯
减速板打开
节流阀空转
在 800 英尺（243.83 米）水平转弯

机翼后掠角 68°
速度 300 ~ 350 节
（555.6 ~ 648.2 千米/小时）
高度 800 英尺（243.83 米）
放下尾钩，自适系统开启

襟翼/缝翼在 225 节（416.7 千米/小时）以下打开

放下起落架选定"给定速度"进场程序指示（15 条），自动节流阀开启（如需要）

脱钩或复飞
军推爬升
一直向前飞
转到平行进场航线

600 英尺（182.88 米）着陆检查表

交叉检查——总重、空速攻角

呼叫机号
型号"雄猫"
"球/克拉拉"陈述
（如果自动程序控制开始）

正横位置
持续转弯
1 ~ 1.2 海里
（1.85 ~ 2.22 公里）

切入下滑道
距离 1.2 公里
高度 360 英尺（109/73 米）
"给定速度"进场程序指示

90° 位置
"炸面圈"程序
高度 450 英尺（137.2 米）

练资格。这包括确认你体检合格、有游泳资格，生理学训练、弹射座椅训练和消防训练都已完成，之后作为当时的强制性要求，你会被安排进行离心机（抗过载）训练，并会被安排去反抗和逃跑学校学习并按时通过其课程。在东海岸，反抗和逃跑训练在缅因州的偏远森林中进行，而在加州则是在沃纳斯普林斯（Warner Springs）附近的高原沙漠进行。一旦这些训练全部成功完成，学员们就获准开始熟悉阶段。

由于飞机的可用性，从检入中队到完成上述训练并开始熟悉阶段，所需时间从3周到一年多不等。这个时间差异取决于你之前累积了多少个班级训练资历，以及每个战斗机换装中队管理整个过程的水平。在鼎盛时期，一个班不到一年就能通过战斗机换装中队课程。在低谷期，新班开课日期都被大幅度推迟了。一些更为严重的延误影响了新的VF-124中队F-14D初始科目I班级，有些班级甚至延误超过一年。一些被分配到这些班级里有更强进取心的年轻人在基地外面找到了调酒师的工作，另外一些人则以少尉身份藏身于米拉马尔周围的办公室里，负责开展行政支持工作，同时等待班级开课日期。

1991年VF-124中队的中队长是迈克·"巫师"·麦凯布中校（Mike "Wizzard" McCabe），1972年初他在米拉马尔等待F-4"鬼怪"II战斗机换装中队开课时，就曾以少尉身份在第11舰载机联队当过行政工作人员。当第11舰载机联队搭载在"小鹰"号上时，他得到了参加部署的机会，这让他从第11舰载机联队下属的F-4中队的飞行员和海军飞行军官那里，学会了如何成为雷达截击引导员。麦凯布很快就表现得非常突出，当他们从1972年3月开始在北越执行战斗飞行任务后，他在米格机的高度活跃时期成为战斗部队的一员。麦凯布甚至曾帮助

▲ VF-124中队于1990年10月接收第一批4架F-14D。"枪手"中队全权负责为接收D型的"雄猫"一线单位训练空勤和地勤人员，而驻奥希阿纳的姐妹舰队换装中队VF-101则专门负责装备F-14B单位的人员教导。两个中队都装备有A型"雄猫"。随着VF-124中队于1994年9月解散，"枪手134"被调到了驻米拉马尔的VF-101中队A特遣队。（美国海军）

▲ VF-124中队的4架彩色涂装飞机通常都保持着干净的状态，因为它们经常被派到该单位的飞行表演队，但是其他分配给"枪手"的40多架飞机通常看起来都像1992年在米拉马尔的一次训练飞行中拍摄的这架编号不明的飞机。像这种饱经风霜的飞机构成了VF-124中队训练工作的支柱。（美国海军）

他的飞行员皮特·"毒蛇"·佩蒂格鲁（Pete "Viper" Pettigrew）击落了一架米格-21。当他回国时，聪明人决定麦凯布少尉不需要再去换装航空大队了。他的银星勋章，以及他在1972年美国海军折损了大量人员的巡航中幸存下来的事实都已充分说明问题。他开玩笑说战斗机换装中队很重要，但他第一次真正去战斗机换装中队时已经是 VF-124 中队的中队长——一个为其赢得了"穆萨"（Mutha）[1] 头衔的职位，因为他是米拉马尔所有战斗机中队的"穆萨"指挥官。

很快就到了 20 世纪 90 年代初，当时 F-14D 的学员比他们要驾驶的新式战斗机更早出现在了米拉马尔。多亏了"巫师"，他想确保最初的 D 型骨干是海军航空兵中最棒的，所有学员都是精心挑选的，在训练司令部的成绩都非常拔尖。他们有一台全新的专属飞行模拟器，而且早在熟悉阶段开始之前，他们在转接顺序和飞行员 / 雷达截击引导员技术方面就已经很有造诣了。这让像我这样的教官猝不及防，让我们争先恐后地去学习 D 型，好去教导这些年轻、聪明的飞行员，他们比我有更多的自由用来学习和驾驶模拟器。我从他们身上学到了一些东西！

人等装备是常见现象，而且这种现象在战斗机换装中队造成了大

---

[1] Mutha，指 The Mutha Award，穆萨奖，美国海军的传统奖项，一般会授予在某个方面表现突出的个人。——译者注

量争分夺秒和奋起直追的情景。我们将这些训练延误比喻为一条巨蟒在吞食一只大兔子。训练中有太多的阻碍或干扰，而学员们只能通过这个系统来学习。有耐心是件好事。

熟悉阶段有最严格的陆基训练大纲，包括很多机载系统的面授讲座，全部由战斗机换装中队的教官讲授，然后是一系列10次模拟器课程，接着是若干次飞行。海军飞行军官跟飞行员的模拟器课时是一样的，发挥雷达截击引导员的作用，在模拟器中通过使用袖珍检查表逐条处理系统故障和紧急状况来协助飞行员。不过这是一个加强飞行员训练的阶段，很多飞行学员因为安全驾驶模拟器的同时还要面对系统故障的挑战而汗流浃背，而且可能没有最棒的雷达截击引导学员去帮助他们。对于刚刚从训练司令部毕业的海军飞行员而言，之前他们都是独自搞定所有事情，现在需要一点过渡来信任雷达截击引导学员，并跟他一起做决定。这个过程并不轻松，而且会造成很大压力。

作为一名学员，你知道海军已经进行了质量差幅来挑选你的同学。你的一些同学在他们的班里名列前茅，其他则不是。在海军航空兵的竞争环境中，如果你跟一名没有像你一样努力，或可能没有达到其他人同等技术水平的同学一起驾驶模拟器，就一直会出现互相拖累的情况，做出错误的决定，造成熟悉阶段的模拟器课程不及格。

第10次也是最后一次熟悉阶段模拟器训练对于飞行演练来说是安全的。通常飞行学员和雷达截击引导学员都会被安排在早上进行最后一次模拟器检入，然后在下午进行他们的首次实机飞行。"雄猫"的首次飞行对于海军飞行员而言是独特的。飞行学员在模拟器中坐前座，但首次实机飞行教官会坐前座，飞行学员则坐在雷达截击引导员的位置上。他要观察教官在升空后执行的所有航线程序和飞行剖面，当教官降落并把飞机滑回战斗机换装中队的停机线后，飞行学员和教官就会在左侧发动机关闭的情况下调换座位，这个动作被称为"热调换"。他们调换座位后，飞行学员就打开左侧发动机，在威猛的"雄猫"里开始自己的首飞。在战斗机换装训练中队，这些飞行员调换座位的飞行被称之为"正反器飞行"。

在熟悉阶段之后，新雷达截击引导员教官就有了教飞行学员基本武器使用阶段的初始资格。我们从基本武器使用阶段开始参与教学的原因是绝大部分雷达截击引导员是作为新教官来到战斗机换装中队的，需要感受一下跟一名"雄猫"飞行时间并不多的飞行员配合是什么感觉。进行基本武器使用阶段训练的是已经通过了熟悉阶段的飞行员，说明他们可以在飞行的各个方面掌控"雄猫"，包括昼间和夜间出动，并在模拟器中处理过多次情急状况。

▶ 这架崭新的F-14D后座舱仪表板显示了"雄猫"在18000英尺（约5486.4米）高度巡航时，飞机的AN/APG-71雷达正在运行边扫描边跟踪模式。"成为首批100名驾驶那种飞机的人之一，而且是VF-124中队两个机组中第一个通过Topgun训练大纲的实在是太有趣了。"道格·丹尼尼回忆道。（道格·丹尼尼）

作为一名新雷达截击引导员教官，我们很多人已经拥有或取得转岗飞行员的资格，所以我们知道如何在前座启动飞机，改变机翼后掠角并执行基本的航线程序。现役人员必须通过同样的人员轮班流程，才有资格在甲板上启动飞机、进行低推力维护以及高推力（加力）检查。当我们的一线"雄猫"飞行员经验非常匮乏，或者是我们带从未驾驶过"雄猫"的资深飞行员进行首飞时，这种亲力亲为的经验对我们这些雷达截击引导员教官是非常有帮助的。绝大多数资深飞行员不需要我们的管理帮助就能让飞机离开停机线，但有时候他们拿到的只是一本非常简略的熟悉阶段训练大纲，需要我们仔细告诉他们某些开关和断路器的位置。机翼后掠和扰流片检查是强制性的，飞机维护长要求的线路检查跟海军其他飞机也有所不同。常言道："一旦你把'雄猫'开出了停机线，执行完所有强制性检查后，飞行中最困难的部分实际上已经结束了。"

基础武器使用阶段包括进行截击操作，任务通常包括两架"雄猫"。长机是一名飞行员教官带着一名雷达截击引导员学员，第二架飞机是一名飞行学员搭配一名雷达截击引导员教官。两架飞机在空中互相截击，其中一些截击科目要在超音速状态下进行。这总是有点冒险，尤其是飞行学员在高空高速状态下试图去挽救一次已经很糟糕的雷达截击时，会对飞机作出一些令人意想不到的举动。那是F-14A及其装备的TF-30发动机表现不佳的空域。压缩机失速很常见，当飞机在太平洋或者大西洋上空40000英尺（约12192米）高度以1.2马赫速度飞行时，这个问题总会引起你的注意。压缩机失速有时候听起来就像一个小个子男人在你的"雄猫"进气道里面用大锤在敲打。

作为雷达截击引导官教官，在基础武器使用阶段和熟悉阶段的飞行期间，大部分时间都在朝座舱外观察，观察你的飞行员都在做什么，确保每个人的安全。事实上安全是最重要的，训练是次要的，而且让你埋头苦干的雷达截击引导员工作几乎不存在。不过在舰队中，当你相信你的飞行员不需要另外一双眼睛时刻在背后帮助也会做正确的事情时，情况就不一样了。无论你驾驶 A、B 还是 D 型，作为一名雷达截击引导员教官，你要快速在后座舱完成自己的任务，打开雷达和惯性导航系统，启动航电系统，并且申请飞行许可，之后剩下的时间就是观察和监视。

雷达截击引导员教官的职责

战斗机换装中队里的雷达截击引导员教官认为自己是有经验的副驾驶，没有飞行控制权，但拥有必要的知识，可以将新海军飞行员训练成可以去舰载机中队报到的优秀战斗机飞行员。作为一名雷达截击引导员教官，你在教导你部队里最新的成员，飞行员和雷达截击引导员都有，你有责任确保他们尽可能地优秀，有能力成为优秀的僚机、未来的飞行长机和任务指挥官。你知道很多你今天训练过的人员在一年内将成为你的飞行员，你的雷达截击引导员同事可能会在舰队中成为你带领的僚机的雷达截击引导员。因此，让他们尽可能优秀地走出战斗机换装中队符合你的既得利益。

典型的战斗机换装中队的飞行流程如下。首先，在飞行时刻表上看一下你要跟谁一起飞行。如果是你不认识的学员，你可能会拜访作战军官的办公室，看看这名学员之前的飞行成绩表，看看他是否有什么需要注意的倾向或安全方面的考量。简报在起飞前两小时开始，学员会把情报写在白板上，后来是写在电脑上，并打印出一张标准化的膝板卡。简报从一般条款开始，包括天气和当天的问题，后者包括有关机载系统和紧急状况处理程序的随机问题。简报准时开始，而且是正式且周密的。

飞行员教官或雷达截击引导员教官会根据任务进行简报，提供情报并询问学员们的意见。如果简报顺利，而且所有程序都被正常地执行，机组人员通常会在起飞前一个小时前往伞具装备工的车间穿上全套飞行服。穿好飞行服后，你们会一起走到地勤指挥室，或者在规定的时间里在那里碰头，查看飞机差异书。机组人员随后立刻一起走向飞机进行飞行前的准备工作。

飞行员和雷达截击引导员都要参加飞机起飞前的检查工作，采用标准的反向模式，一人顺时针一人逆时针，这意味着他们会分别把眼睛放在飞机的关键部位和仪表上。很少有东西会被发现不在适当的位置上，如果有的话，绝大部分偏差会很快得到调整。在起飞前的准备工作完成之后，两人会爬进座舱，雷达截击引导员不但要负责拔出自己的弹射座椅安全销，还要负责解除那些在紧急弹射时炸开座舱盖，或紧急情况下需要地面疏散时将座舱盖吹飞的设备的保险装置。

系好安全带之后，雷达截击引导员会迅速推入分布在他左右和肩膀后面的面板上大约 30 个重要的断路器。两台发动机都启动之后，F-14A 的后座起飞准备工作有 6 个步骤。你需要把 AN/AWG-9 雷达调到待机状态并打开它的冷却系统，将惯性导航系统进行地面校准（确保输入了你在停机坪位置的正确经纬度），打开电台并将敌我识别系统调到待机模式。一旦机载系统启动，雷达截击引导员需要执行在计算机地址面板（Computer Address Panel，简称 CAP）上选定的舰上检测。这一步会启动"雄猫"进气道内至关紧要的斜板。

雷达截击引导员教官会密切关注他的飞行学员在地面上做了什么，最重要的是在空中的表现。如果在长机上或单机起飞，雷达截击引导员（教官和学员）都要管理电台并获取飞行许可；如果雷达截击引导员在长机上，还需要与地面指挥人员和所有空中指挥人员通信。如果雷达截击引导员教官在僚机上（通常情况），他们只需要跟随并听从由雷达截击引导学员在长机上发出的电台呼叫，注意他们所说的话。

随着座舱盖关闭和发动机的运转，F-14 的座舱里很快就会变都非常吵闹，因为飞机强大的环境控制系统（ECS）会通过沿着座舱盖边缘的一根开口很小的短管向座舱内压送空气。在环境控制系统开启的情况下，飞行员和雷达截击引导员是不可能正常交谈的，在这种环境下带着头盔，唯一的交流途径就是通过内部通信系统（Intercom System），也叫 ICS。雷达截击引导员教官几乎把所有的时间都花在了观察上，观察飞行员在看哪里，观察飞行长机，留神并注意飞行学员在干什么。内部通信系统的开关是他通向飞行员的生命线，因为飞行员可能需要被及时告知一些事情。还有一个脚踏板也可以打开内部通信系统，但最好不要用，因为它会同时打开飞行员和雷达截击引导员的氧气面罩麦克风，而不仅是雷达截击引导员的，相当麻烦。

在基础武器使用阶段，因为你们是作为一个小队在行动，起飞是在一个叫飞行长机单独起飞的首 – 尾编队里一起进行的。小队或同时起飞会在舰队里进行，但从来不会在飞行学员所在的战斗机换装中队里进行。虽然有些人认为小队起飞实际上比飞行长机单独起飞更安全，尤其是在长机不得不中止起飞的情况下，但小队起飞需要相当多的飞行技术才能保证安全。

在基础武器使用阶段，新飞行学员仍会努力提高他们的编队飞行技术，而推动学习曲线总是有意义的，但是不要推的太过用力，迫使新飞行员和雷达截击引导员进入他们没有合适经验处理的危险状况。这是一道微妙的界线。而且，因为雷达截击引导员教官在给飞行学员写成绩表，后者中很多人没有提出他们应该问的问题，如果雷达截击引导员在思考或期待某个事情，而飞行员不能理解他的飞行长机或雷达截击引导员，或者情况相反，那可能会非常危险。在战斗机换装中队，教官在飞行阶段会花大量时间强调不要问愚蠢的问题，并询问你是否感到困惑。

夜间编队，夜间加油，夜间航母降落资格

对雷达截击引导员教官要求最高的3个战斗机换装中队阶段或飞行，被我们戏称为"三冠王"（triple crown），也就是夜间熟悉飞行，包括夜间编队飞行、夜间跟 A-6 或 S-3 进行空中加油，以及夜间航母降落资格。很明显，它们共同的属性是夜间，但即使是昼间，教某些从未在"雄猫"上进行过编队飞行、空中加油和昼间航母降落资格的人也是非常累人的。

在这3个科目中，历史上发生撞机事故最多的就是昼间和夜间空中加油。原因是飞行学员之前从未在任何飞机上有过空中加油的经历，这是指在近 300 英里 / 小时（约 480 千米 / 小时）的速度下将一大块金属放在另外一大块金属边上。两块金属，就是 F-14 和加油机的锥套，准确地说是连接锥套和软管的金属转向节，如果 F-14 和锥套因为接近率没控制好而撞击，或者是"雄猫"的加油管在戳入锥套的最后一刻速度过快，"转向节"很快就会损坏。

在编队飞行、空中加油和航母降

▼ 飞行前和飞行后的简报/总结简报都是用白板和记号笔进行的，在"雄猫"的大部分一线服役生涯中，电脑还处于其初级阶段。这块白板上列出了一次"1对1"的科目 I 空战机动训练飞行细节，标示出道格·"布格"·丹尼尼上尉作为舰队换装中队的教官在1992年8月的最后一次飞行，在这次出动中他的飞行员是克里斯·"格里茨"·格拉塔斯中校（Chris 'Grits' Gratas）。他们的对手是VFC-13"圣徒"中队的一架A-4F。（道格·丹尼尼）

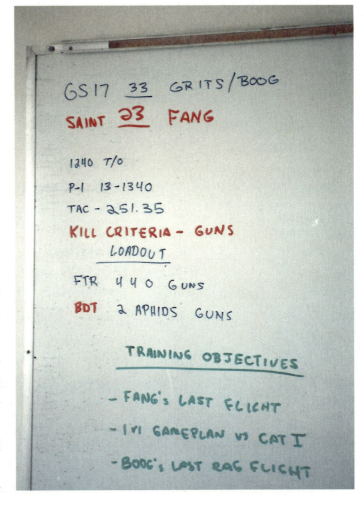

GS17 33 GRITS/BOOG
SAINT 23 FANG

1240 T/O
P-1 13-1340
TAC - 251.35
KILL CRITERIA - GUNS
      LOADOUT
FTR 4 4 0 GUNS
BDT 2 APHIDS GUNS

TRAINING OBJECTIVES

- FANG'S LAST FLIGHT
- 1 V 1 GAMEPLAN V3 CAT I
- BOOG'S LAST RAG FLIGHT

落资格3项任务中，顺利的飞行员会因成功得到奖励。不顺利的飞行员通常得不到奖励，有时甚至会在空中加油阶段把飞机撞伤。作为一名教官，你要竭尽所能，以副驾驶员、业余心理学家、激励者以及安全官的身份去帮助你的飞行员成功完成这些任务。

战斗机换装中队的战术阶段是一次质变。作为一名雷达截击引导员教官，这个阶段是最有趣的，因为它富有挑战性，飞行学员即将毕业，你可以更多地信任他们——他们已经变得很有经验了。空战机动飞行不管是视距内还是视距外都是最棒的，它们对你的挑战是其他任何飞行都无法比拟的，会让你试图提前思考飞机的下一步动作。作为一名教官，你在空战机动中面临的挑战是帮助你的飞行员把飞机飞到正确的空域去赢得胜利。如果你的飞行员表现很好，你会因为帮助他实现目标而倍感自豪。你在这些飞行中会积极工作，让新飞行员处在能够看到机会的位置上，并学习如何利用机会获得优势。如果你们是防守方，就帮助你的飞行员学习如何化解敌方的攻势，并且能够在跟假想敌的对抗中生存下来。

在战术阶段你主要跟假想敌飞机对抗，这些假想敌飞机在奥希阿纳由 VF-43 或 VFC-12 中队提供，在米拉马尔则由 VF-126 或 VFC-13 中队提供。此外，这些假想敌中队会跟你一起向基韦斯特或者埃尔森特罗派出分遣队，这两个地方可以直接使用水面和陆地上都带有空战演练检测仪（Air Combat Maneuvering Instrumentation，简称ACMI）或者战术机组人员作战训练系统（Tactical Aircrew Combat Training System，简称 TACTS）的感知化靶场，而且两地的天气条件也都得天独厚。对于 VF-101 中队的冬季岁月而言，基韦斯特分遣队几乎是强制性让他们的学员通过训练大纲的。在 VF-214 中队，虽然你可以在米拉马尔完成自己的整个训练大纲，但我们发现向埃尔森特罗派出一个分遣队，你就可以将地勤和行动组集合在一起，非常快速且高效地完成出动。

作为一名战斗机换装中队雷达截击引导员教官，你会跟你的同事飞行员教官以及假想敌飞行员走得很近，他们非常努力地帮助你训练你的飞行学员。在战术飞行后，你会对比笔记并专心地听取你在其他座舱里驾驶 F-16、F-5、A-4、"幼狮"或者"雄猫"的伙计们的意见。总的来说，战斗机换装中队的教官和他们在假想敌部队的同行们正在努力训练你的新飞行学员，确保他们知道自己做的是对还是错，这样他才能更优秀。这是一种非常讲究协作的方式，战斗机部队一起让彼此变得更优秀。

最后是航母降落资格阶段。当飞行学员到达到这一阶段时，已经是战斗机换装中队中经验最为丰富的了，已经进入高级班，而且他们非常了解雷达截击引导员教官。飞行员开始挑选他们想要一起搭档的雷达截击引导员教官。这是他们的选择权，他们会挑选一名能够在后座给予他们最大限度帮助的雷

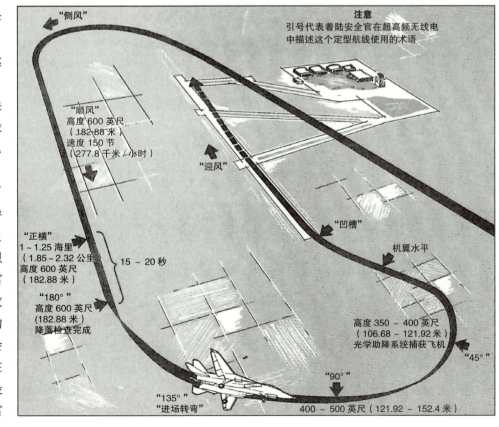

▼ 2003 年 5 月 15 日，NAVAIR 01-F14AAA-1 出版物《海军航空训练和操作程序标准化飞行手册海军型 F-14A》中刊发的陆基航母降落训练图解。（美国海军）

注意
引号代表着陆安全官在超高频无线电中描述这个定型航线使用的术语

"侧风"

"顺风"
高度 600 英尺
（182.88 米）
速度 150 节
（277.8 千米/小时）

"迎风"

"凹槽"

"正横"
1~1.25 海里
（1.85~2.32 公里）
高度 600 英尺
（182.88 米）

15~20 秒

机翼水平

"180°"
高度 600 英尺
（182.88 米）
降落检查完成

高度 350~400 英尺
（106.68~121.92 米）
光学助降系统捕获飞机

"45°"

"90°"

"135°"
"进场转弯"

400~500 英尺（121.92~152.4 米）

达截击引导员。

在航母降落资格班级里当上雷达截击引导员教官是一项艰巨的任务，因为你必须和学员一起进行约15次深夜陆上着舰练习（Field Carrier Landing Practice，简称FCLP）飞行，如果你是刚结婚的人，这种训练将是十分艰苦的。忙碌了一整天后，你还得进行为期3个星期的深夜飞行，然后才能去航母降落资格分遣队。

虽说部分陆上着舰练习是在米拉马尔或者奥希阿纳进行的，但对于VF-101中队的机组人员而言，大部分是在弗吉尼亚海滩正南方的芬特雷斯（Fentress）进行的；VF-124中队则是在圣克莱门蒂（San Clemente）岛，有时候还会在埃尔森特罗进行。圣克莱门蒂被称之为"岩石"，位于拉霍亚（La Jolla）正西约70英里（约112千米）处。一名着陆安全官（Landing Safety Officer，LSO）和他

▲ 一名飞行员学员在埃尔森特罗海军航空设施接近8/26跑道时稍微有点过头，以便雷达截击引导员道格·丹尼尼能够进行抢拍。加利福尼亚州帝国郡的埃尔森特罗距离美国最好的靶场很近，VF-124和VF-101中队在整个装备"雄猫"期间经常使用这里。（道格·丹尼尼）

的书记（一名日后想成为着陆安全官的战斗机换装中队年轻飞行学员）将会就航母降落资格事项进行简报，然后跳进一架飞机飞往圣克莱门蒂，着陆后前往跑道尽头简陋的着陆安全官小屋。他们指挥约10架在"岩石"至少会通场6～8次的飞机，然后跳回自己的飞机打开加力，赶在静默时间或者机场关闭之前按时回到米拉马尔做好下一次任务的准备。

在"岩石"进行的训练非常棒，因为它是由现役指挥人员运行的航母控制着舰系统（Carrier Controlled Approaches，CCAs）训练，而且跑道尽头产生的自然涡流或者气流干扰，能够在一定程度上模拟舰载机飞行员接近航母时遇到的气流，可以进行推力校正训练，还有降落时在航母尾部遇到的气流，可以进行飞机姿态修正训练。"岩石"是一种特训，我们过去常开玩笑说航母是良好的"岩石"训练。

在奥希阿纳，弗吉尼亚州切萨皮克（Chesapeake）的芬特雷斯机场也是非常优良的航母着陆训练设施。在20世纪80年代，弗吉尼亚州南部的森林和沼泽荒无人烟。一旦开发商在机场附近他们获得的土地上建房，噪音投诉就会成倍增长，随着新强制性降噪措施的推行，

芬特雷斯就成了一个具有挑战性的飞行场地。由于 F-14A 的惯性导航系统不稳定，再加上我们飞的是完全定型航线，寻找芬特雷斯和你在着陆定型航线中的间隔，以及安全进入航线第三边进行降落就成了一场"大学运动会"，让人汗流浃背。飞行员和雷达截击引导员在芬特雷斯都会一直向外仔细观察，有很多类似"雄猫"组人员深夜在已经进入降落定型航线的飞机前面转弯互相吓了个半死的故事。

另外一个跟陆上着舰练习有关的挑战是如果日落时有飞机发生了故障，无法参加在 6 点开始的其他飞行，你可能会发现有 6 名飞行员需要起飞进行陆上着舰练习，但只有 3 架飞机可用。所以你接下来就得进行"热调换"（机组人员在一架已启动的飞机上调换），对你而言，这将是一个极其漫长的夜晚，你的飞行学员和着陆安全官从拥有 6 架飞完全定型航线的飞机变为了分成两个班次，使用相同的 3 架飞机交错进行各自时长 3 个多小时的训练。在航母降落资格阶段需要很多的适应性和耐心，在训练大纲的这一部分里，雷达截击引导员教官和他们的着陆安全官飞行员教官非常接近。你们有很多共事时间，彼此尊重，因为你们都在努力培养合格的飞行学员，并让他们进入舰队。

一旦航母降落资格分遣队开始运转，工作时间就会变得很紧张，帮助一个年轻飞行员获得资格的压力和工作量可不是一个胆小鬼能承受的。当你在夜间带着一名年轻的"雄猫"飞行员首次在航母上降落时，很多次都会意识到自己从事的职业相当危险。很多事情都是可以放弃的，包括机组人员的休息——为了完成任务，我们有时候会努力鞭策自己。在教官中，尽可能多地争取去航母降落资格分遣队也事关个人荣誉，主要是因为你的声誉是由整个战斗机部队来评判。你绝大部分时间都花在了科目 I 上。每隔一段时间就会有一名到任的执行官要上舰，或副航空联队长或着陆安全官要在"雄猫"上进行交叉训练。那些都是最有趣的航母降落资格分遣队。去航母上降落，尤其是在昼间，即便是和一名新飞行员一起也很有趣，因为这项挑

▼ 1992年6月，道格·丹尼尼上尉（右）和弗兰克·"小胡子"·谢弗少校（Frank "Taz" Shaffer）在停机线上跟F-14D"枪手433"（生产编号163895）合影。谢弗正处于自己D型"雄猫"换装课程科目 III 的最后阶段。他在"枪手"中队的短暂逗留期间经常接受道格·丹尼尼的指导，1985年10月，丹尼尼就是他之前在VF-101舰队换装中队时的同学兼好友。（道格·丹尼尼）

到2004年9月，当这张照片在奥希阿纳的停机坪上拍摄时，VF-101中队曾经装备的各种各样的"雄猫"（在20世纪90年代初数量多达130架）在A型和B型逐渐退役后，已经缩减到了只有12架F-14D。"枪手155"（生产编号163900）最初是1991年3月分配给VF-124中队的，图中它的空中加油管整流罩已经不见了。（格特·克罗姆特）

战可以让海军飞行员运用独特的技能将自己跟其他航空部队的飞行员区分开来。

夜间降落一直都是一项挑战，有时候它是一项艰巨的任务，或者，正如我们所称呼的，叫 "大学夜间运动会"。大西洋的水流在冬季会变得非常活跃，穿着笨重的抗暴露服把长达 6 小时的航母降落资格机动演习（当航母在警戒区创造行动空间时，停在飞行甲板上加尽可能多的油），变成了穿着 "猫屎服"[1] 的人类耐力测试，也让这项运动增添了乐趣。

事实上，雷达截击引导员教官和着陆安全官认为，他们自己就是航母降落资格机动演习中的一线安全官。每名飞行员和雷达截击引导员都想成为一个能干的人，但当天色渐晚，或有不够清晰的指令，或有些事情看起来不太对劲时，雷达截击引导员教官或着陆安全官基本上都会介入，阻止人们在航母周围做一些不安全的事。我们有种说法叫 "航母总是想杀了你"。那是因为飞机上只有你们两个人做决定，但航母上有数百人做决定，再加上人为失误，航母上或你周围另一架飞机上的人犯错的几率相当高。我们在航母周边一直处于高度戒备状态。

圣迭戈海岸的夜晚，永远都会有一层海洋云在 1200 英尺（约366米）的高度上，这意味着不管云层上面的月光如何明亮，下面通常都是一片漆黑。再加上始终存在的太平洋涌浪造成的甲板运动，有时候达到甚至低于了航母降落所要求的最低限度，很多时候，对于一名年轻飞行员的首次夜间降落而言，海滩上的平静夜晚变成了 "大学夜间运动会"。由于平视显示器性能不佳，对飞行员没什么帮助，而且在航母降落资格阶段不准使用自动节流阀，F-14A 夜间降落非常困难。我有很多飞行员的精彩故事，他们在自己首次夜间降落后告诉我一些类似 "布格，我不知道你是怎么做你的工作的，甚至不知道你会做。这太疯狂了！" 的事情，或类似 "我根本不知道我会勾住阻拦索，我正在驾驶飞机！" 的评论。作为战斗机换装中队航母降落资格阶段的教官，有几天晚上在经历了 "大学夜间运动会" 和充满 "乐子" 的通场之后，在航母着陆区我的腿都在不受控制地颤抖。但那只是例外。

跟我一起夜间在航母上降落过的飞行员所展示出来的

---

[1] 美国海军机组人员对寒带地区使用的防水防寒服的昵称。——译者注

技术不能被夸大。航母在改装数据链控制（Data Link Control，简称DLC）之前使用的是性能不稳定的自动舰载机着舰系统（Automatic Carrier Landing System，简称ACLS），你要拼命地协助你的飞行员，尽你所能确保他们有一个高质量的起点进行降落，并安全获得资格——在航母尾部0.75英里（约1.2千米）处发出信号，这样航母上的人就能看到飞机。我们一直都安排有一部后备航母控制着舰系统来确保飞行员夜间处在下滑航线上，因此当飞行员低头在垂直显示指示表（Vertical Display Indicator，简称VDI）上对准着陆灯时，要确保自动舰载机着舰系统和仪表着陆系统（Indicator Landing System，简称ILS）能够提供良好的信息。过去，有人在用"针头"（指座舱仪表）飞行时直接掉进了水里，我们想确保这样的事情不会再发生。

当然，飞行员要时不时地朝外瞥几眼观察航母，因为一瞥胜过上千次细看，但很多飞行员都严格遵照垂直显示指示表，按照不切实际的仪表飞行规则接近航母，以确保他们的航母通场有一个出色的开端，或者起点。

在距离航母0.75英里，距水面约360英尺（约110米）的高度上，飞行员可以看到菲涅尔透镜（或者叫"肉球"）和基线，飞行员要通过内部通信系统呼叫自己看到了"球"。雷达截击引导员随后都会在电台上对每次航母降落资格通场进行呼叫："165号（飞机的机头编号，即Modex）'雄猫球'，误差9.8'，通知所有人飞行员看到了'球'，目视飞行，我们还有9800磅（约4.4吨）燃油。"每次通场飞机的燃油量都会明显减少，当你要降落到甲板上重新加油时，燃油余量要让航母上的人知道，这样你总会有足够的燃油返回岸上。有些飞行员在进入"凹槽"[1]时想要你大声叫出空速偏差，其他的一些飞行员需要你通过有条不紊地叫出垂直速度指示表（Vertical Speed Indicator）的读数来帮助他们。

雷达截击引导员教官们非常努力地帮助我们的飞行员获得资格。这是一个巨大的团队努力，在最后一次夜间降落后，我感到了一种巨大的成就感，着陆安全官（呼叫代号"船桨"）呼叫我正在驾驶"枪手101"的飞行员："101，这里是船桨"（暂停），"继续船桨"（暂停）。"希契（Htich），你合格了，你将会成为一支'打气筒'，[2]还有去海滩的机会。"

---

[1] groove，美国海军呼叫俚语，指飞行员已经对准菲涅尔透镜，开始调整飞机姿态的状态。——译者注

[2] pump，美国海军呼叫俚语，特指已获得航母降落资格，但需要去岸上办理进入舰队服役手续的人。——译者注

教官生活中的一天

对于一名完全合格的 F-14 雷达截击引导员教官，你会发现自己要在每天超过 12 个小时的工作中进行 5 次或更多次训练活动。第一件事是上午 9 点在模拟器上训练，10 点 15 分结束，然后你要赶紧去中队讲一堂从 11 点到 13 点的课。在边门外的"蟑螂快餐车"[1] 狼吞虎咽一块三明治当午餐后，你会在 13 点 30 分有一个昼间熟悉飞行的简报，随后飞行在 17 点结束。17 点 30 分有一个夜间基础武器使用飞行的简报，19 点 30 分升空，21 点回到甲板。总结简报在 22 点完成，你

[1] Roach Coach，快餐车的昵称。——译者注

23点才启程回家，第二天才到家，然后周而复始。

你几乎没有时间做自己的地面工作。幸运的是，没有移动电话，除了那些在电影中看到的，你只会忙得连轴转，这是训练工作不可或缺的部分。在那些日子里很少有让人分心的事，唯一能联系到你的方式是打电话到准备室，让人在一张黄色公务信息表上给你留言。如果你的配偶打电话到准备室，这是完全正常的，因为她不知道你被困在航母上过夜，或是你的飞机在阿拉梅达（Alameda）——圣迭戈以北差不多500英里（约800千米）处——出故障了，当天晚上你回不了家，那样通常会让你花5美元在棋牌游戏上。我的时光在飞逝。

在你当教官的最后一年，会有一些不错的待遇。大部分跟你正在

▲ 一名教官和他的学员走出VF-101中队的停机线，上面停放着3种不同型号的F-14。VF-101中队被称之为"雄猫中心"，F-14在美国海军服役的最后10年里，拥有近50架飞机和1200名人员。这张照片拍摄于20世纪90年代末的某个时期，此时VF-101中队有50多名教官在训练5个班，每个班有16名学员。（美国海军）

163895号F-14D是2005年3月参加VF-101中队倒数第二次航母起降适应性考核的4架飞机之一，该单位在"西奥多·罗斯福"号驶离弗吉尼亚海岸时在它的飞行甲板上进行考核。VF-101中队的教官约翰·萨克曼多上尉（John Saccomando）说："在航母上降落是飞行员课程最后的20%。90%被淘汰的飞行员是因为他们无法应付在航母上降落。"（格特·克罗姆特）

和谁一起飞行以及和教官同事们一起飞行的共同乐趣有关，无论是在F-14D中训练自己，还是维护后检查飞行，亦或是信任起飞以支持地勤，甚至是为了训练新飞行员进行横跨全国的飞行。另外一项不错的待遇是加入每年夏天成立的战斗机换装中队航展表演小队，成为两名雷达截击引导员之一。通常都是那些想加入"蓝天使"飞行表演队的飞行员，以及不介意夏季每个周末都工作的雷达截击引导员会申请这个职位。其他不错的待遇有获得在米拉马尔当学员学习海军战斗机武器学校课程的机会，跟一个正在重新获得科目Ⅲ资格的朋友一起上舰，或进行大量见习教官飞行。任何时候你都可以跟一个同辈飞行员，或者换句话说是优秀且有能力的飞行员一起飞行，让飞行变得更加有趣。这样压力不大，你也不用花那么多时间去确保其他人是否做好了他的工作。

▼ 2005年3月的航母起降适应性考核期间，"枪手163"距离挂住"罗斯福"号（CVN-71）的第4根阻拦索还有几毫秒。VF-101中队的最后一任中队长保罗·哈斯中校（Paul Haas）说F-14是一种相当难在航母上降落的飞机。"它又大又重，所以你必须精确地飞行以免损坏飞机。"（格特·克罗姆特）

战斗机精神

每年东海岸和西海岸战斗机换装中队都会举办一年一度的"战斗机毛毛球"（Fighter Fling，东海岸）或者"雄猫球"（Tomcat Ball，西海岸）活动。战斗机换装中队在教官和学员方面都有足够的人力来举办庆典。活动有体育比赛，包括5千米赛跑、排球、垒球、网球，在米拉马尔还会举行三项全能比赛，飞行员及其配偶都要参加，还有一场多年来发生了不少趣事的高尔夫球比赛。活动还有一个正式的舞会，整支部队聚集在市中心的一家酒店里。这是一场年度欢乐时光，在酒店里会举行颁奖仪式，这是一部大腕云集的影像和持续一整个星期的大型狂欢。

在西海岸，"雄猫球"活动的高潮是战斗机换装中队中队长宣布哪支舰载机中队最具战斗机精神。这个决定的结果是颁发"穆萨"奖杯。中队通过努力赢得"穆萨之心"来获得到这个奖项，那些战斗机换装中队的教官会秘密碰头来帮助自己的中队长，通过指标和其他不科学的方式来决定谁是基地中战斗机精神最佳的中队。奖杯获得者随后要保护那座小雕像，以防别的中队变着花样一而再再而三地想偷走它。如果奖杯被成功偷走，而且靠的是诡计而非蛮力，那么赎回"穆萨"的赎金通常就是一箱啤酒。赢得"穆萨"既是一种荣誉，接下来也是一点小负担。

20世纪80和90年代，米拉马尔和奥希阿纳的军官俱乐部很有意思，是战斗机、攻击机和预警机中队军官们聚会的好地方。1986年6月电影《壮志凌云》上映之后，在那些俱乐部里真是一段美妙的时光，很多对夫妻就是在军官俱乐部认识的。不幸的是，这些俱乐部再也没能回到鼎盛时期，整个海军也只有极少数军官俱乐部幸存下来，主要是内华达州的法伦（Fallon）军官俱乐部和其他一些海军航空站。

总而言之，战斗机换装中队雷达截击引导员教官的生活是其所能得到的最好的。你的工作极其辛苦，但这是一项对你的辛勤工作有奖励的事业，而你身边的人，不管是军官还是现役人员，都是我曾共事过的最棒的人。当"雄猫"雷达截击引导员是我度过大部分不悔之年，整个而立之年和部分不惑之年的一种很棒的方式，我只希望今天的飞行员和海军飞行军官有机会去体验F-14还是海军航空兵之王的时代。

2004年4月，"约翰·斯坦尼斯"号在南加州作战区进行联合特遣队演习期间，VF-31中队的一名雷达截击引导员在完成了自己对"花车102"（生产编号163904）的机身下部和上部的飞行前检查后，在飞行甲板上爬进了F-14D的后座舱。为了进入他那高高在上的栖身之地，海军飞行官要爬上折叠收纳的三段式梯子和登机踏板。（美国海军）

BACK-SEAT MAGIC

5
后座魔法

完成了战斗机换装中队课程之后，"矿石"（新人）雷达截击引导员会在舰载机中队经历一段陡峭的学习曲线，正如老资格的海军飞行军官比尔·"利比"·林德（Bill "Libby" Lind）在本章的回忆。他甚至提供了一个罕见的视角，来展现"雄猫"海军飞行军官控制的各种系统是如何在"现实世界"环境中工作和使用的。

19 92 年年中，我在佛罗里达彭萨科拉（Pensacola）海军航空站的 VT-10 中队接受中级海军飞行军官训练后，作为一名在训雷达截击引导员被选中，开始了跟 F-14 的长期联系。我们之中那些在初级训练后注定要驾驶喷气式飞机的人，现在又在彭萨科拉的 VT-86 中队被细分到了各专用平台。A-6E 投弹手 / 导航员和 EA-6B 电子对抗员学习战术导航大纲，S-3B 人员学习战术协同大纲，我们 F-14 人员学习雷达截击引导员课程。就 F-14 的机载系统而论，考虑雷达截击引导员的训练是十分重要的。

雷达截击引导员和投弹手 / 导航员的课程，在某种程度上被视为最苛刻的海军飞行军官课程。这很大程度上跟 VT-86 中队的教官"去掉你的稚嫩"的心态有关——没人愿意当那个把差劲的学员送到战斗机换装训练中队的人。T-39N"佩刀客"教练飞机装有"阉割版"的 APG-66 雷达，这种雷达的原型是安装在 F-16 上的，我们在 T-39N 上学习基础雷达理论和截击几何学，用基础脉冲（雷达光点）显示器执行截击任务。基础脉冲显示器没有处理或计算机跟踪文档，只能通过光点移动率和几何图形这些老式技术去搞清楚敌机在干什么，还有

▼ 1988年8月，一名美国空军的武器系统官在自己乘坐的F-14离开航母（身份不明）时，虽然刚刚忍受过高达40g过载的瞬间加速，但还是自豪地戴着一顶相衬的个性化美国海军型HGU-34/P头盔和MBU-12/P氧气面罩迅速拍下了一张自拍。（美国海军）

不计其数的经验法则将你的飞机移动到正确的截击和 / 或汇合位置。我们还要进行基本的低空目视导航学习，课程最后以在 T–2C "橡树眼"上进行基础战斗机机动训练结束。

从 VT–86 中队毕业之后，就会被调到 VF–101 或 VF–124 中队，成为 F–14 的雷达截击引导员，更确切地说，是它那久负盛名的 AN/AWG–9 雷达的使用者。

雷达截击引导员和 AN/AWG–9 基础知识

1993—1998 年间，F–14A/B 在航电设备和武器系统方面功能差不多。跟 1972 年 10 月 "雄猫" 刚投入使用时相比，AN/AWG–9 雷达和相关的显示器并没有实质性变化。雷达的软件略有升级（AN/AWG–9 是模拟计算机，处理能力约为 128K/ 秒），稍微提升了性能，但核心技术仍然都是 20 世纪 60 年代的。这就是 VT–86 中队教给学员的基础知识至关重要的原因。

跟 T–39N 的 "阉割版" F–16 APG–66 雷达不同，AN/AWG–9 雷达有计算机处理能力，而且可以生成跟踪文档（用计算机化符号代表敌机，有稍微精确的速度、航向和高度），这就意味着雷达截击引导员需要理解雷达操作的基本原理，尤其是在目标机动时。AN/AWG–9 雷达跟绝大多数早期脉冲多普勒（Pulse-Doppler，简称 PD）系统一样，无法跟踪向波束机动的目标——即在平行航向上移动接近或远离 F–14。AN/AWG–9 雷达虽然远比那个时代绝大部分机载雷达系统都好，但在陆地上空也存在下视问题。

AN/AGW–9 雷达的真正优势在于功率输出。它能产生超过 5000 瓦的微波能量，可以探测到高空 120 英里（约 192 千米）甚至更远距离上向 F–14 飞来的 "热" 目标。[1] 这样的功率让 AN/AGW–9 雷达可以 "烧穿" 多种初级干扰。AN/AGW–9 雷达被设计用来对付苏联发射巡航导弹的轰炸机，可以识别并对抗多种阻塞和欺骗式干扰，并根据干扰类型进行调整。当 AN/AGW–9 雷达和 AIM–54 导弹配合使用时，它们自身的对抗措施能力就包括干扰源自动跟踪，AN/AWG–9 雷达在预想的复杂电磁环境中是极其致命的。

AN/AWG–9 雷达匹配了一种早期机械陀螺驱动的惯性导航系统，相对可靠，但这套系统在动态飞行中经常发生故障。发生这种情况时，AN/AGW–9 雷达的处理系统（它依靠惯性导航系统来确定 F–14 的动

---

[1] 指机头对向 F–14 的目标，机头没有对着则是 "冷" 目标。——译者注

态，雷达跟踪决定敌机的动态）就会受到影响。在惯性导航系统发生故障后，雷达截击引导员会迅速将 AN/AGW-9 雷达切换到脉冲模式（老式的"光点"模式），使用基础几何图形和"头脑体操"来保持雷达图像对目标的跟踪。

雷达截击引导员的工作区——比 Xbox 更让人抓狂

在 F-14A/B 的座舱中，雷达截击引导员的座舱并没有得益于后来可以创建集成控制的人体工程学设计或技术。在这些早期型"雄猫"中，每个系统有自带开关、旋钮和刻度盘的独立控制盒，此外，这些控制盒都分散在整个座舱中，往往在非直观位置或组合在一起。现代化战斗机上很常见的系统集成和和谐的机组人员界面在 F-14A/B 仅有少许体现。在分析雷达截击引导员如何将"雄猫"当作武器系统使用时，了解座舱系统和布局至关重要。

雷达截击引导员座舱的仪表面板中间被一个直径 9 英寸（约 23 厘米）的大型单色战术信息显示器（Tactical Information Display，简称 TID）占据。对于 20 世纪 60 年代的技术而言，它令人惊讶地显示了各种信息。横穿显示器中线的，从"3 点"到"9 点"的一条水平线显示飞机的基本姿态。在"战术"模式下，象征飞机自身的符号显示在"6 点"，V 型"胡须"图形代表选定的雷达方位角范围（雷达从左到右的搜索宽度）。飞机自身的航向和速度在顶部（"12 点"），在一条轨迹被探测到并被选定后，显示器会切换到显示目标距离和速度。雷达俯仰范围（雷达覆盖的上下高度范围）显示在"9 点"，更多的目标情报显示在"3 点"。

雷达截击引导员还可以选择"地平稳定"显示模式，将自己的飞机放置在战术信息显示器中间，让他对信息有一种"鸟瞰"的视角。这在繁忙的演习或动态的大规模战斗环境中是绝对有必要的，因为雷达截击引导员可以将 E-2、预警机或其他战斗机指挥员发出的通用"广播"态势呼叫可视化。当使用数据链时，它们会在任何地方显示联络数据。因此，拥有一个 360° 的显示器是非常有用的，尽管它需要花点时间去适应。

当 AN/AGW-9 雷达在自己的多种自动脉冲多普勒模式下通过多次雷达扫描发现目标时，它就会构建并显示这些计算机导出的复合符号，称之为跟踪文档。在战术信息显示器上，这些符号看起来像是"订书机钉"——没有底部的盒子。这些"订书机钉"有一个向下延伸的速度矢量，根据矢量的长度可以给出粗略的目标航向和速度信息。

AN/AGW-9 雷达可以跟踪和显示多达 24 个目标，这对于一台 128K 的模拟计算机而言已经相当骄人了。战术信息显示器还会显示初级干扰源符号，而且如果选定了利用原始频率和模式跳变能力的特别"战争"模式，它还可以显示雷达各种各样的模式。武器选择/武器状态显示在"5点"，循环系统故障分析（3 个字母代码）显示在"7 点"。

大部分战术信息显示器的功能和雷达俯仰由手动控制单元（Hand Control Unit，简称 HCU）控制，安装在雷达截击引导员双腿之间的基座上。它本质上是一根长 7 英寸（约 18 厘米）的控制杆，用起来有点像现代电脑上的鼠标。控制杆上的扳机扣下一半，战术信息显示器上会出现一个微弱的光标。完全扣下扳机"点击"一道轨迹，更新它的"订书机钉"，可以显示一条更加详细的轨迹，并让它变得更明亮。对战术信息显示器边缘的各项菜单也可以进行类似的完全扣下扳机操作，在显示器上选择不同的操作模式。手动控制单元还可以通过拇指轮控制雷达天线的俯仰扫描。在雷达"切片机"一样的上下垂直扫描中保持目标跟踪至关重要，因为刚刚当上雷达截击引导员的新人，经常会让一架敌机随着距离接近从雷达垂直扫描范围的顶部或底部"飞出去"。

战术信息显示器的调节控制，以及它的距离比例尺调节也安装在手动控制单元基座上。战术信息显示器控制台自身有用于对惯性导航系统进行校准、设置和模式选择的旋钮，以及用于手动输入导航点的"转向器"（F-14A/B 的基准型 AN/AGW-9 雷达/惯性导航系统可以为飞机的航向生成 8 个风修正转向导航点——可以将其看作谷歌地图中的"地址"）。这些导航

▼ 2006 年 10 月 4 日，VF-31 中队的中队长詹姆斯·"帕克"·豪中校（James "Puck" Howe）和第 8 舰载机联队的参谋官、经验丰富的雷达截击引导员比尔·"利比"·利德少校（Cdr Bill "Libby" Lind）在后者驾驶 F-14D（生产编号 164403）进行自己"告别飞行"前在奥希阿纳的停机坪上合影。第二天，这架飞机（"花车 101"）进行自己的告别飞行，从奥希阿纳飞往位于长岛法明代尔的共和机场，然后在贝思佩奇附近的诺斯罗普·格鲁曼工厂展出。（比尔·利德）

点在战术信息显示器和飞行员的显示器上都有显示，雷达截击引导员可以非常有创意地去使用这个功能，去视觉化显示从"不要去的位置"（比如北阿拉伯湾中伊朗控制的岛屿），到威胁阵地（已知的防空导弹阵地），再到导航航线上的导航点等任何东西。雷达截击引导员新手常犯的另外一个错误是忘记切换到航线上的"下一个"导航点。这通常会导致飞行员询问为什么他的转向提示指向了飞机后方，因为无论是他还是 AN/AGW-9 雷达都无法手动切换到由雷达截击引导员输入的下一个转弯点或者地标。

在战术信息显示器上面工作的是详细数据显示器（Detailed Data Display，简称 DDD）控制台，它的中间是一个小型阴极射线管显示器。它主要用于脉冲模式（只有光点代表原始雷达回波的老式显示模式），这个基础显示器在脉冲多普勒模式因目标向着波束机动而失效时非常有用。如果雷达截击引导员怀疑有多个目标组成了紧密编队，而 AN/AGW-9 雷达无法区分多架敌机（比如当实际有多个目标，但雷达显示器只显示一个轨迹文档时），详细数据显示器也会发挥自己的作用。

▼ "雄猫"的机组人员在进行目视检查，可以看到飞行员和雷达截击引导员是作为一个团队在合作，按照机长的指示做好安全飞行的准备。图中 VF-32 的一名雷达截击引导员在"吉卜赛112"（生产编号161608）座舱后面的"龟背"部位俯身检查用于打开和关闭整体式座舱盖的气动执行机构。（美国海军）

雷达截击引导员通常在对编队中目标进行分配时也会快速切换到脉冲模式，以便随后使用武器。僚机之间的雷达接触分配（目标分配），至少由长机的雷达截击引导员来呼叫通知僚机，如果不是完全按准则行事的话，通常长机雷达截击引导员都默不作声，因为他们事先已经被告知目标该如何分配。现代超视距空战的一个特点就是要对谁向谁射击进行妥善地分配。在脉冲多普勒模式下，详细数据显示器还可以显示目标方位角（机头的左/右）和距离率（目标对 F-14 的大概接近率）。

详细数据显示器的右边是雷达模式按钮。AN/AGW-9 雷达具有好几种脉冲多普勒扫描多目标跟踪模式，换句话说就是在脉冲多普勒和脉冲（"雷达锁定"）模式中都有老式的"光点"脉冲和单目标跟踪。

▲ F-14A拥挤的驾驶舱，混合了多功能显示器和传统的条形及转盘式仪表。注意，驾驶舱舱口围板上面没有传统的平视显示器，重要的飞行信息直接投射到飞行员前面的挡风玻璃上。图中很多关键仪表和系统都是前坐舱独有的，包括操纵杆、机翼后掠控制手柄、节流阀和起落架执行机构手柄。（丹尼·克雷曼斯）

雷达截击引导员能在不看按钮面板的情况下，驾轻就熟地按下正确的雷达模式按钮。详细数据显示器上的其他控件有雷达微调和电子对抗控制，以及调整雷达频率频道的机械滑轮。

雷达截击引导员右膝旁边的垂直控制台装有另一台可以显示来自ALR-45/50雷达告警接收器的信息单色显示器，或是罗经盘/无线电导航辅助信息显示器。ALR-45/50更像是20世纪60年代的老古董，到了20世纪90年作用已经十分有限。F-14B在右侧垂直仪表面板上为新式ALR-67雷达告警接收器单独设置了一个显示器。

飞行员左膝旁的垂直控制台装有AWG-15武器控制系统。每一个武器挂点都有机械控制器，可以让雷达截击引导员单独选择使用或者抛弃哪件武器（但动作上是由飞行员通过按下操纵杆右上角的炸弹释放按钮来投放弹药）。雷达截击引导员还控制炸弹数量（飞行员每次按下按钮投下的炸弹数量）以及炸弹投放间隔。雷达截击引导员在手动控制单元上有一个很大的"开火"按钮，以让雷达截击引导员发射AIM-7和AIM-54导弹，前提是飞行员选择主武器开关为"激活"并选定了合适的导弹类型。

到20世纪90年代，"雄猫"部队的教条在经过多年的反复之后，最终规定只能由飞行员发射导弹。如果准许雷达截击引导员发射导弹，机组人员各发射了一枚武器，以及计划只发射一枚导弹时发却射了两枚的可能性实在太大了。绝大多数雷达截击引导员都没有因此而生气，因为我们对为下一个目标保留武器更感兴趣。座舱团队合作至关重要，因为两个座舱里都几乎没有多余的武器系统功能。雷达截击引导员有需要负责的设备和任务，飞行员也一样。协同工作是绝对有必要的，否则"雄猫"仅仅是你在电影中看到的那架又大又快的喷气机。

　　雷达截击引导员双腿外侧的水平控制台装有辅助设备。左边是计算机地址面板,那是一个机械接口,你可以通过它为 AN/AWG-9 雷达编程。雷达截击引导员会用它运行内置测试,输入导航点数据,以及选取可以显示模拟雷达接触和电子对抗的训练模拟,不过后者功能很少使用。计算机地址面板的外侧是传感器控制面板,它上面有移动雷达方位角(雷达从左往右扫描的范围)的机械旋钮,以及电视摄像系统(Television Camera System,简称 TCS)的功能控制面板。这个控制台还装有雷达截击引导员的电台面板,控制 ARC-182 超高频 / 甚高频 / 调频套件,或带有频率捷变模式的 ARC-210 电台。"塔康"无线电导航辅助、KY-58 电台加密和内部通信控制都环绕着这块面板。装备有战术空中侦察吊舱系统的 F-14 在左侧控制台上还有侦察控制面板。

　　右侧水平面控制台有敌我识别系统、APX-76 问答机、雷达告警接收器(ALE-45/50 或 ALR-67)、ALE-39 箔条 / 红外诱饵布撒器套件,以及其他无线电天线,电子对抗和雷达信标(用于协助地面控制进场)控制面板。Link 4A 数据链控制面板也在右侧控制台。

　　围绕战术信息显示器的仪表板是标准的"蒸汽压力表"式飞机仪表,如空速表、高度表和罗盘。雷达截击引导员没有发动机或飞行系统仪表,只有一个准确性可疑的燃油总量表。"雄猫"有一套非常复杂的燃油系统,作为众多副飞行员的职责之一,雷达截击引导员需要跟飞行员配合,因为他要在整个飞行过程中定期检查各个油箱的存量

◀ 雷达截击引导员的座舱跟飞行员的座舱基本没有共同之处,也显得没有那么的杂乱。中央控制台被直径9英寸(约22.86厘米)的战术信息显示器所占据,其专用手动控制单元安装在它正前方的基座上。战术信息显示器上方的矩形面板是详细数据显示器控制台,它中间是一个小型阴极射线管显示器。(丹尼·克雷曼斯)

和调度。

雷达截击引导员的座舱壁上排列着 180 多个推拉式断路器。悟性高的雷达截击引导员可以通过感觉找到关键的飞行控制和武器系统的断路器。"雄猫"机载系统的古老天性经常需要"踢一脚"才能重置或更新它们的功能。最厉害的雷达截击引导员开发或者学习了飞行手册中没有的诀窍来重启失效的系统，以特别的顺序将看似不相关的系统进行"断路器训练"循环，经常可以重启惯性导航系统和相关计算机、AN/AGW-9 雷达的电源、雷达天线功能（虽然很简单，但要挑对开关），甚至是机翼上的外侧扰流板。虽然被严令禁止，但断路器也可以用来控制襟翼，让"雄猫"在目视距离交战中暂时获得巨大的升力，但如果操作不当，飞机的飞行控制机械装置会有很大的风险。如果这样的"特技表演"搞砸了，机组人员在返航后将会倒大霉。

我已经提到几个关键的系统，以及它们在雷达截击引导员座舱里的位置和整合。为了充分阐述，以下是安装在基准型 F-14A/B 上的设备：

电视摄像系统——机头下方的一部远距离摄像机，可以在机头 20° 左右范围内，在不同上视 / 下视水平上随动于雷达。作为 20 世纪 80 年代初的一款售后附加设备，电视摄像系统源自于空军在越南的经验。战斗机经常因为没有目视确认雷达上显示的目标确实是敌人而不能使用武器。电视摄像系统试图将这个目视确认目标的距离拓展到正

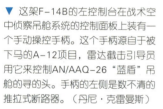

▼ 这架 F-14B 的左控制台在战术空中侦察吊舱系统的控制面板上装有一个手动操控手柄。这个手柄源自于被下马的 A-12 项目，雷达截击引导员用它来控制 AN/AAQ-26 "蓝盾"吊舱的寻的头。手柄的左侧是数不清的推拉式断路器。（丹尼·克雷曼斯）

常视野范围之外。在非动态飞行和良好的光线/天气条件下，电视摄像系统可以在约 20 英里（约 32 千米）的距离上识别出战斗机大小的目标，如果是尺寸更大的飞机距离还会更远。如果"雄猫"或者目标进行机动，该系统的性能就会迅速下降。电视摄像系统会基于目标和背景的对比自行锁定目标（独立于 AN/AWG-9 雷达）。通过电视摄像系统看到的敌机如果能够识别机型，通常在确认后可以进行攻击，但在大型演习中总是要求对目标进行录像确认。

　　APX-76 敌我识别问答机——这个设备是 AN/AWG-9 雷达天线的一部分，根据雷达截击引导员输入的数据，可以发出特定的敌我识别"代码"，或只是"查看"谁在发射（应答模式，也是基于雷达截击引导员的设置）特定的敌我识别波形。APX-76 每天都使用美国/北约模式 IV 进行加密，因此它能进一步确定目标是否应答战时友军代码。无论使用什么交战规则，都不能在没有使用 APX-76 的情况下将目标识别为友机（以及因此将其识别为明显带有敌意的目标），这种身份识别的缺失是被动代替主动确认，但是武器的发射总是取决于某个人（战斗机、指挥员或者更高级的指挥机构）主动确认雷达接触是敌对的。

　　APX-76 的应答会显示在详细数据显示器上，主要用于构建综合

▲ 一台正在工作中的 AN/AGW-9 产生的信息为雷达截击引导员显示在战术情报显示器上。从"3点"到"9点"横穿战术情报显示器中线的是一条地平线，给出了飞机的基本姿态。在"战术"模式下，代表飞机的符号显示在"6点"位置，V形"胡须"显示代表选定的雷达扫描方位范围。飞机的航向和速度都在最上面（12点），直到一条轨迹被探测到并被选中。（戴夫·帕森斯）

▲ F-14A/B全部装备的是马丁–贝克GRU–7（A）弹射座椅，是A–6"入侵者"装备的GRU–5弹射座椅的改进型。GRU–7（A）具有重新设计的头枕和刹车伞包，一个扁平型玻璃纤维降落伞包，一个内置氧气瓶的救生包和一具加长的桶形座椅。头枕和降落伞包位置降低意味着机组人员拥有更好的后向视野，这在驾驶战斗机时至关重要。（丹尼·克雷曼斯）

势态感知。尤其是在前往有多架加油机盘旋的大规模军事演习或大型战场时，雷达截击引导员在飞行前记住分配给他们的加油机的敌我识别码，并使用 APX-76 在大量远程雷达接触中找到正确的飞机。如果航母的无线电导航辅助（或我们"雄猫"上的正常机载系统）失灵，我们也会用敌我识别系统来寻找航母。当我们快到降落时间并飞向航母时，只要在详细数据显示器上寻找航空联队其他飞机敌我识别应答信号的密集处，航母大概率就在附近。

Link4A/ 战斗机间数据链（Fighter to Fighter Date Link，简称 FFDL）——由于"雄猫"在 20 世纪 70 年代的主要任务是超远程防空（而且可能在强电子对抗环境中）保护航母战斗群，预计语音通信可能会因为多种原因无法实现。此外，战斗群及其保卫者需要一个统一的战场视图（现代军事指挥员称之为"通用作战地图"）和一种信息传输方式。美国海军对战术数据链的第一次综合尝试产生了 Link4A，而且 F-14A 也装备了。Link4A 是一种超高频广播系统，到 20 世纪 70 年代末，每艘美国军舰及绝大部分 F-14 和 E-2 都搭载了这套系统。

战斗机间数据链是 Link4A 构架中的一个附件，是 F-14 的专用系统。战斗机间数据链在已有的 Link4A 盒中增加一块电路板，可以允许多达 4 架 F-14 创建自己的链路网络，能够显示每架友机，如果由雷达截击引导员来指示目标，他还可以把自己在雷达上看到的信息发送出去。战斗机间数据链的其他功能还包括自动传输燃油和导弹存量信息。F-14 的机组人员除了在战术上使用战斗机间数据链外，还将其用于有效集结和多种涉及多架飞机管理的功能。在大规模演习中，每个攻击小队中都有一架 F-14 在"雄猫"长机那里"代表"小队，让长机感知到自己数据链中其他 3 个小队在那里，以及它们在干什么。20 世纪 90 年代末，随着 Link-16/ 联合战术信息分配系统被广泛投入使用，战斗机间数据链相比 F-14D 和 F/A-18 的机组人员享受到的数据链性能而言，只能算是一种能力限的"先驱"。

ALR-67——虽然 F-14A 搭载了老旧的 ALR-45/50 雷达告警接收器，但一直到 20 世纪 90 年代，机组人员也只会在附近可能存在特定威胁的情况下打开这些设备，因为 ALR-45/50 的虚警率实在是太高，无法让该系统成为一种有效的工具。ALR-67 为 F-14B 的机组人员提供了一种稍微现代化的雷达告警接收器。在海军装备"雄猫"的最后 8 年里，这套系统又做了进一步的改进，机组人员有时根据从雷达告警接收器反馈的经验数据做出战术决策，而非总是假设敌机拥有雷达势态感知优势。这套系统意味着"雄猫"的机组人员可以在超视距交战中时不时地继续让雷达指向敌机，从而在不破坏我们自己的雷达图像的同时，通过机动摆脱假设的敌机雷达覆盖范围和导弹。

工作——从"古奇"[1] 到科学

我对 F-14A/B 的 AN/AGW-9 雷达系统和座舱布局的回顾揭示了雷达截击引导员在"雄猫"里有多么忙碌。正如我前面提到的，飞行员只控制近距离空战机动雷达模式，这种模式被设计为雷达可以锁定一架已经被发现的敌机，最终让雷达引导导弹射击。虽然 AIM-54 确实可以用"疯狗"模式发射：用导弹自身的主动引导头锁定敌机 / 在没有 AN/AGW-9 雷达的支持下离开挂架，但基于若干原因这种行为是不可取的。然而在我们锁定了敌机后，它就会根据自己雷达告警接收器的提示做出反应，这在战斗中给"雄猫"的机组人员增加了势态感知。雷达截击引导员负责在远距离交战中管理所有传感器、显示器以及通信。

现在让我们去看看一个有效的空对空任务简报是如何构思的，以及海军的战术机组人员是如何将这一关键技能提升到一个新的水平的。

一场有效的空战始于计划和简报。飞行员和雷达截击引导员都要完全负责从各自座舱角度理解与讨论超视距及视距内武器的使用。这是由于"雄猫"完全依赖两名机组人员在内部和飞行中，以及作为更大规模部队或演习的一部分时能有效地操作和协同行动。显然，飞行员是真正的视距内"狗斗"专家，而雷达截击引导员则专精超视距和雷达 / 传感器的使用。每一名经验丰富的"雄猫"机组人员都可以有效地讨论彼此的任务职责，从而确保听取简报以及跟他们一起飞行的新手都可以得到良好的训练和指导。

20 世纪 90 年代，海军航空兵的战术部门将计划和简报提升到了

---

[1] Gouge，美国海军俚语，通常指代有用的具体指示或者信息。——译者注

高度艺术化与科学化的水平。在海军战斗机武器学校和海军打击作战中心（Naval Strike Warfare Center，简称 NSWC 或 Strike）的带领下，把海军战斗机的使用从有局限性的、以中队为核心的"学问"，发展成一套基于实证且有经验依据的建议，来最大限度地优化"雄猫"机载系统和机组人员。这个"福音"在全舰队进行推广，它的到来推动了从航空联队到中队的战术和技术标准化。这种高度一致性对于海军航空人员而言并不新鲜。

20 世纪 50 年代末，可怕的非战斗损失率让海军标准化了基本的安全和作战程序，并创建了换装航空大队（这一名词现在仍在使用，不过此类部队从 1958 年开始就已经更名为舰队换装中队），刚拿到飞行徽章的海航飞行员和海军飞行军官可以在里面初步学习如何安全地驾驶他们的舰载机，然后学习基本战术。把这种理念体系转变成先进的战术并不是什么巨大的飞跃。

"Topgun" 和 "Strike"（两者于 1995 年在法伦合并成为海军攻击和空战中心，Naval Strike Air Warfare Center，简称 NSAWC）在 20 世纪 70 年代（Tupgun）和 80 年代（Strike）开始实施战术标准化，在 20 世纪 90 年代末形成了自己的一套结构化程序和训练大纲，舰载机

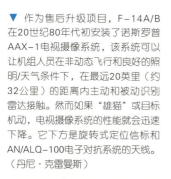

▼ 作为售后升级项目，F–14A/B 在20世纪80年代初安装了诺斯罗普 AAX–1电视摄像系统，该系统可以让机组人员在非动态飞行和良好的照明/天气条件下，在最远20英里（约32公里）的距离内主动和被动识别雷达接触。然而如果"雄猫"或目标机动，电视摄像系统的性能就会迅速下降。它下方是旋转式定位信标和 AN/ALQ–100电子对抗系统的天线。（丹尼·克雷曼斯）

中队可以用它们来训练、评估和考评新到或返岗的机组人员。

结合换装航空大队的训练大纲，这套新结构甚至把经验丰富、完全合格的机组人员保持在一个高标准上，并提升了所有人的水平。老资格的机组人员最初对海军攻击和空战中心命令式推广的战术感到恼火，但标准化系统很快就证明了其价值。它允许融入本地化改进和个人技巧，因为虽然程序来自海军攻击和空战中心，但由航空联队和中队指挥官本地化使用。

时至今日，持续性的战术训练从换装航空大队开始，延续到初级机组人员进入他们的首支舰载机中队，返岗资深机组人员重获资格并让每个人都达到一个可量化的标准。负责这个程序的机组人员都是岸基武器学校和换装航空大队里的海军战斗机武器学校毕业生，每个"大黄蜂"和"超级大黄蜂"中队都有两名或更多技艺精湛的训练军官负责促进本地化训练大纲的实施。

计划你的简报，简报你的计划——工作和准备

计划一个任务一直是从"结尾"开始的——我们的目的是什么？我们希望任务结束时的情况是怎样的？从这里开始，我们紧接着要考虑风险。目的是否值得冒有损失的风险？虽然我们从未打算要损失一架飞机，但基于任务成功的临界性，一些任务要比其他任务面临更大的风险。这两个要素通常在航空联队长或更高层级的命令里，在一个简单的"指挥官意图"的陈述中体现。20 世纪 80 年代的战斗机和攻击机部队从黎巴嫩和利比亚上空的惨痛教训中汲取了经验，将任务规划提升到了很高的水平。结合之前讨论过的战斗机"专业计划员/简报员"理念体系，20 世纪 90 年代和 21 世纪的"雄猫"机组人员已经理解每一次飞行都需要进行仔细的计划和准备。

接下来是展示敌人的战斗序列和有威胁目标的照片。情报人员准备了纸质图表来描述敌方的战斗机机场、防空导弹阵地、监视雷达预计覆盖范围及其他要素。然后我们会考虑友军的可用兵力。类似战斗机、必要的挂载、空中（或舰载）早期预警/战斗机方位、电子战资源等要素都在考虑之内。

基本的空对空作战以双机或者 4 机小队为核心展开。每架飞机在雷达视野上都有精确分配，按照要求对天空中的特定空域进行扫描。根据预期的威胁情况，长机的雷达截击引导员有时会向特定的空域或高度集中 3 部雷达，依靠第 4 架飞机来监控其余空域。根据任务、威胁和总体的风险倾向，然后决定何时投入战斗，或者说的更简单些，

▼ "雄猫"双垂尾之间独特的"海狸尾"在舰队服役期间形状各不相同，仅A型就至少有4个不同的版本。这张底部视角的照片是第4种生产型，这个版本可以在后期生产型F-14A及所有B和D型上看到。尾部的最后方是AN/ALR-67（V）中高频雷达告警接收器的天线，这个设备装备在后期"雄猫"改进型上——这是一架F-14D的照片。当飞机停放在地面上时，红色方块中间的安全销将尾钩固定在收起位置，安全销本身也挡住了天线右侧的燃油排放口。尾钩的左边是两个30发药筒的BAE系统（以前叫特拉克）AN/ALE-47机载对抗布撒系统箔条/红外诱饵布撒器，从1998年起补充安装在尚在服役的F-14A上。（丹尼·克雷曼斯）

开始定位敌机编队。战斗机甚至不一定需要自己的雷达探测到敌机，基于E-2或者其他指挥系统绘制的雷达图像，根据不同的场景，我们可以根据任何源头提供的几乎任何雷达图像计划投入战斗的条件。

雷达技术是计划的一部分。如前所述，雷达探测是有计划地扫描特定空域，大部分雷达（或者说这些雷达扫描特定空域的时间）会集中在有威胁存在的空域或高度上。一旦战斗机取得雷达接触，一个计划的交战距离就确定了，与此同时战斗机小队的雷达就会从各自扫描的空域转为探测敌机编队。此时还要确定目标分类，界定攻击谁或监测谁，这一点至关重要。如果随后决定值得进行一场视距内交战，涉及到AIM-9和20毫米机炮，"雄猫"的机组人员想确信的是吸引了尽可能多的敌机，或者至少甩掉了一枚雷达制导导弹。即使没有发生视距内战斗，我们也希望将最尖端武器的战斗部效能最大化——两枚AIM-54对付一架敌机简直是浪费。

如本章所述，F-14A/B有好几种半主动脉冲多普勒模式，能够扫描多个空域范围。根据雷达的数量和预期的威胁轴，雷达使用计划将会包括手控模式——通常是边扫边跟踪模式（Track While Scan，简称TWS），其中一个设置是确定雷达的方位宽度和高度范围。边扫边跟踪会自动构建跟踪文档，但它依赖雷达截击引导员确保雷达一直都在观测正确的空域。再一次强调，在你的雷达扫描范围内缺乏对敌机位置的感知会让你吃亏。随着距离的缩小，你的机头跟敌机之间的相对角度也变小了，同时雷达接触飞出你的雷达扫描范围的可能性也会增加。边扫边跟踪模式有一种自动设置，自动跟踪威胁程度最高的目标（由AN/AWG-9雷达的感知来确定）。然而虚假的雷达接触很容易将自动跟踪从

真正的敌机身上移走，如果发生了这种情况，雷达截击引导员需要亲自将雷达恢复到手动模式，并重置他的雷达扫描范围。

后来对雷达截击引导员技术的改进，出现了细节信息更少但扫描范围更大的"边搜索边测距"（Range While Search，简称RWS）模式。边搜索边测距模式在方位角上可以覆盖更大的范围，但跟踪信息不太详细。这种模式的思路是在远距离确定所有敌机编队的位置，绘制出雷达图像，然后再切换到边扫边跟踪模式，集中扫描目标群。

目标分配协议通常遵循最简原则，这是常识。目标分配应使用最简单的方式，因为分配协议直接关系到我们如何使用武器。右侧的战斗机攻击右侧的目标，左侧的战斗机攻击左侧的目标，长机攻击最近的敌机，僚机攻击后面的敌机。当考虑到多架敌机，或者有一个在远距离需要发射多枚雷达制导导弹的威胁时，复杂性就出现了。一方面要确保我们在尽可能最远、最有效的距离内击落尽可能多的敌机，另外一方面要尽量节约导弹，而后者直接关系到总体任务思维模式。

战斗机一旦获得雷达态势感知，就要真正专注于时间轴。超视距战术是基于可预测的时间轴——我们会基于己方飞机和武器的性能、预估的敌机性能、某些预先计划的"如果/那么"决策点，以及一系

▲ F-14D上的手动控制单元跟早期"雄猫"差异明显，而且它还拥有更多的功能。F-14A/B上的手动控制单元只操纵信息情报显示器和它上面的详细数据显示器。D型的手动控制单元也在雷达截击引导员双腿之间的基座上，本质上是一根7英寸长的操纵杆，工作原理像是现代电脑上的鼠标。（丹尼·克雷曼斯）

▲ D型"雄猫"的另外一个关键性增添设备是后座舱的传感器从动面板(Sensor Slaving Panel, 简称SSP),安装在仪表控制台顶部扶手的前面。它有3个窗口,上面有按钮可以从AAS-42红外探测和跟踪系统、APG-71雷达或AAX-1电视摄像系统中选择主传感系统,另外两个则随动于它。传感器从动面板还可以告知雷达截击引导员传感器正处于什么模式。(丹尼·克雷曼斯)

列其他(希望是)可预测因素来采取某些行动、发射导弹或者进行机动。在任何时间轴上,关键点是战斗机决定继续进入视距内接触,或巧妙地避开敌机继续前进重新评估态势,或撤出战斗。时间轴和与之相关的注意事项,是飞行前计划和简报的重要组成部分。

虽然被称为"时间轴",但这种直线式的交战/决策流程实际上跟距离有关。我们知道自己武器和飞机的性能:导弹能以多快的速度飞过特定的距离,以及最关键的,当导弹命中时我们的战斗机距离敌机还有多远。20世纪90年代和21世纪初,我们预期中的威胁并没有携带堪用的主动雷达制导导弹,这种导弹可以自动跟踪并摧毁敌方战斗机,或迫使你的对手在他的导弹命中你之前调头丢失雷达画面,无法再跟踪你,从而让你有效地摆脱对手的武器。你可能没有击落敌机,但你摆脱了敌机的导弹和引导它的雷达也很不错。你的对手现在的威胁性大大降低,而且处于守势。他对你做出了反应,但很可能已经失去了你的精确位置和距离参数。

我们还知道我们的飞机调头的速度有多快,从而最大限度地提高对飞行中的敌方导弹的动态影响(虽然导弹的速度很快,但如果你调头得足够早/足够快,它们就会在命中你之前耗尽推进剂)。速度还可以扰乱你对手的雷达图像(对20世纪80年代和90年代初的苏制雷达的评估认为,其跟踪垂直于载机航向或跟载机同向运动的目标时性能极差,作为它们的"敌机",侧向机动或调头可以有效致盲其雷达;但现在情况已经不同),对于敌机而言,试图追击"雄猫"是一种糟糕的战术决策。我们很难被追上,而且载油量几乎比任何战斗机都多。所以我们的时间轴包括进行脱离机头直接指向敌机的机动,以放慢顺导弹飞行方向的行程,同时保持我们的雷达跟踪敌机编队(并支持我们自己的导弹）的能力，而且如果有必要的话，转弯完全调头，加速重新拉开一些距离，可能会再次调头指向敌机。最后，如果战术态势对你不利的话，保存实力改日再战也不算丢脸。

所以时间轴以及相关提示、考量和决策，构成了计划和简报的相当大一部分。虽然很多距离都是规定死的，但总体任务目的会改变时间轴的复杂性。如果你在为攻击机群护航或在前方扫荡，相比单独出动我们更愿意进行视距内交战，以消灭可能会危及未来作战行动的敌机威胁。虽然在视距内竞技场上，"雄猫"在高手手上是十分致命的武器，但没有充分理由就进行视距内战斗对于现代战斗机毫无益处。在远距离击落敌机，因为在近战中会让敌机有很多机会。在近战中你的燃油消耗会增加，战术误区会变多，而武器系统较差的敌机却可以将你纳入其机载武器的有效射程。

即便如此，关于如何最好地进行视距内交战的考量仍然存在，因为它们自 1915 年以来就是战斗机飞行员的核心素质。"雄猫"虽然是一种大型飞机，但在合适的人手里是一种得力的"狗斗战斗机"。它的能量补充 / 维持能力惊人，可变后掠翼也是一大优势，而且当机组人员配合得当时，第二双眼睛就一个真正的优势。F–16 的转弯率（机头每秒钟可以转动的度数）和 F/A–18 的低速战斗性能造就了这些强劲的对手。

在俄制飞机里，苏 –27/30 系列都是高升限、高速度且有着优秀高攻角飞行能力的飞机，而米格 –29 则与 F/A–18 大体相当。两种俄制机（或者是外国制造 / 使用的衍生型号）都被认为在座舱管理 / 显示能力方面较差，尤其是苏联解体后，俄罗斯的机组人员被认为缺少飞行时间和熟练。不过俄制飞机在其使用的 AA–11 "弓箭手"（R–73/74）家族中有一个视距内 / 红外制导导弹方面的优势。俄罗斯的盟国预计将会投入基准型 / 出口型米格 –29 和常见的米格 –21 和米格 –23 战斗机，以及苏霍伊的战斗轰炸机。所有这些机型都会被纳入何时以及如何进行视距内战斗的计划和简报之中。

"雄猫"的机组人员跟其他美国战斗机上的机组人员一样，依靠在"能量管理"上比对手有更好的理解。F–14 有特定的空速区间，在这个区间内转弯率和转弯半径都会最优化。根据战斗进行的情况，机组人员在转弯率（以及过载）增加到让机头能够承受一次射击或增强态势感知时会择机进行超常规机动。其他时间里则需要减少转弯，让"雄猫"恢复能量和速度。如果你不断地失去或者耗尽能量（结合速度、可用推力，具体情况，高度转换成的动能），飞机的机动性就会大大降低，在极端的情况下甚至会失去控制。

根据我们预期中的对手，再加上我们对自己的武器和飞机性能非常了解，我们会计划并做简报介绍我们如何进行视距内交战。和绝大多数现代化战斗机交战时的一个基本原则是保持战斗距离紧密——我们要对敌机施压，不给敌机转弯 / 加速的空间，也不让它有足够的距离使用近战武器。

在任何视距内空战中，先敌发现是至关重要的，先看到敌机就会有优势。你可以确定敌机的距离、机头指向和编队的构成，并据此制定作战方案。你还可以识别飞机型号，并开始运用作战计划，优化"雄猫"性能的同时最大限度削减敌机的优势。"先敌发现者活"和"盯住敌机者赢"都是老生常谈，但也是很贴切的格言。获得"目视发现目标"的呼叫并奠定你小队的胜利要从距离开始，还有雷达分工、概述敌机编队状况的良好通信，以及坦率地说，要知道该观察哪里。虽然雷达显示"机头右侧 25°，高 14°，目标进入角为'8 点'方位右侧 10°（从敌机的视角看"雄猫"的角度），距离 11 英里（约 17.6 千米）"听起来在几何学上是清晰明了的，但当你描述雷达接触和机头的相对位置时，知道看向哪片座舱盖去观察才是至关重要的。

▼ 2004年夏末，F-14D 164601号机在VF-101中队服役的最后一年获得了复古涂装，这架飞机一直被该部队的最后一个飞行表演小组使用，直到2005年9月30日"死神"中队解散。图为2005年9月19日，"枪手160"在奥希阿纳滑行，准备起飞交付加利福尼亚州的城堡航空博物馆。（大卫·F. 布朗）

一旦跟敌机交汇（战斗机和敌机互相穿过彼此的机翼轴线），计划和执行从 3 个方面起作用。首先是战斗计划。最佳案例：我该如何对付米格 -29？如果刚从你身边飞过的敌机是米格 -21，答案就不一样了。第二，小队如何协同作战？恪守几条格言。我们会尽最大努力击败每架敌机，在各自的座舱里用两双眼睛观察整场战斗（或者尽可能多地观察其中一部分）的情况。每架战斗机都希望能支援自己的僚机，小队间良好的通信可以让你在追击敌机或者被敌机追击时让僚机获得优势。同样地，如果出现兵力不对等的情况（例如两架战斗机对一架敌机），我们就会讨论"自由"战斗机和"接敌"战斗机的分工，可能会让自由战斗机以非常有优势的位置轻松地重新加入战斗。第三，我们会考虑如何管理自己的座舱。一般而言，雷达截击引导员负责观察后方空域——不应该有敌机在雷达截击引导员不知情的情况下接近到它的视距内武器射程内。雷达截击引导员还要努力跟踪僚机的战斗情况，并且按照需求管理消耗性物资。

此外，一名经验丰富的雷达截击引导员可以分析 F/A-18 的机头视方位和射程，以判断它是否接近机炮攻击范围。当你的飞行员在和另一架敌机搏斗寻找射击机会时，看到敌方的一架"大黄蜂"拉起机头拐弯总是令人不安的，你要等到最后一刻呼叫飞行员去防守，并且希望他已经击落了自己的目标。

最后，一旦战斗结束，怎么办？返航，还是有目标要继续战斗？交战结束后的计划是我们更大"意图"考量的一个缩影。如果我们在视距内战斗中险胜，我们的弹药可能已经消耗殆尽，而且我们也许已经损失了一些僚机（要么被击落，要么脱离编队）。还有理由待在"坏蛋的地盘"上吗？如何重新编队并飞回航母是我们首先要考虑的问题，从而确保任务圆满完成。

我希望自己已经在这一章详细说明，雷达截击引导员在"雄猫"的多种任务中有效使用它发挥的关键作用，从舰队防御到战术侦察，再到精确轰炸机。F-14 一开始就被设想为一种双座战斗机，它需要训练有素的专业飞行员和雷达截击引导员来充分发挥其五花八门的传感器、机载系统和武器的作用。

装饰"小鹰"号的飞行甲板的最后一架"雄猫"是这具编号不明的机体，被用于舰上救助打捞人员的训练。它通常被藏在机库里，被带到飞行甲板上充当特定训练场景。这张照片拍摄于2005年，这具机体已经被舰上的A/S-32A-35A飞机失事处理和救援起重机吊起就位。（美国海军）

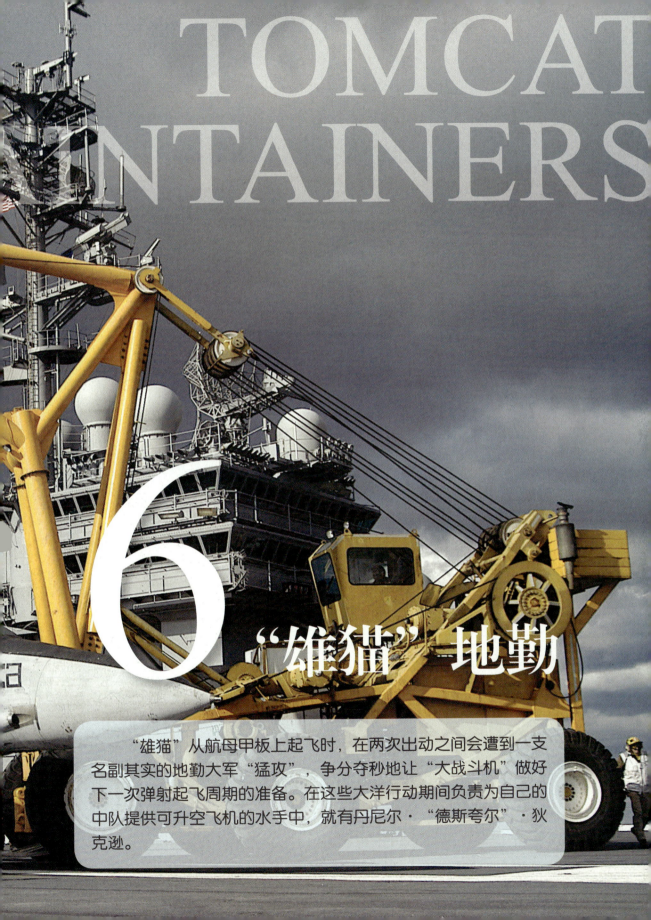

6

"雄猫" 地勤

"雄猫"从航母甲板上起飞时，在两次出动之间会遭到一支名副其实的地勤大军"猛攻"，争分夺秒地让"大战斗机"做好下一次弹射起飞周期的准备。在这些大洋行动期间负责为自己的中队提供可升空飞机的水手中，就有丹尼尔·"德斯夸尔"·狄克逊。

我在美国海军作为发动机机械师服役了 20 年，在此期间我跟 F-14 一起参加了 4 次西太平洋巡航，我可以准确地讲，"雄猫"的运作几乎没有什么典型特征。不过在飞机回收（着陆）和飞机弹射起飞进行下一次任务之间，会偶尔出现近乎完美（教科书般）的停航时间。这是其中一个场景的描述。

首先要注意的是，飞机的岸上运作和舰上运作有很大的差异。由于航母飞行甲板上停机空间有限，飞机倒进停机位后机尾会突出在过道、安全网和水面之上。这样就造成了能够接触到飞机部分位置的安全通道不是全在飞行甲板上面，因此这些部位的检查会被推迟，直到飞机向前滑行，检查通常都是在飞机滑往弹射器准备起飞的途中完成的。在岸上，所有停机期间的检查都在机组人员再次启动飞机前完成，

▼ 中队尽可能在飞行甲板上完成大部分维护任务，因为飞机一旦被送入机库，它就要在里面呆上一段时间。然而某些规程只有远离飞行甲板方能安全的执行，包括图中所示的起落架检修，这是 VF-32 中队的"吉卜赛 165"（F-14B，生产编号161870），1998 年 11 月拍摄于"企业"号的机库。（美国海军）

因为安全通道不受限制。

　　通常两次飞行之间会有一个小时或更长时间，但在极为罕见的情况下飞机是不熄火的，返航的机组人员只会关闭左侧发动机，让右侧发动机保持运转，松开安全带爬出飞机，另一个机组再爬进去。在"热座椅"机组人员调换的情况下，停飞时间内的检查没有那么彻底，而且很少超出在飞机外部搜寻泄漏或者损坏的范畴。下面的叙述详细介绍了舰载机从降落到重新弹射起飞执行新任务的典型过程。

　　第二个要注意的是，飞行甲板是一个极其混乱、嘈杂和危险的工作及操作场所。列举出所有危险是不明智的，但喷气发动机爆发（推力）将人吹出航母舷侧，以及人被发动机吸入这两种危险足以致命。在飞行运作期间，为安全起见，参观者和其他人是不允许进入飞行甲板的。参观者可以从舰岛上被称之为"秃鹫排"（Vulture's Row）的一条高架外廊上安全地观看飞行运作。

　　飞行甲板上的每个人都有工作要做，一旦完成自己的工作他们就会离开，让出工作通道去更安全的地方。每个人的职能可以很容易地通过他们所穿的飞行甲板服、充气救生衣和头盔的颜色，以及衣服上

▼ 中队在航母上时，腐蚀控制是地勤人员的一项重要工作，他们要努力保护自己的飞机[图为2004年11月VF-32中队的F-14B"吉卜赛103"（生产编号162915)]免遭盐雾的破坏性影响。在海上飞行的飞机全都要进行彻底的手工清洁、清洗，而且每周至少要用一种特殊的化合物彻底冲洗一次以防腐蚀，而不是用干净、珍贵的水。（美国海军）

"雄猫"对于从事相关工作的人员而言是一款复杂的喷气式飞机,而且它在舰队服役的最后几年里,为了保证飞机飞行所需要的维护工作量远超甲板上任何其他型号的飞机。VF-211中队的一名航电技师拆下了一块蒙皮,并用铰链打开了另外一块,爬进左翼枢轴部位机翼上方整流罩中寻找一根损坏的线缆或连接器。(美国海军)

显著的标记来识别。本章会提到一些这种颜色编码的案例，而且我会对这些衣服的穿戴者所承担的一些职能进行说明。

现在，来设定场景，回收（着陆）转换正在进行中，返航的飞机在航母上空盘旋，等待轮到自己降落（着陆，使用阻拦索让飞机停下来）。飞机盘旋的定型航线由空中交通指挥员来进行定高分层，着陆顺序根据每架飞机的剩余燃油量、相对重量和其他安全因素决定。每架飞机着陆后，需要一到两分钟将飞机移出着陆区，并重置阻拦索和机械装置。飞机在定型航线中交错飞行，让这个流程尽可能地高效。

就本章宗旨而言，一架 F-14A 刚刚落在甲板上，勾住 3 号阻拦索，舰载机着舰引导官（Landing Signals Officer，简称 LSO）对飞行员的表现打了高分。阻拦装置工作人员清理阻拦索并将其归位，飞机导引员（黄衣）向飞行员发信号，让他收起尾钩并把飞机滑出着陆区。另一架"雄猫"已经在光学助降系统和着舰引导员的引导和指挥下进入最后的进场滑降航线。

在飞机被引导滑出着陆区的那一刻起，即使飞机还在滑行，检查程序就开始了。"黄衣人"将"雄猫"停放在一个临时待机区，直到着陆定型航线中的飞机全部安全着陆。飞机一旦停下来，甲板人员就

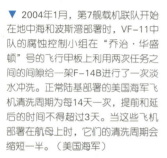

▼ 2004年1月，第7舰载机联队开始在地中海和波斯湾部署时，VF-11中队的腐蚀控制小组在"乔治·华盛顿"号的飞行甲板上利用两次任务之间的间隙给一架 F-14B 进行了一次淡水冲洗。正常陆基部署的美国海军飞机清洗周期为每14天一次，提前和延后的时间不得超过3天。当这些飞机部署在航母上时，它们的清洗周期会缩短一半。（美国海军）

按照"黄衣人"的指示，设置停机制动系统，安装起落架下锁销，同时安装军械安全销，飞机会被用铁链系留在甲板上，并用楔子塞住轮子防止它滚动。在最后一台发动机关闭前，飞行甲板协调员会通过手势从机组人员那里接收飞机状态通用报告（拇指向上或向下），中队故障检修员会查看飞机表面是否有明显的问题迹象。

　　一旦飞机被完全固定好，机组人员就会关闭发动机，打开座舱盖爬下飞机，飞机维护长会立马爬上登机梯，给弹射座椅装上安全销。当飞机在临时待机区时，维护人员不能打开任何可能会影响或推迟飞机启动的设备盖板。所有的初步外部检查通常在甲板为下一个弹射起飞周期进行重置（飞机移动）之前完成，特别是"雄猫"主起落架的后部，因为一旦飞机移动这些部位可能就够不着了。当飞机被移动时飞机维护长坐在飞行员座椅上，在移动过程中按照指令操作刹车。

　　在甲板下面，机组人员在中队的地勤指挥室里做总结简报，给出他们对飞机所有飞行系统的观察结果。地勤指挥员将飞机的飞行状态传达给中队值星官和飞行甲板指挥室。后者根据飞机的状态和待定的飞行时间表来决定预定下一轮弹射飞机的最有效停放位置。飞行甲板指挥室制定飞机摆放计划，"黄衣人"按照其指示重置甲板。在回收

▼ 2003年11月，"约翰·斯坦尼斯"号在综合训练单位演习（Comprehensive Training Unit Exercise，简称COMPTUEX）结束时，一辆无处不在的A/S-32A-31A飞行甲板牵引车在回收循环结束后被用来将VF-31中队的一架F-14D拖往舰尾。回收的飞机一旦被系留在航母尾部的甲板突出部（多年以来一直是VF单位的传统"战斗机领地"），为下一个弹射周期调转飞机的工作就可以开始了。（美国海军）

当舰上淡水不足时，维护管线部门和腐蚀控制小组会尽可能定期对飞机进行"飞皂宝宝"擦拭。2004年7月，在"哈里·杜鲁门"号短暂的7周西大西洋/地中海部署期间，VF-32中队的这些F-14B正在甲板上进行"飞皂宝宝"擦拭，学名：无水擦拭法。（美国海军）

飞机过程中的某些时刻,无论是 F-14 在临时停机区,还是在重置甲板时,飞机的加油员("紫衣人"或"葡萄人")都会为预定下一轮出动的飞机加油。所有这一切行动都是通过飞行甲板指挥室来协调和指挥的。

通常当进入地勤指挥室的机组人员在为他们的任务做总结简报时,执行下一轮任务的飞行员会在其他地方就他们即将要执行的任务的具体细节以及他们可能遇到的天气状况听取简报。飞行准备工作的其中一部分包括飞行员在地勤指挥室内检查分配给他们的飞机的维护日志,以让自己了解任何可能存在的机载系统限制,以及最近维护的项目和检修情况。

一旦飞机完成重置,停放并用制动块和锁链完全系牢,飞机维护长就会检查飞机的油液和氧气系统水平,并根据需要对其进行维修。地勤人员执行地勤指挥室指定的需要注意的工作,以便飞机可以通报已经为下一次飞行做好任务准备。如有必要,弹药员会重新配置"雄猫"的武器(导弹、炸弹等)。通常飞机的任务剖面不会在两次飞行之间要求挂载不同的弹药,但确实有这种情况,尤其是当"雄猫"执行轰炸或者侦察任务时。

在停航期间,唯一允许的维修行动是可以在短时间内解决的关键问题,不会对飞机的任务能力造成负面影响,也不会推迟它的起飞时间。出于安全考虑,飞机机尾伸出到水面上的状态也会影响到维护操作的进行。

◀◀▲ 2004年6月,在"约翰·斯坦尼斯"号上的中队地勤指挥中心,航电技师高级主管的同事迈克尔·惠勒(Micheal Wheeler)更新了VF-31中队的"花车101"(生产编号164603)的状态。绿色的箭头代表飞机处于可升空状态,准备好飞行。红色箭头代表无法使用的飞机。在部署期间,当一天的飞行开始时,一个"雄猫"单位的目标是有6架可升空的飞机。(美国海军)

◀◀◀ 2005年1月20日,摄影师的朋友,被调配到VF-32中队的三级军士长保罗·泰勒(Paul Taylor)在北阿拉伯湾的晚霞中对挂载在F-14B"吉卜赛107"(生产编号163224)上的"蓝盾"吊舱进行系统检查,随后这架飞机将会申报已经做好从"哈里·杜鲁门"号上出发去伊拉克上空执行任务的准备。(美国海军)

▼ 2003年3月,在"伊拉克自由 I"行动刚开始的时候,VF-2中队在"星座"号上的任务前准备工作中,穿红衣的弹药员使用武器提升机将一枚AIM-54C实弹从推车提升到"雄猫"左翼翼套上的多功能挂架上。可以看到导弹的4片主制导片中有两片放在了正在操作提升机的弹药员右边的飞行甲板上。(美国海军)

随着弹射起飞时间的临近，飞行员和雷达截击引导员全副武装现身，从底部开始对飞机外部进行飞行前检查。完成后机组人员爬上登机梯，检查飞机的上表面，然后从弹射座椅上取下安全销，进入座舱。飞行员和雷达截击引导员都坐在各自的座椅上后，飞机维护长就会爬上来协助他们系好安全带，妥善安置他们的工具（地图、袖珍清单等）。一名中队故障检修员正在待命，协助解决被发现的任何维护上的问题，如螺丝或者紧固件松动。

系好安全带后，飞行员发出接通电力信号，然后飞机维护长或者其他地勤人员会将电源线插入飞机，按下按钮为飞机提供外部电力。接通外部电源后，机组人员开始执行他们的启动前检查表，测试所有灯光、开关和仪表。他们还要检查飞机的航电设备，准备启动发动机。完成这些任务之后，机组人员会通过电台跟航空主管（负责监督飞行甲板上所有动向）和指挥塔联络。

在航空主管给出启动发动机的许可后时，飞行员向地勤人员发出接通外部气源的信号，飞机的操作人员（"蓝

◀◀◀▲ 2005年10月，VF-31隶属于"西奥多·罗斯福"号进行装备"雄猫"的最后一次部署期间，"花车102"（生产编号163904）的机长正在用一块无尘布擦拭着他飞机的座舱盖，随后将会宣布它已经做好任务准备。在循环操作期间，座舱盖为了避免盐雾侵蚀通常一天要擦拭多次。（美国海军）

◀◀▼ "花车100"（生产编号164342）的雷达截击引导员抓着自己的飞行包爬上座舱，而飞行员在等待轮到自己。VF-31中队航空联队长旁边的是"花车102"，从座舱内发生的慌乱情景和棕衣故障检修员正等待从左侧发动机进气道上爬下来判断，它似乎在出动前的最后一刻遇到了技术故障。（理查德·库珀）

▼ 2002年10月，在"应对鲷鱼"（Cope Snapper）演习期间，VX-9中队F-14D（生产编号164604）"万迪1"（最后一架生产的"雄猫"）的飞行员在基韦斯特停机坪上启动发动机后向他的机长发出信号。发动机启动后，由于喷气噪声过大，空勤和地勤人员之间必须用提前商定的手势进行交流。（美国空军）

▲ 2003年4月11日，在地中海的"哈里·杜鲁门"号上，VF-32中队"吉卜赛101"（生产编号161860）被系留在航母尾部甲板突出部上，机长向F-14B飞行员发出启动左侧发动机的信号。他站在飞机侧面可以观察发动机加速和发现是否有紧急问题的位置上。（美国海军）

衣人"）就会将气源和飞机接合，提供外部气压启动飞机的空气涡轮启动机。一旦飞机上有一台发动机开始怠速运转，飞机的环控系统就会运行，发电机就会并网提供电力，机组人员关闭座舱盖，向地勤人员发出断开外部电源和启动另外一台发动机的信号。在甲板上，故障检修人员和其他地勤人员将电缆从飞机上断开，关闭外部电源连接器的接入舱门。飞机的两台发动机全部运转后，飞行员会发出断开外部空气源的信号。"蓝衣人"关闭气源，将软管从飞机上断开，一名故障检修员随后关闭空气接入口舱门。

机组人员继续按照飞行前检查列表进行他们的检查，跟飞机维护长一起检查所有飞行控制面的运动和机载系统，以确保飞机完全地获得地面和人员许可。机长会取下起落架下锁销，向飞行员展示后存放在前起落架轮舱内的一个盒子里。飞行员一旦做好起飞准备，就向"黄衣人"发信号通知，然后等待下一个指示。

机组人员获得起飞许可后，"黄衣人"将会直接指挥飞机，并向"蓝衣人"发出信号，拆除系留锁链和飞机制动块，然后指示飞行员松开停机制动器。一旦解除限制，停机制动器松开，飞行员将会按照引导向前滑行。当飞机被定位在弹射器上时，3名中队故障检修人员会小心翼翼而且熟练地绕着飞机寻找是否有泄漏或者其他异常情况，其中两人各检查飞机一侧，另外一人沿着飞机中心线检查底部。当飞机被定位在弹射器上时，故障检修人员也完成了他们最后的检查，然后清理附近的区域。

　　飞机一旦就位，弹射器人员就通过位于飞机前起落架背面的止逆装置将飞机勾在弹射器滑块上。3 名故障检修人员将自己的位置安排在可以观察即将进行的发动机高速运转和飞行气动面偏转运动的地方，保持足够近的距离以便观察液体渗漏情况，但也不能太近以免陷入不必要的危险之中。他们一直都在弹射官岗位的视线范围内。

　　飞机一旦被恰当地挂在了滑块上，弹射人员会把指挥权交给弹射官，也就是"射手"（Shooter），他随后会向飞行员发出信号，让他把节流阀向前推到最大加力，并运行所有飞行控制气动面。故障检修人员观察飞行控制面的运动，寻找任何异常或者液体渗漏。如果一切顺利，他们每个人都会向弹射官竖起大拇指发出信号，如果出现任何问题，则会发出交叉双臂的信号示意暂停弹射。3 名故障检修人员都竖起大拇指后，弹射官就会向飞行员敬礼，蹲下用一只手指向舰船，

▼ 2004年2月，在第7舰载机联队的"伊拉克自由Ⅰ"行动期间，VF-11中队隶属于红海的"乔治·华盛顿"号，中队的航空结构机械师克里斯托弗·梅普尔（Christopher Maple）是一名合格的机长，正在要求F-14B"开膛手200"（生产编号163227）上的飞行员开始进行配平检查。站在梅普尔身后的是女飞行员克里斯蒂娜·安德森（Christina Anderson），她是一名实习机长，正在跟着梅普尔学习自己的新工作。（美国海军）

▲ 2005年3月，在又一次"伊拉克自由Ⅲ"行动任务开始时，一名穿黄衣的飞机引导员正在引导着挂着炸弹的"吉卜赛111"（F-14B，生产编号161428）向右拐滑向"哈里·杜鲁门"号舯部3号弹射器。飞机在飞行甲板上移动，朝所分配的弹射器前进时，引导任务会从一名黄衣人传递给另外一名。（美国海军）

▼ 2004年1月底，VF-143中队的"狗111"（F-14B，生产编号162701）在"乔治·华盛顿"号（CVN-73）的舰艇2号弹射器进行最终对齐时，在一名"黄衣人"的引导下对飞机的前起落架向右进行了微调。弹射器轨道上的直线对准将确保连接在"雄猫"机头主起落架支柱上的弹射连杆正确地跟弹射器顶部的滑块对齐。（美国海军）

一名身材矮小的Fly2飞机引导员向"黑狮"107（生产编号161166）的飞行员发信号，让他升起飞机8块机翼上部扰流片，以便甲板检查人员进行目视检查。它们会一直打开，直到Fly2从手腕上放下手掌示意飞行员关闭扰流片。

2006年1月，在"西奥多·罗斯福"号上，飞行员和雷达截击引导员正注视着机长，他在"雄猫"慢慢向前滑行去跟弹射器滑块连接时正发出松开刹车的信号。（美国海军）

▲ 2005年3月，一架F-14D从西大西洋上的"罗斯福"号（CVN-71）弹射起飞之前，VF-31中队的一名甲板检查员抓住机尾收起的尾钩作为自己机身下检查的一个事项。他必须确保固定尾钩的锁销已经被取下，而且尾钩即便没有锁销仍保持固定在收起位置。（美国海军）

▼ 两名穿着白衣服的甲板检查员在近距离仔细地检查"花车101"（生产编号164600），而Fly2飞机引导员则通过紧握拳头告诉飞行员要踩紧刹车。一名甲板检查员正在赤手抚摸"下颌"吊舱下的AN/ALQ-100天线，而他的同事似乎正指着已经升起连接在机头起落架上的弹射连杆。（美国海军）

每个中队都有由故障检修员或者甲板检查员组成的3人专门小组，分配给在弹射周期中使用的各部弹射器。他们的工作是仔细并熟练地绕飞机走动，寻找是否有渗漏或者任何其他异常情况，两人各检查飞机的一侧，第三人沿着飞机中线检查飞机底部。（美国海军）

2004年1月，VF-143中队的"狗111"（生产编号162701）在"乔治·华盛顿"号（CVN-73）的舰艏1号弹射器上被压紧时，一块重量板被举起。重量板向飞行员展示他飞机的估算重量，而他则要在飞机获准起飞之前跟弹射人员确认这一点。每一次弹射都会根据飞机的总重量进行调整。（美国海军）

LT JOE GREE[...]
VAD[...]

E

RESCUE

FOR EMERGENCY USE ONLY
1 PUSH BUTTON TO OPEN DOOR
2 SQUEEZE IT AND PULL
TO JETTISON CANOPY

111   AOAN MCATEE
CHENOA, IL

同时另外一只手触摸甲板，发出释放弹射器的信号。仅仅几分之一秒后弹射器"开火"，可以让飞机在两秒内从 0 加速到大约 150 节（约 277.8 千米 / 小时）。

在弹射器轨道末端，当飞行员感觉到滑块已经断开时，会立刻向后拉操纵杆，飞机开始爬升，"雄猫"再次升空。

飞行运作的时间和频率很大程度上取决于作战节奏的要求，以满足航母战斗群承担的任务。在正常情况下，弹射起飞和回收降落是分开进行的，但是航母有 4 部弹射器，我们就有能力以相当快的速度（几乎同时）进行弹射起飞和回收飞机。作为典型案例而言，我唯一一次目睹或者参与的这种快节奏运作是在加州海岸的一个航母降落资格分遣队里，同一机组为了训练和获得资格多次进行弹射、盘旋和回收降落。每名飞行员和雷达截击引导员为了在巡航前获得或重获甲板降落资格，必须要达到一定数量的昼间和夜间弹射起飞，以及成绩优良的

▼ 2003年5月，"企业"号（CVN-65）在诺福克海军造船厂进行了为期16个月、耗资2.5亿美元的干坞大修后，第17舰载机联队在其西大西洋海试期间曾短暂隶属于她，图为"企业"号舯部3号弹射器的"射手"正在送VF-103中队的"胜利112"（F-14B，生产编号161422）起飞。另外一名"射手"蹲在弹射器甲板中间操作员旁边，他的工作是确保跟弹射甲板边缘的操作员之间的通信。（美国海军）

阻拦降落。

　　这个分遣队在距离陆基机场很近的飞行距离内进行考核，当飞机在机组人员还无法降落在航母上时出现燃油不足的情况，陆基机场就可以充当"安全网"。一旦开始巡航，你就没有距离很近的备用着陆场了，因此在我们出发进行部署之前，要在一个从空中看过去只比漂浮的软木塞稍大一点的航母上降落，就必须熟练地练习。登上航母的唯一其他选项可能是昂贵和扫兴的，有时甚至是致命的。

▲ 2003年3月下旬，在"伊拉克自由Ⅰ"行动期间，VF–154中队的F–14A在打开加力弹射起飞时，航空水手长的同事、"小鹰"号舰艉1号弹射器的甲板边缘操作员、三级士官内里·乌米拉（Neri Umila）转头避开飞机喷出的气流。甲板边缘操作员是飞行甲板上弹射安全官的"手"，跟飞行甲板下的弹射站保持不间断的无线电通信，确保弹射过程的安全。（美国海军）

2005年7月20日，F-14B "吉卜赛104"（生产编号161428）离开"杜鲁门"号（CVN-75）的中部4号弹射器，从而标志着VF-32在西太平洋联合特遣部队演习05-2期间为期8天的航母适应性起降和维护训练的结束。这张照片拍摄于"雄猫"弹射开始仅2.5秒后，此时飞机已经以大约160节（约296公里/小时）的速度飞往奥希阿纳。（美国海军）

20世纪70年代初"雄猫"刚进入舰队部队服役时就大量参与了空战机动训练。一开始大部分异型机空中威胁都是由T-38A"禽爪"教练机扮演的,图中两架T-38A是驻奥希阿纳VF-43"挑战者"中队的,跟它们编队飞行的是VF-142中队的F-14A,1977年1月也驻扎在奥希阿纳。这张照片是这些飞机飞往犹马海军陆战队航空站附近的R-2301W靶场途中拍摄的。(美国海军)

TOMCATS
ND TOPGUN

7 "雄猫"和海军
战斗机武器学校

由于 1986 年夏天上映的票房大热电影《壮志凌云》，"雄猫"和海军战斗机武器学校被永远地联系在了一起，在 30 年的舰队服役历程中成为美国海军航空兵最强战斗机的象征。戴夫·"比奥"·巴拉内克（Dave "Bio" Baranek）20 世纪 80 年代初在 VF–24 中队当雷达截击引导员时，曾去海军战斗机武器学校学习并毕业，后来他又重新回到海军战斗机武器学校当教官。

海军战斗机武器学校于 1969 年启动，是《奥尔特报告》的结果，该报告调查了美国海军战斗机在越南上空比预期糟糕的空战表现。这项调查由经验丰富的海军飞行员弗兰克·奥尔特（Frank Ault）上校负责，正式名称叫《空对空导弹系统能力评估》（*Air-to-air Missile System Capability Review*），揭露了美国海军航空兵从技术到训练的一系列问题，战斗机武器学校就是该报告的其中一项成果，并很快被命名为"海军战斗机武器学校"。

海军战斗机武器学校的理念是训练教官，在为期 5 周的紧张课程和飞行中，为海军及海军陆战队战斗机机组人员提供特殊知识和经验。毕业生被期望在回到他们自己的中队后，可以把受训内容传授给其他人。每个中队大约每 18 个月就会获得一到两个学习海军战斗机武器学

▼ 大西洋舰队的VFC-12中队自1973年9月成立到1994年（换装了F/A-18）装备A-4长达21年。"战斗的奥马尔"中队从20世纪80年代开始装备F型"天鹰"，这张照片拍摄于1989年，该中队的一架"天鹰"跟VF-101中队的一架F-14在空中交汇。照片中这架A-4呼叫代号"猫鼬"（生产编号154996），使用了很受VFC-12中队青睐的光滑全机身"发动机灰"涂装方案。（美国海军）

校课程的名额，确保毕业生源源不断地进入舰队。

我是一名F-14雷达截击引导员，在彭萨科拉和F-14换装航空大队待了20个月后，1981年我以海军少尉衔加入了VF-24"战斗叛教徒"中队。此时海军战斗机武器学校已经因为可以为空勤人员提供职业生涯中最棒的飞行体验很名声在外，我认为每个人都想进去。进入舰队后我积累了飞行时间并完成了一次为期7个半月的部署，因此当VF-24中队开始选拔下一轮受训名额时，我在F-14上已经累积了650个飞行小时。这个数值正好低于推荐的最低标准，但我还是被选中并获准去海军战斗机武器学校学习。

1982年9月，我在米拉马尔海军航空站1号机库里去海军战斗机武器学校隔间报到。我走上楼梯时越来越兴奋，楼梯间装饰着数十架海军及海军陆战队飞行员和雷达截击引导员在越战中击落敌机的剪影，那是离当时最近的一场战争。楼上的走廊装饰着富有想象力的照片和之前在F-4、F-8、F-14上通过课程的学员赠送的个性饰板。有一块饰板展示的是一架真实的F-4战斗机的蒙皮，它因高速飞行造成的空气载荷而变形。破旧的蓝色地毯，简单的家具和壁挂式的空调展示了教室的特色，可以说是恰如其分。

我的班里有4对海军的F-14机组人员，以及4对海军陆战队预备役中队的F-4机组人员。除了我们这16名飞行员和雷达截击引导员外，还有其他飞行员和情报官也参加了讲座，但他们不参加飞行训练课程。第一天全是学术知识课，在课堂上我立刻就被学校教官丰富的知识和精心准备的授课方式惊呆了。首先校长厄尼·"拉谢"·克里斯滕森（Ernie "Rachet" Christensen）中校向我们致欢迎辞，并简要概述了空战的历史，强调了至今仍适用的经验教训。教官们不仅在战斗机和轻型攻击机上飞行了数千小时，其中很多人还曾在越南上空执行过360次战斗任务，"拉谢"曾是"蓝天使"飞行表演队成员。显然他很享受自己作为海军战斗机武器学校校长的工作，他体现出的专业性也为他树立了一个很高的标准。事实上，在接下来的5个星期里，所有教官都要在大约24节课中尽职尽责，维护好海军战

▼ 1980年VF-143中队"狗112"（生产编号159612）在犹马的R-2301W靶场上空的一次空战机动对抗中，紧紧地"粘"在了VF-43中队一架T-38A的尾部，"雄猫"飞行员选择了三分之二后掠角，以便在跟着对手俯冲后不会超到更轻的"禽爪"前面。"如果你违反了某些规则，你就甩不掉F-14这条'鼻涕'。"飞行员汉克·"布奇"·汤普森（Hank "Butch" Thompson）回忆道。（美国海军）

▶ 1982年9月，战斗机武器学校05-82为期5个星期的课程开始时，喜气洋洋的戴夫·"比奥"·巴拉内克上尉跟班里的其他学员们在米拉马尔海军战斗机武器学校的停机坪上合影。每个中队的中队长决定进入海军战斗机武器学校班级的人选，巴拉内克上尉和他的飞行员桑迪·"大白鲨"·温尼菲尔德上尉（站在"比奥"右边）被选中代表VF-24中队进入05-82班。（获自戴夫·巴拉内克）

斗机武器学校的声誉。第一节课令人印象深刻，但我们去那里是为了飞行。

飞行开始

在课程中我会跟桑迪·"大白鲨"·温尼菲尔德（Sandy "Jaws" Winnefeld）上尉搭档飞行，他和我几乎同时被分配到 VF-24 中队。通常，作为一名新飞行员，"大白鲨"在进入部队后主要跟经验丰富的雷达截击引导员搭档飞行，而我则是跟有经验的飞行员搭档飞行。我们都期待能跟其他的新手海军飞行员一起飞行。"大白鲨"带着精湛的飞行技术和同样水平的才智及侵略性去了海军战斗机武器学校。我的雷达技术也不错，我们都想表现好，并且对自己的能力充满信心。

我们的首次飞行是在第二天，面对的是海军陆战队的丹·"斯巴达人"·德里斯科尔（Dan "Spartan" Driscoll）上校，前 F-4 飞行员，现在驾驶的是 F-5 "虎" II。这次出动以圣迭戈西南 60 英里（约 96 千米）太平洋上空照本宣科的操作展示开始。"斯巴达人"详尽的简报、对飞行的专业化管理和精湛的飞行技术让我们对课程产生了很大期望。短短几分钟他就给了我们传授了一些与我们飞机有关的新知识。接下来的时间是一场无限制 1 对 1 交战。

"斯巴达人"说："大白鲨，让我们在 18000 英尺（约 5486 米）高度和 350 节（648.2 千米 / 小时）速度保持 270° 航向。做好准备后就通知我。"我们保持稳定航向，而"斯巴达人"则脱离编队飞到 1.5 英里（约 2.41 千米）外，高度和速度与我们相同。几秒钟后我们呼叫：

"大白鲨在左边就绪。"

"斯巴达人就绪，战斗开始。"他回复道。

他始终如一的通信语速让"大白鲨"能够预判到他最后的话语，所以我们的飞机在战斗爆发那一刻就开始机动了。"大白鲨"富有侵略性且精准地驾驶着我们的大型飞机从空中掠过。他猛地向右侧滚，然后用力拉杆到 6.5g 的过载限制。虽然我的抗负荷服充气了，但当我努力跟踪小巧的 F-5 时视野边缘还是发生了灰视现象。在大约 90° 的转弯后，"大白鲨"降低了过载，突然向左侧滚转并再次拉杆。他试图在第一回合中取得"响尾蛇"短距导弹射击的机会，但未能成功，我们开始了一系列的剧烈机动，直至获得再次射击的位置。

"斯巴达人"有几百个小时跟 F-14"狗斗"的经验，他知道自己在何处损失会最小化，也知道在何处迫使我们犯错。尽管从纸面性能上讲 F-5 远不如"雄猫"，但在几乎所有类别的对抗中，一名聪明的飞行员使用正确战术不但可以让自己存活下来，甚至可以对 F-14 进行有效的模拟导弹或机炮攻击。如果"雄猫"机组出现失误，结果可能

▼ 这张图详细地说明了巴拉内克上尉和温尼菲尔德上尉在他们1982年的课程中执行的简约截击和交战航线。在当 F-14 小队加速迎头拦截4架 A-4 和 F-5 时，一架试图拦截 F-14 小队的"万用牌"F-5 会让事情变得稍微有点复杂。（戴夫·巴拉内克）

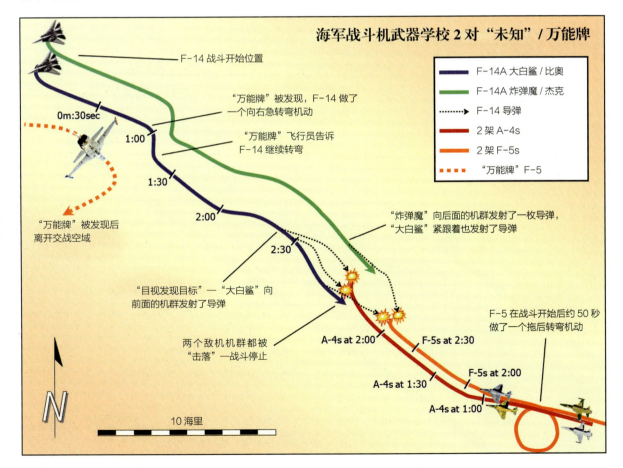

海军战斗机武器学校 2 对 "未知" / 万能牌

F-14 战斗开始位置

"万能牌"被发现，F-14 做了一个向右急转弯机动

"万能牌"飞行员告诉 F-14 继续转弯

"万能牌"被发现后离开交战空域

"目视发现目标"——"大白鲨"向前面的机群发射了导弹

两个敌机机群都被"击落"—战斗停止

"炸弹魔"向后面的机群发射了一枚导弹，"大白鲨"紧跟着也发射了导弹

F-5 在战斗开始后约 50 秒做了一个拖后转弯机动

图例	
F-14A 大白鲨 / 比奥	
F-14A 炸弹魔 / 杰克	
F-14 导弹	
2 架 A-4s	
2 架 F-5s	
"万能牌" F-5	

0m:30sec
1:00
1:30
2:00
2:30

A-4s at 2:00
A-4s at 1:30
A-4s at 1:00
F-5s at 2:30
F-5s at 2:00

N

10 海里

是 F-5 获胜。

"大白鲨" 和 "斯巴达人" 的脑海中计算着动态环境中每一秒都会发生变化的大量信息。他们每一秒都会做出数十个决定和相应的调整——微调操纵杆顶端配平按钮、大幅度偏斜操纵杆、蹬方向舵或调整节流阀，或改变襟翼位置、操作武器选择器或其他的一些控制器。在这种 1 对 1 的近距离缠斗中，过载每隔几秒就会变化，空速从不足 200 节（约 370 千米 / 小时）到超过 400 节（约 741 千米 / 小时）之间转变，在我们根据情况从水平转弯转入爬升或者俯冲时，高度变化范围达几千英尺。

在熟悉的环境中进行 1 对 1 对抗对于作战而言并不现实，但这当然是迈向专业性的宝贵一步。当 "大白鲨" 操控飞机时，我检视 F-5 的位置来支援他，并预判何时激活雷达的 "狗斗" 模式。我在座椅上扭来扭去，练习在我们身后和周围寻找有威胁的飞机，而且我还检查那些可能会害死我们或者会让我们损失飞机的东西，比如我们的高度、燃油量和空速。我还检查了我们的位置，以确保我们没有飞出指定的空域。我每隔几秒钟就进行一次这一系列动作的循环，时不时告诉 "大

▼ VF-24中队1981—1982年隶属于"星座"号在西太平洋/印度洋部署期间，中队的F-14A"狂怒206"（生产编号159625）在太平洋中部上空的黄昏之中携带一枚AIM-7M"麻雀"实弹打开5级加力加速，以便戴夫·巴拉内克中尉拍照。差不多一年后，在海军战斗机武器学校05-82班的课程中，巴拉内克和"大白鲨"温尼菲尔德将会驾驶一架有同样标志的"雄猫"。（戴夫·巴拉内克）

白鲨"我仍然能够看到敌机，或报告空速或燃油状态，想方设法为赢得战斗作出贡献。

又转了几圈后"斯巴达人"飞到了我们上方，但他已经没有空速了。这意味着他不得不降低高度以重新获取空速，这限制了他的机动能力。"大白鲨"保持着我们的空速，而且我们还可以利用它获得位置发射"响尾蛇"，所以我们取得了优势。然后"斯巴达人"使用了 F-5 的一个技巧。他用力向前推杆并猛地踩下方向舵踏板，让飞机旋转起来，用比预想中更快的速度跟我们形成了迎头。他使用敌机红外制导导弹的明码代号呼叫了一次射击："'环礁'，高度 12000 英尺（约 3657.6 米）的 F-14。""大白鲨"不得不放弃他的如意算盘，做了一个被称之为盘旋急转的剧烈防守机动，同时在电台中呼叫"红外诱饵弹！"模拟实施了对抗措施。如果执行得当，机动和对抗措施的组合可以甩掉很多导弹。

"漂亮的急转弯，继续。""斯巴达人"回复道，他评估我们的应对是有效的。虽然我们幸存下来可以继续战斗，但失去了一些空速，现在必须努力恢复优势并获得发射阵位。这场战斗在更多的急转弯中继续，直到到达一个相对停滞点，从那里开始两架飞机都需要耗费大量时间和燃油来发展优势。在这个点上"斯巴达人"呼叫了"停止"。之后我们又完成了一次交战，然后编队飞回米拉马尔作总结简报。在米拉马尔，"斯巴达人"又做了另外一次精准且权威但对于海军战斗机武器学校教官而言是"常规操作"的示范。他的重点并不在于谁输谁赢，而是学习的要点。

"大白鲨"和我又飞了 5 次 1 对 1 专项训练，给了我们十余次全

▲ 戴夫·巴拉内克的飞行员桑迪·"大白鲨"·温尼菲尔德也来自于VF-24中队，在05-82班时军衔是上尉。这张照片拍摄于差不多30年后的2011年，他已经是四星上将。温尼菲尔德跟F-14相处了很长时间，包括在海军战斗机武器学校当过一任教官，他和"雄猫"之间的关系一直到2005—2006年才走到尽头，"雄猫"在最后一次战斗部署时，他当时担任第二航母打击群/"西奥多·罗斯福"号航母打击群的指挥官。（美国空军）

面的交战。剩下的绝大部分1对1训练是在亚利桑那州犹马以东的沙漠上空进行，在那我们可以使用战术空勤人员作战训练系统设备来提升我们的总结报告。然后我们将进入更复杂的训练场景。

2 对未知

在1对1训练之后，海军战斗机武器学校的训练大纲进展迅速。我们进行了一次1对2，一次2对1和一次2对2训练，然后进入了一系列的2对未知数量敌机的飞行训练——我们都将其称之为"2对未知"。顺便说一句，友机总是首先被提及，所以"2对未知"意思是2架战斗机对抗未知数量的敌机。"2对未知"是一个有现实意义且有价值的训练想定，因为在敌方领土上空的战斗中，你基本上不能确定实际面对多少架敌机，而且还有更多的敌机随时可能抵达战场。为简单起见，我们将敌机称之为"土匪"，虽然"土匪"代表已识别的敌机，但主动识别也变得越来越重要。

我们有两架战斗机一起飞行，来自VF-211"战斗将死"中队的一架F-14A跟我和"大白鲨"组队，VF-211是分配给我们航空联队（第9舰载机联队）的另一个战斗机中队。另一架"雄猫"的飞行员是约翰·"炸弹魔"·斯塔弗尔比姆（John "Boomer" Stufflebeem）上尉，雷达截击引导员是史蒂夫·"杰克"·雅各布斯迈耶（Steve "Jake" Jacobsmeyer）上尉。我们轮流担任长机和僚机，一旦截获目标，我们会根据谁的雷达图像质量更好等因素来进行长—僚机转换。因为大家都致力于把工作做好，而且进行了一些坦率的战术讨论，我们很快就成了配合默契的小队。

多机场景让我们真正感受到了战术空勤人员战斗训练系统的价值。所有参训的飞机都携带一个类似AIM-9"响尾蛇"尺寸的吊舱，它会传输支持战术空勤人员战斗训练系统的必要数据，包括空速、高度、过载等。当我们在海面上空飞行时（没有战术空勤人员战斗训练系统设备），我们仍然会经历高要求的交战和高质量的海军战斗机武器学校总结简报，但战术空勤人员战斗训练系统可以给总结简报增添细节。除此之外，考虑到我们可能与敌方战斗机交战的场景，在陆地上空飞行增加了我们训练的真实性。当我们使用犹马的战术空勤人员战斗训练系统靶场时，会在犹马海军陆战队航空站降落并做总结简报，然后从那里出发返回靶场。

不管是陆地还是海洋上空，海军战斗机武器学校的"2对未知"训练的典型开始距离是约35海里（约63千米）。战斗机通常在20000～25000英尺（约6096～7620米）高度出发，离开编队位置时从350节（约648.2千米/小时）的空速开始加速。"土匪"们的初始情况更加变化无常，从对面空域的一个或者多个编队位置和4000～40000英尺（约1524～12192米）之间的几乎任意高度出发。"土匪"还会使用各种编队和航线，包括大编队直接进场和多编队欺骗战术。在我的课程中，学校的飞机通常模拟米格－17、米格－21和米格－23，挂载着各种逼真的导弹，但有时也会模拟非友好国家使用的其他战斗机。

为了进一步增加真实感，学校有打出"万能牌"的选项：一架对截击中尚未接敌战斗机发起突袭的"强盗"。即便我们并没有真的遭到突袭，"万能牌"的威胁也会增加雷达截击引导员在截击中的工作量。在头几天的课程里，多机训练强化了我们学习到的东西。F-14的绝大部分性能都优于A-4和F-5，对米格－17和米格－21也是如此。但现

▼ 1985年在米拉马尔，包括戴夫·巴拉内克（站立左起第5位）在内穿着蓝色的飞行服的海军战斗机武器学校的教官骨干在他们一架F-5E"虎"Ⅱ前合影。当年夏天这些教官中的大部分人都驾驶A-4和F-5参与了派拉蒙电影公司的热门电影《壮志凌云》中令人难忘的空战镜头的拍摄。（戴夫·巴拉内克）

▶ 戴夫·巴拉内克上尉正在米拉马尔的1号机库2号教室里做飞行简报。"（1984年夏天）我当教官几个月后，开始在海军战斗机武器学校课堂给学员们做飞行简报。""比奥"回忆道。"简报的要求很高，因为你必须涵盖从飞行安全到战术的各个方面。每名教官在为期5周的战斗机武器学校课程中要给学员们至少讲一堂战术课。"（戴夫·巴拉内克）

实世界的经验告诉聪明的飞行员永远不要低估敌人，无论他驾驶的是什么飞机，而学校的教官们则经常证实这一点。是的，海军战斗机武器学校的飞行员拥有非同寻常的丰厚经验，但敌人肯定也有天分极高且忠诚的战斗机飞行员愿意保卫他们的领空。

F-14的优势之一是我们的功率强大且构造精密的AN/AWG-9雷达。在投入使用时，它是世界上战斗机装备的雷达中最强的，远优于米格-17或米格-21的雷达。在复杂地形上空，AN/AWG-9需要一名老练的雷达截击引导员把真正的"强盗"从杂波中挑出来，并熟练地使用各种雷达模式。

我们天下无敌的武器是AIM-54"不死鸟"导弹，但在冷战期间海军计划节省"不死鸟"导弹去对付攻击航母的苏联轰炸机，而且我们也一直把这种可能性都记在心里，因此没有对敌方战斗机发射"不死鸟"导弹的计划。这让我们只能使用雷达制导的AIM-7"麻雀"、红外制导的AIM-9"响尾蛇"和机炮去对付敌方战斗机。AIM-7和AIM-9相比10年前美国海军在越南使用的型号有了极大改进（多亏了《奥尔特报告》），但在某些方面它们只比对手同类型导弹略有优势。但如果在我的某次部署中发生实战，这都是我想用的武器。

美国海军在越战中击落米格机最多的王牌飞行员兰迪·"公爵"·坎宁安（Randy "Duke" Cunningham）经常说："平时多流汗，战时少流血。"我在海军战斗机武器学校的课堂上就流了很多"和平时期的汗"。

我记得有一次"2对未知"训练是星期三早上开始的。"大白鲨"和我是长机，"炸弹魔"和"杰克"是僚机。我们在22000英尺（约6705.6米）组成松散编队，飞行指示空速约220节（约407.44千米/小时），这是F-14A的燃油经济性最佳航速。我们在等待另外一队战

▲ 被飞行员们视若珍宝的海军战斗机武器学校徽章，会颁发给那些成功完成海军战斗机武器学校长达5周课程的学员们。传统上它会被佩戴在毕业生飞行服的右肩上。（托尼·霍尔姆斯搜集）

斗机训练结束，轮到我们使用靶场。我们提前几分钟起飞，但并没有浪费等待的时间，我们在两架飞机里都把前座电台调到了可以听到另外一个小队通信的频率。他们的对话可以帮助我们在对抗中占得先机。当他们最后一次交战结束时，我们把电台调到指定频率，然后检入。

"Topgun 3 号和 4 号在电报山口，准备进行武器检查。"

电报山口是靶场西北角的一个视觉地标，通常是战斗机训练开始的地方。我们很快完成了检入，我们的指挥员说："强盗已经就位，准备。"这套程序我们已经在海军战斗机武器学校执行过 20 多次了，我们的小队做好了准备，所以我回复道："战斗机已经做好准备。"指挥员说："记录仪开启，战斗开始，'强盗'航向 108°，距离 36 英里（约 58 千米），高度 22000 英尺（约 6706.7 米），向西北方向飞。"

当我们完成左转弯时，"杰克"和我都把雷达指向威胁方向并把上下扫描范围调到了最大值。我搜索中高空，他搜索中低空。我使用了自动跟踪搜索（TWS/A）模式进行初步探测，几乎马上就看到了初始的雷达接触。"大白鲨，联络那个呼叫。战斗机保持航向 100°。"我的雷达上的回波信号跟指挥员呼叫的偏了几度，但相差不大，可以开始拦截。我给飞行员的呼叫指令是：飞行航向 100°，此时正确的航向比目标的准确位置更重要。在截击过程中，长机的雷达截击引导员要驾驶战斗机。雷达在战术信息显示器上显示了一个小符号，"大白鲨"

▼ 从20世纪80年代中期开始，海军战斗机武器学校的课程从几乎纯"雄猫"事务发展到F/A-18占比越来越大。这张照片是海军战斗机武器学校训练大纲即将结束时在索尔顿海附近拍摄，像照片中的混合编队训练任务，包含了VF-24中队（生产编号160889）和VF-211中队（生产编号159631）的两架F-14A，以及新组建的VFA-136中队的两架F/A-18A。（戴夫·巴拉内克）

▲ VF-126中队的单位徽章将苏联红星（代表其主要任务）和"天鹰"的正面轮廓结合在了一起。（托尼·霍尔姆斯搜集）

▼ 20世纪80年代末，一些太平洋舰队的战斗机单位偶尔会试验临时水基性迷彩涂装，用在参加法伦航空联队或者舰队战斗机空中侦察大奖赛/战斗机"德比"科目的飞机上，但战斗部署的飞机上从未见过这种涂装。VF-2中队在这方面尤为活跃，图为该中队的"子弹200"（生产编号162594）粗略地涂着两种灰色组成的迷彩涂装，在犹马的R-2301W 战术机组人员作战训练系统靶场上空执行空战机动任务。（戴夫·巴拉内克）

的显示器也有相同的画面，但他没看。此时他在向座舱外观察。

我花了两秒钟向左边肩膀后上方观察了一下，然后朝反方向扭头观察了右后上方，搜索"万能牌"。什么都没有，"杰克"在他的飞机上也做了同样的动作。我继续查看雷达屏幕。我的左手上移选择脉冲搜索模式，右手拇指通过中控台上的天线控制杆设置天线俯仰。随后我又用左手调整雷达增益和影像以优化雷达图像。这些动作本质上是潜意识的。我向前俯身瞥了一眼详细数据显示器，在它发着绿光的屏幕上，我看到了代表山脉的黑色斑点，同时也看到了几个清晰的黑点。"大白鲨，一个机群，方位108°，距离32英里（约51.15 千米）。"我在电台里估算道。我伸手把雷达模式切换回自动跟踪扫描模式，然后通知了"大白鲨"我切换了雷达模式。

"杰克"说："炸弹魔也一样。"

我们的飞行速度约为350节（约648.2千米/小时）并正在加速，"强盗"的速度跟我们差不多。每过1秒我们跟目标之间的距离就缩短近1200英尺（约365.76 米），这是截击的慢节奏部分。我继续监视雷达屏幕，它偶尔会显示额外的符号，但我还不能分辨出所有目标。我不需要几秒钟就指示一次方向，我们正朝100°航向前进，"炸弹魔"和"杰

克"在我们左侧约 1.5 英里（约 2.41 千米）处。

　　我每隔几秒就搜索一次"万能牌"。我再次向上和左边观察，然后右边，并在超高频电台上说道："大白鲨，右急转弯，目视发现目标，右侧 5 点方位上方空域！"我发现一架"强盗"在我们上方约 10000 英尺（约 3048 米）处，它刚刚开始发起攻击———一张"万能牌"。"大白鲨"加大推力把我们的战斗机拉进了 4g 过载的右向水平转弯，放弃截击去处理眼前的威胁。"炸弹魔"开始低下机头，这样两架战斗机就不在同一空域了。4 双眼睛向高空朝右观察。在转了 30° ~ 40° 的弯之后，我们在电台里听到"战斗机继续"的呼叫。没错！我们很早就看到了"万能牌"，足以达到训练目的，因此现在我们可以把注意力重新集中在截击上。

　　我立刻通过电台说："大白鲨左转，保持 110° 航向。"估计我们距离"强盗"约 25 英里（约 40.23 千米），我想让雷达再次探测到它们并重新审视态势。AN/AWG-9 雷达在转弯中丢失了目标，但显示了一个预估位置。几秒钟后目标就再次出现了，现在我的雷达又发现了额外的目标："大白鲨，一个机群，方位 115°，距离 22 英里（约35.41 千米），来自左侧 090 方位。他们的高度是 18000 英尺（约 5486 米），我们下降高度。""杰克"回答道："炸弹魔，'强盗'后方 8 英里（约12.9 千米）有第二个机群。"我们立马意识到在课堂上学到过这个战术。

▲ 到 20 世纪 80 年代中期，美国海军渴望得到一款能够更好地扮演第四代战斗机所产生的威胁的战斗机，作为已经使用多年的 A-4 和 F-5 的补充，用于假想敌训练。美国海军最终自 1987 年起购买了 26 架"定制版"F-16N（22 架单座型和 4 架双座型），这批飞机基于装备 F110-GE-100 发动机的 F-16C/D block30。（戴夫·巴拉内克）

当我们处理"万能牌"时，一到两架"强盗"做了一个急转弯拖后的机动，让自己落在了长机后几英里处，这会让我们的决策复杂化。AIM-54现在可以派上用场了。根据简报，"杰克"把他的雷达对准了第二个机群。

我们现在距离前面的机群不到20英里（约32千米）了。"大白鲨"下降到16000英尺（约4876.8米）并保持平飞。我再次把雷达切换到脉冲搜索模式，在我们同目标以1英里（约1.61千米）/4秒的速度互相接近时，雷达精确地分辨出了敌机编队。我在电台里说："大白鲨，前面的机群，长机在右突前队形，距离18英里（约28.97千米），高度18000英尺（约5486米）。""杰克"在电台里说道："炸弹魔，拖后的机群距离25英里（约40.23千米）。"这听起来像是一段很长的距离，但战斗很快就会在下一分钟开始。我们已经完全做好了准备。

我把雷达切换回自动跟踪扫描模式，并调整了显示器的比例尺。雷达扫描了几次来处理信息。现在我们距离前面的敌方机群约有13英里（约20.92千米）。我在内部通信系统里说："大白鲨，看战术信息显示器。"在此之前的绝大部分截击时间里，"大白鲨"一直都在观察飞机外面，但我们约定在距离敌机15英里（约24千米）处，我会在他的显示器上设置雷达图像。在听到提示后"大白鲨"使用公共时钟代码说："炸弹魔在左侧8点方位下方。""大白鲨"看了看战

▼ 1989年初，在VF-2中队准备离开前往"突击者"号进行自己的西太平洋/印度洋部署之前，VF-126中队的"金刚石05"（生产编号163567）和"子弹202"（生产编号162598）在南加州上空合影。两架飞机都携带了AIM-9L模拟弹，而且"雄猫"的翼套扇翼也都伸出来了。F-16N只扮演了10年假想敌就因为高过载机动导致隔板壁破裂而永久停飞。（戴夫·巴拉内克）

术图像，而我则向外观察定位我们的僚机。"大白鲨"说："收到图像。"
而我说："看到僚机。"这样我们各自的目的都达到了。

我又看了看雷达，并对"强盗"长机进行雷达锁定。过了一两秒后，
我看见详细数据显示器上方有两盏绿色的小灯亮起，提示雷达取得了
有效锁定。我在电台里说道："大白鲨，锁定敌长机，距离 10 英里（约
16.2 千米），靠右突前。""杰克"说道："炸弹魔，后方机群距离
16 英里（约 25.75 千米），高度 15000 英尺（约 4572 米），并排队形。""大
白鲨"将我们的战斗机右转，用机头对准目标，然后通过平视显示器
观察，基于我们的雷达锁定，一个绿色的菱形光标显示了目标的位置。
"大白鲨"呼叫道："菱形光标里有黑点。"让大家知道他在"强盗"
应该在的位置看到一些东西，这很好。

▲ 米拉马尔海军航空站的徽章，底
部装饰有铭文："太平洋舰队战斗机
之家"（Home of the Pacific Fleet
Fighters）。它位于圣迭戈市中心以
北10英里（约16.2公里）处，在20世
纪50年代成为美国海军主要喷气式飞
机基地，并在越南战争期间大规模扩
建。它于1997年10月正式更名为米
拉马尔海军陆战队航空站。

我把自己的注意力分散在了确保雷达锁定状态良好、检查"炸弹
魔"的位置、检查燃油以及为总结简报做笔记上。我在截击过程中写
不了多少笔记，但海军战斗机武器学校的总结报告总是浮现在我脑海
深处。

"Fox one,[1] 领头的 A-4，高度 20000 英尺（约 6096 米）。""大
白鲨"扣动了操纵杆上的扳机，蜂鸣声指示他模拟发射了一枚 AIM-
7 "麻雀"，登记在了战术机组人员作战训练系统设备中。他已经识别
了敌机型号，表明他不是在胡乱射击。

在接下来的 30 秒里事情发生得很快，有很多信息要处理。"炸弹
魔"在电台里呼叫说他看到领头的那个敌方机群里有两架"强盗"。"杰
克"就后面的那个敌方机群进行了呼叫——他取得了雷达锁定。我向"大
白鲨"更新了"炸弹魔"的位置（左侧 9 点方位下方，距离 1 英里）。
我们射击的那架"强盗"被战术机组人员作战训练系统指挥员确认击落。
"大白鲨"选择了一枚"响尾蛇"（训练弹），取得了锁定并呼叫说
对领头机群里的第二架"强盗"发射了导弹。那架"强盗"也被击落了，
领头的机群消失了。"大白鲨"把长机让给"炸弹魔"，带我们去对
付后面那个机群，现在距离 8 英里（约 12.87 千米）。我一直在向外
和向前观察，希望能找到"强盗"，但最后还是使用雷达锁定了后面
那个机群的第二架"强盗"。

"Fox one，北边的 F-5，高度 15000 英尺（约 4572 米）。""炸
弹魔"识别目标并对后面的其中一架"强盗"发射了导弹。根据他的
呼叫，整个目标编队都被认为是敌对的，所以"大白鲨"也发射了一
枚导弹。"Fox one，机群中南边那架'强盗'。"战术机组人员作战

---

[1] 美国海军发射半主动雷达导弹的呼叫代号。——译者注

▶▶ 从20世纪80年代初开始，被选中的F-14机组被赋予了跟美国空军的最高机密：驻内华达州托诺帕的第4477测试和评估中队使用的米格-21（主要是中国仿制的F-7）进行熟悉飞行/空战机动的机会。在2002年的联合联队演习期间，克罗地亚空军的米格-21"比斯"D带着两架VF-103中队的F-14B在普拉（Plula）机场上空飞行，清晰地展示了"雄猫"和"鱼床"之间的体型差异。（美国海军）

训练系统指挥员宣布两架"强盗"都被击落，然后呼叫"停止，停止。"我重复了这个呼叫："大白鲨，停止。""杰克"说："炸弹魔停止，燃油状态10.8。""该死，太酷了！"我想。在内部通信系统中，"大白鲨"对我说道："干得不错，比奥！"

我们飞回电报山口并准备下一回合的交战。在第二回合中我们没有遇到"万能牌"，相反"万能牌"跟其他"强盗"在一起，所以我们进行了一次2对5的对抗。这次我们也没能在交汇前击落所有"强盗"，所以我们有了一些很棒的格斗时间！我们后来又进行了第三轮训练，这是一次大约20英里（约32.19千米）的短距离对抗，然后回到犹马做总结报告，停航飞机并为下午的训练做简报。

4 对未知

课堂上的挑战稳步增加，我们很快就熟悉了海军战斗机武器学校推荐的原则。这些原则并不是简单的学习练习，也不是在总结简报中让我们犯错的东西，而是他们对我们在作战中所采取行动的建议。这些原则在飞行中得到了验证，而且会持续不断地进行仔细检查。原则中有一条是如果你脱离了战斗，就不应该再加入。在战斗（和其他海军战斗机武器学校班级）中有很多这样的例子，战斗机进入战斗后退出，然后再次加入战斗时结果很糟糕，比如被击落等。

第五周的一次"4对未知"对抗是在太平洋上空进行的，我们陷入了一场大规模的多机缠斗之中。在5英里范围内估计有9到10架飞机，这是一个每架飞机可以互相影响的球状空间范围。一些"强盗"已经被击落。"大白鲨"和我进行了几次射击之后决定退出战斗，所以我们和"炸弹魔"协同然后呼叫道："大白鲨向北退出战斗。"我们收到的回应是："炸弹魔向西退出战斗。"很好。

"大白鲨"向前推杆降低高度并把加力开到5级，这是F-14A的最大加力推力。我现在的工作是防御性瞭望，所以我把自己的注意力集中在了背后，看着那些盘旋的黑点随着我们快速加速超过1马赫而消失。我跟"大白鲨"说那景象就像一团正在消失的"虫子"，当我向前看时，看到一团激波在有机玻璃座舱盖上向后滑行的惊人景象。它看起来就像是一块玻璃，顺着座舱盖的形状随着我们速度的增加向后移动，我们很轻松就达到了1.3马赫（约1512.78千米/小时）并且仍在加速。当我说"虫子"消失后，"大白鲨"把节流阀从5级拉了回来，激波迅速向前移动，在我们减速到1马赫以下时消失了。

　　然后"大白鲨"说："想调头再干上一票吗？"我回答道："当然！"

　　"大白鲨"做了一个最佳转弯率的左转弯，而我则把雷达性能调到极限并选择了脉冲搜索模式。屏幕上的小亮点是 A-4 或者 F-5，而两个大亮点则是两架仍在战斗中的 F-14A。我在内部通信系统中告诉"大白鲨"，我在 9 英里（约 14.48 千米 / 小时）的距离上取得了雷达接触，要求"保持 190°航向"。我扣下操纵手柄上的扳机，取得了锁定。"大白鲨"平视显示器上的符号变了，一个菱形图标显示了雷达锁定的目标。虽然我尽量有选择性地锁定目标，但"大白鲨"说"那是一架 F-14"，所以我把雷达调回脉冲搜索模式，搜索较小的亮点，并再次取得了锁定。第二次锁定让"大白鲨"进行了电台呼叫："敌机机腹，

1991年8月，当4架老旧的飞机在结束舰队服役被分配到学校时，海军战斗机武器学校获得了自己的第一批"雄猫"。其中一架飞机的生产编号是159855，在抵达海军战斗机武器学校几周后就被涂上了这种受苏-27"侧卫"启发的迷彩涂装。这架飞机已经抹去了灰色的战术油漆涂装，这个涂装受到了当时苏联空军苏-27使用的涂装的启发。（美国海军）

Fox one！ 13000 英尺（约 3962.4 米）正在追击 F-14 的那架 A-4。"那架 A-4 立刻做了一个横滚机动承认自己被击落。我们从它的腹侧发起攻击，所以他看不到我们发射导弹，也就没机会摆脱。"大白鲨"通过内部通信系统说道："我们不要再碰运气了。"于是我们侧滚又做了一个最佳转弯率的转弯机动，再次脱离了多机缠斗战场。我在无线电里说："大白鲨向北脱离战斗。"我们跟"炸弹魔"组成编队回到了米拉马尔。

因为我们没在战术机组人员作战训练系统内，所以这次总结简报根据回忆、笔记和驾驶舱录音机重现了截击和交战。我们在退出战斗后重返战场的决定被其中一架"强盗"的飞行员提到，他很早之前就被击落了，然后爬升到高空观察交战。不过由于我们并不是强行返回战场，且成功击落了一架"强盗"，因此我们没有受到惩罚。战斗机的任务进行的很顺利。只剩下两次飞行了，我敢肯定教官们在看到我们班经过他们努力培训后的表现，一定会感到自豪的。

很快我们的海军战斗机武器学校的课程就结束了，我和"大白鲨"回到了 VF-24 中队。根据计划，我们俩最后分别成为了飞行员和雷达截击引导员教官。后来我们俩都回到了海军战斗机武器学校当教官，

▼ 1994年4月，海军战斗机武器学校一架生产编号不明的F-14在基地的一个实弹靶场执行训练任务后准备降落在法伦。它不仅携带一具战术机组人员作战训练系统吊舱和一枚"响尾蛇"实弹，左侧机身下武器挂架上还挂有一具空的BRU-42改进型三联装弹射式挂架。（桥本敬史）

但那是另外一个故事了。

海军战斗机武器学校的改变

　　在我离开海军战斗机武器学校几年后，海军战斗机武器学校将它装备的 F-5 换成了 F-16N，终于获得了一种装备有雷达可以模拟最新威胁的飞机，不过 A-4 还会在若干年内继续提供具有挑战性的训练。后来海军战斗机武器学校的教官转而去驾驶 F/A-18 和 F-14，跟学员们驾驶一样的飞机，既在"红军"里扮演对手，又在"蓝军"阵营中跟学员们一起飞行。如今，海军战斗机武器学校混装 F-16 和 F/A-18"大黄蜂"及"超级大黄蜂"，并且得到了装备 F-5 的 VFC-13 预备役中队的支持。

　　随着空对地课程的增加以及空战武器和战术相关的复杂性的增加，海军战斗机武器学校的课程从 20 世纪 80 年代的 5 周增加到了现在的 9 周。

　　20 世纪 80 年代末海军战斗机武器学校搬到了米拉马尔一处全新的设施，但待的时间不长。因为在 1996 年战斗机武器学校搬到了内华达州的法伦海军航空站，并成为了海军攻击和空战中心的一部分，

▲ 到 2002 年，海军攻击和空战中心的 6 架 F-14A 全部采用了标准型灰色战术油漆涂装。尽管"雄猫"当时已不复年轻时的鼎盛状态，但由于能够模拟米格-29、米格-31和苏-27，以及西方潜在敌对型号构成的超视距多传感器威胁，这些老旧的战斗机被当做教具使用。（泰德·卡尔森）

现在叫海航作战发展中心（Naval Aviation Warfighting Development Center）。海军战斗机武器学校的教官自始至终都保持了最高标准的飞行技术和纪律，结合出色的课堂教学，确保了海军和海军陆战队的机组人员能够随时应战。

A–4 和 F–5 跟 F–14A 的比较

在成立后的头 20 年里，海军战斗机武器学校主要使用 A–4 "天鹰" 和 F–5 "虎Ⅱ" 来模拟敌机。A–4 是一种轻型喷气式攻击机，没有加力燃烧室，不能超音速飞行，但基础设计非常灵活。海军战斗机武器学校的 A–4 比常规中队使用的飞机要轻，而且装备了推力最大化的发动机，提升了它们的格斗性能。A–4 通常模拟米格 –17，在 20 世纪 80 年初仍有数十个非友好国家在使用它。

F–5 一开始就是作为战斗机设计的，但它设计简单，目的是出口给美国的盟国，代替美军通常使用的复杂机型。F–5 体型小、重量轻、机动性强，而且易于超音速飞行，通常用于模拟米格 –21 和 F–7。20 世纪 80 年代这两种飞机也曾装备数十个国家的空军，如今仍有数百架在现役，尤其是 F–7。海军战斗机武器学校使用单座 F–5E 和双座 F–5F，舰载机中队在 F–5 问世之前也常年使用与之类似的 T–38 "禽爪" 教练机。

A–4 和 F–5 跟 F–14 参数对比

	A–4F	F–5E	F–14A
长度	40 英尺 3 英寸（12.22 米）	47 英尺 5 英寸*（14.45 米）	62 英尺 8 英寸（19.10 米）
翼展	26 英尺 6 英寸（8.38 米）	26 英尺 8 英寸（8.13 米）	64 英尺伸展（19.51 米）38 英尺后掠（11.58 米）
内油	5500 磅（2.49 吨）	4500 磅（2.04 吨）	16200 磅（7.35 吨）
正常起飞重量	18000 磅（8.16 吨）	16000 磅（6.83 吨）	62000 磅（28.12 吨）
最大推力	11200 磅（5.08 吨）	10000 磅（3.70 吨）	41800 磅**（18.96 吨）
最大速度	670 英里/小时（1046 千米/小时）	1060 英里/小时（1706 千米/小时）	1553 英里/小时（2499 千米/小时）
最大升限	42000 英尺（12801 米）	52000 英尺（15850 米）	56000 英尺（17069 米）

* 这是海军战斗机武器学校使用的 F–5E 的长度，进行过 "鲨鱼头" 改装，数据跟一些已公开的资料有所不同。

** 基于公开数据。F–14A 的实际推力会更低一些，因为调低了发动机功率（降低推力）以减少失速倾向和增加发动机寿命。

▲ 空战机动结束后，海军攻击和空战中心的一个机组带领VF-32中队的F-14B"吉卜赛112"（生产编号161608）返回法伦。两架飞机都携带有战术机组人员作战训练系统吊舱（162591号机挂在左肩挂架上，不在镜头内），可以向法伦实时发送飞行数据，以便在基地的各个简报室进行任务后分析。VF-32中队的飞机还携带了一具"蓝盾"吊舱。（泰德·卡尔森）

　　米格-17和米格-21是我参加海军战斗机武器学校训练班时最常见的对手，但A-4和F-5有时也会根据训练情景模拟其他飞机，包括非友好国家空军使用的米格-23和其他型号。

和"敌人"一起飞行

　　在近20年里，海军战斗机武器学校的教官们一直把"雄猫"视为"敌人"，他们努力训练舰队飞行员和雷达截击引导员，好让他们用最佳手段击败他们在全球的潜在对手。不过，从20世纪90年代初开始，随着F-14部队规模在"沙漠风暴"行动后缩减，有富余的"雄猫"机体可用，这意味着有少量飞机可以提供给海军战斗机武器学校，但数量从未超过6架。这些飞机最初被当作学员（主要是大西洋舰队的）在海军战斗机武器学校期间，那些业已老化的F-14发生机械故障时的备用机。海军战斗机武器学校的"雄猫"还承担着教官的飞行熟练度检查任务，让飞行员和雷达截击引导员在脱离一线的海军战斗机武器学校3年任职期间内，保持驾驶"雄猫"的熟练度。

▼ 海军攻击和空战中心的6架F-14在不到一年的时间里就跟来自法伦的14架F-16和12架F/A-18A/B一起行动了,"战隼"本来是交付给巴基斯坦的,遭美国政府禁运后在航空维护与重建中心封存了十余年。图中这架F-16B（生产编号92-0460）是2002年交付给该单位的第一批飞机之一,正带领着F/A-18A/B（生产编号162894）和F-14A（生产编号162591）在法伦西南的塔霍湖（Lake Tahoe）上空飞行。（泰德·卡尔森）

只有飞行时间比较长的 F-14A 会提供给海军战斗机武器学校,在最早的一批"雄猫"退役被送往位于亚利桑那州戴维斯—蒙森空军基地的"飞机坟场"时,海军战斗机武器学校已经稳定运行着 20 多架飞机,并被其他的舰队富余的"雄猫"所取代。除了作为学员备用机和教官检查机外,"雄猫"由于能够模拟米格-29、米格-31 和苏-27,以及潜在的敌对型号所具备的超视距多传感器威胁,也逐渐被当成教学辅助设备使用。假想敌部队传统上不使用舰队现役型号,因为海军战斗机武器学校最为欣赏跟不同型号飞机战斗的价值。但 F-14 由于可以精确地模拟潜在威胁,它对海军战斗机武器学校而言很有用。

正如戴夫·巴拉内克提到的,随着美国海军在内华达州海军航空站合并战术空战训练,海军战斗机武器学校于 1996 年年中搬到了法伦。

这所学校在那里成为海军攻击和空战中心的一部分，从 5 月 30 日开始在米拉马尔投入使用，装备 12 架 F/A–18A 和 6 架 F–14A。虽然部队的名称和驻地有所改变，但任务没变。海军攻击和空战中心的 F–14 使用的各色迷彩涂装大体上基于现实世界中潜在对手使用的涂装，一直活跃到 2003 年 10 月最后一架飞机退役。

雷达截击引导员特德·"小妞"·里恰尔代拉（Ted "Chick" Ricciardella）是最后一批在海军攻击和空战中心驾驶 F–14 扮演假想敌的海军飞行军官之一，在 VF–11 中队完成一轮任期后被调到了法伦：

我一开始是 2002 年夏天在"雄猫"上通过了海军战斗机武器学校的课程。有两个 F–14 机组和 6 名 F/A–18 飞行员参加课程，还有假想敌和空中截击控制官（Air Intercept Controller，简称 AIC）学员（海军飞行军官，预定分配到 E–2C 预警机上）。当时，海军战斗机武器学校的课程仍然专注于空对空训练，时至今日依旧如此，但是现在有更多的空对地训练贯穿在训练大纲之中。

我们在课程中驾驶 F–14A/B，它们装备着曾经强大的 AN/AWG–9 雷达。AN/AWG–9 是一款采用模拟电子技术的脉冲多普勒雷达，在 20 世纪 60 年代开发和 70 年代投入使用时属于尖端科技，但是到 2002 年它在技术上已经被绝大多数美国战斗机装备的空对空雷达所超越。这反过来意味着 AN/AWG–9 雷达需要一名更好的操作员才能充分发挥其性能，确保"雄猫"在战斗中仍有致命性且能存活下来。作为雷达截击引导员，我为能将雷达性能发挥到极致、

▲ 2003年春，海军攻击和空战中心的最后6架"雄猫"中的3架停放在法伦的停机线上。每架飞机的下方都有湿斑迹象，那些部位的液压油和燃油在飞行间隙泄漏了——F-14出了名的容易渗漏。离镜头最近的两架飞机（生产编号162591和160913）已经有人登机，很快就会滑行出去进行另外一次海军战斗机武器学校出动。第3架"雄猫"（生产编号160669）正在维修中。（泰德·卡尔森）

能够在飞行中排除故障，并使用所有其他可用传感器成功进行截击而感到自豪。

成功完成为期9周的海军战斗机武器学校课程之后，我留在了海军攻击和空战中心当教官。法伦航空站在里诺（Reno）以东约80英里（约128.75千米）处。机场周围没有太多的东西，这就是在这里飞行如此美妙的原因。作为一名海军战斗机武器学校教官，你在课程中教导学员时平均每周要飞4次。虽然每次飞行只需要1.5个小时就能完成，但事情要持续一整天。有些海军战斗机武器学校总结简报要进行5到6个小时，一直到所有的录音带都被检查完，我们要听取训练中的通信记录，然后在战术空勤人员空战训练系统上对飞行进行回放。总结简报不会遗漏任何一个学习点，脸皮要变厚，因为总结简报可能很不留情面。

我记得我还是学员时上的一堂飞行训练课，由于天气原因，课时被提前缩短了，我们只能进行一轮对抗就要返回基地。在返航途中，我对飞行员罗布·"射手"·西莫内（Rob "Shooter" Simone）上尉说："至少总结简报会很快。"但实际上总结简报持续了 5 个小时，只为一轮对抗，而且是一次很顺利的飞行！这就是为什么海军战斗机武器学校的训练效果如此之好，因为同样的思维模式已经渗透到了现在所有攻击战斗机的机组人员都要学习的舰队和攻击战斗机战术教官（Strike Fighter Tactics Instructor，简称 SFTI）训练大纲之中。海军航空兵也因此变得更强。

驻法伦的"雄猫"经常会执行"红军"任务，扮演假想敌，作为通常被用作假想敌的 F-5 和 F-16（偶尔也会有海军攻击和空战中心的 F/A-18）的补充。"雄猫"通常被用于模拟高空高速目标——比如米格 -25"狐蝠"或者米格 -31"猎狐犬"。扮演"红军"出动一向都充满乐趣，F-14 会在战斗开始很久后，演习进行到一半时从法伦出动。我们朝北飞往 B-20 禁区，在那里我们会进行 30 秒的爬升，飞到 35000 英尺（约 10558 米）以上高度并计时，这样当你抵达超音速走廊（法伦靶场训练复合体的一块特定区域）时，速度将会达到 1 马赫，然后在"敌方"战斗机离开目标区时去追杀他们。

▼ 2003年春，泰德·里恰德拉上尉（Ted Ricciardella）和查理·布朗上尉（Charlie Brown）在完成了一堂海军战斗机武器学校课程后离开 F-14A 160913号机。两人都是前一年从为期9周的海军战斗机武器学校课程毕业，然后被派往海军攻击和空战中心。里恰德拉作为海军攻击和空战中心的参谋海军飞行官飞了一年的 F-14，2003年"雄猫"从海军战斗机武器学校退役时改飞 F/A-18F。（泰德·卡尔森）

▲ 2000年5月，VF-213中队的"黑狮"103（生产编号163899）在法伦的"亡命徒"17靶场上空进行了模拟投弹通场后猛地拉起，F-14D的"蓝盾"吊舱在其常用的右肩挂架上清晰可见。在舰队服役的最后10年里，进行攻击任务训练对于"雄猫"战斗机单位派往内华达州法伦航空联队的分遣队而言越来越重要。（桥本敬史）

▶ 2005年春，在第8舰载机联队在法伦航空联队的最后一次部署期间，VF-31中队的"花车101"（生产编号164603）翼尖拉着涡流，带着覆盖在完全伸展的机翼上表面的蒸汽展示自己的性能。"雄猫"的敏捷性久负盛名，这要归功于它的可变后掠翼及F-14B/D上与之相配的发动机推力。（美国海军）

我们会加速到1.4或者1.5马赫（指示空速），如果一切顺利的话我总是会惊讶于我们接近正在撤退中的"敌机"的速度。"蓝军"战斗机通常认为他们可以摆脱我们，但如果他们不及时返航，将无法在战斗中存活。

我在海军攻击和空战中心飞了一年"雄猫"后转飞 F/A-18F"超级大黄蜂"。我喜欢"超级大黄蜂"，它的 APG-73 和 APG-79 有源电子扫描阵列（Active Electronically Scanned Array，简称 AESA）雷达、高级中程空空导弹（AMRAAM）、多功能信息分发统（Multifunctional Information Distribution System，简称 MIDS），以及其他的昂贵设备使其足以匹敌"雄猫"，但是"大战斗机"就是有一些东西让自己显得特别。我喜欢飞行员和雷达截击引导员让所有令人眼花缭乱的设备运转起来，甚至有时候仅仅是让那个该死的东西飞起来而付出的努力。有一次我在法伦的停机线上启动一架"雄猫"时向座舱外看去，看到一名地勤人员正在用锤子敲打左翼的一个扰流板使其恢复原状。我们在约30分钟后使用了那架飞机，你用锤子敲打 F/A-18 或者 F-35 试试！

2012年，在伊朗上空的一次训练任务中，第8战术战斗机基
地的4架经过全面检修的F-14A组成一个编队，在伊朗伊斯
兰空军一架KC-707的右侧保持编队位置。离镜头最远的是
3-6079号机（生产编号160377），是交付给伊朗帝国空军
的最后一架F-14A。在两伊战争期间，这架战斗机的机组人
员在1980年击落了一架米格-21和一架米格-23，1988年2
月9日击落了3架"幻影"F1EQ。（伊朗伊斯兰空军）

IRIAF

附　录

参　数

	F-14A "雄猫"	F-14B/D "雄猫"
机组人员	飞行员和雷达截击引导员	飞行员和雷达截击引导员
长度	62 英尺 8 英寸（19.10 米）	62 英尺 8 英寸（19.10 米）
翼展	机翼展开 64 英尺 1.5 英寸（19.55 米） 完全后掠 38 英尺 2.4 英寸（11.65 米） 停放状态 33 英尺 3.5 英寸（10.15 米）	机翼展开 64 英尺 1.5 英寸（19.55 米） 完全后掠 38 英尺 2.4 英寸（11.65 米） 停放状态 33 英尺 3.5 英寸（10.15 米）
机翼面积	565 平方英尺（52.49 平方米）	565 平方英尺（52.49 平方米）
高度	16 英尺 0 英寸（4.88 米）	16 英尺 0 英寸（4.88 米）
重量	空重 39921 磅（18108 千克） 最大起飞重量 74349 磅（33724 千克）	空重 41780 磅（18950 千克） 最大起飞重量 74349 磅（33724 千克）
升限	56000 英尺（17070 米）	53000 英尺（16154 米）
最大航程	1740 海里（3220 千米）	1600 海里（2965 千米）
最大速度	1553 英里 / 小时（2485 千米 / 小时）	1600 英里 / 小时（2965 千米 / 小时）
巡航速度	463 ~ 636 英里 / 小时（741 ~ 1019 千米 / 小时）	477 英里 / 小时（764 千米 / 小时）
发动机	2×20900 磅（93kN）普惠 TF30-P-414A 加力涡扇发动机	2×23100 磅（103kN）通用电气 F110-GE-400 加力涡扇发动机
武器	1×M61A1 "火神" 20 毫米机炮，备弹 675 发。4 个机翼翼套挂架和 4 个机身下挂架共可以挂载 8 枚空空导弹（AIM-54A/C，AIM-9L "响尾蛇" 和 AIM-7F/M "麻雀"）或 145000 磅（6577 千克）常规炸弹	1×M61A1 "火神" 20 毫米机炮，备弹 675 发。4 个机翼翼套挂架和 4 个机身下挂架共可以挂载 8 枚空空导弹（AIM-54A/C，AIM-9L "响尾蛇" 和 AIM-7F/M "麻雀"）或 145000 磅（6577 千克）常规炸弹

"波斯猫"

虽然"雄猫"引起了许多潜在客户的兴趣，但它昂贵的价格和复杂性意味着它永远无法获得其"前任"F-4"鬼怪"Ⅱ在出口市场上所取得的成功。事实上唯一购买 F-14 的国家也曾是麦克唐纳·道格拉斯公司生产的战斗机的使用者。

伊朗长期以来一直是美国政府在中东为数不多的盟友之一。伊朗的军队是用现代化美制武器武装的。1972 年夏天，当伊朗国王穆罕默德·礼萨·巴列维（Mohammad Reza Pahlavi）访美向当时的美国总统理查德·尼克松表达了购买"雄猫"的兴趣时，这笔交易差不多就已经达成了。不过这项有争议的采购，包括随飞机一起采购的 AIM-54A"不死鸟"导弹，因美国国务院担心伊朗民众对伊朗国王在武器上的过度开支感到不满，一直到 1973 年 11 月才得到美国政府批准。

▼ 准备交付给伊朗的 F-14A 在卡尔弗顿的生产线上完成组装后，就被涂上了独特的"小亚细亚"迷彩涂装。它们的双垂尾上涂有一个前缀是 H 的两位数的序列号，照片前景中的 H29（生产编号 160327）是为伊朗帝国空军制造的第 29 架飞机——它抵达伊朗后得到了 3-6029 的编号。（格鲁曼公司获自大卫·F. 布朗）

生产编号为160299的F-14A（一开始编号3-863，如图，后来换成了3-6001）是为伊朗帝国空军制造的80架"雄猫"中的第一架，该机于1975年12月5日首飞。这架飞机涂有伊朗帝国空军的"小亚细亚"风格涂装，照片拍摄于1975年的最后一个星期，飞机正在卡尔弗顿工厂进行试飞。（格鲁曼历史中心获自汤姆·库珀）

▼ 1977年5月，伊朗王室50周年庆典之际，12架已经交付给伊朗的"雄猫"中的11架启动发动机停在哈塔米准备滑出停机线并起飞，组成编队飞越德黑兰上空。飞机的空中加油管整流罩全部都被拆除。（格鲁曼公司获自大卫·F.布朗）

在 F-14 的评估阶段，伊朗帝国空军（Imperial Iranian Air Force，简称 IIAF）也测试了麦克唐纳·道格拉斯公司的竞品 F-15 "鹰"，但发现"雄猫"的 AN/AWG-9 雷达和 AIM-54 导弹的组合在远程探测及拦截来袭敌机方面的性能无与伦比。对于伊朗而言，来袭敌机就是一直在飞越其领空的苏联空军米格-25R "狐蝠"侦察机，它们知道自己很安全，不会被拦截。有高空飞行能力的米格-25R 对美国空军和伊朗帝国空军的 RF-4 多次飞越苏联领空的行为依次进行了回应。伊朗

人很快意识到阻止这些"狐蝠"飞越其领空的唯一办法是购买一架有效的预警机（E-3"哨兵"是 1977 年订购的，是破纪录的 57 亿美元一揽子武器采购计划的一部分，但伊朗在 1979 年爆发伊斯兰革命，这些武器未能交付）及装备有高性能雷达和远程空空导弹的大航程截击机。

　　1974 年 1 月 7 日，伊朗获得了美国政府允许其购买"雄猫"的许可，项目代号"波斯王"（Persian King）。伊朗人购买了 30 架 A 型、零备件、备用发动机和一个完整的武器包（包括 424 枚 AIM-54A）。

6 个月后，伊朗又订购了 50 架 F-14A 和 290 枚"不死鸟"导弹。"波斯王"项目订单总值 20 亿美元，当时是美国历史上单笔金额最高的对外军售。这笔订单最终拯救了"雄猫"和格鲁曼公司本身，因为在 1974 年 8 月美国国会暂停了对该公司的资金支持，原因是为美国海军制造的飞机成本急剧超支。由于迫不及待地想得到 F-14，国王指示伊朗梅利银行把生产飞机的必要款项借给格鲁曼公司，让其完成伊朗帝国空军的订单。他还鼓励其他投资者为格鲁曼提供贷款，让格鲁曼公司度过金融风暴，把"雄猫"的生产线一直开到 1992 年。

　　格鲁曼公司提供给伊朗的 F-14 跟当时交付给美国海军的飞机基本上一样，它们配套的"不死鸟"导弹也与美国海军使用的高度类似。相比美国海军装备的导弹，伊朗购买的"不死鸟"事实上只降级了抗干扰套件，降低了它对抗美制飞机和它们装备的电子对抗系统的效能。

　　伊朗帝国空军的第一架 F-14 于 1975 年 12 月 5 日首飞，次年 1 月下旬，首批 3 架交付伊朗的"雄猫"抵达德黑兰的梅赫拉巴德

▲ 伊拉克空军在两伊战争期间理所当然地害怕伊朗的F—14，"雄猫"机组声称击落多达180架敌机，其中约60架得到了伊朗伊斯兰空军的正式承认。在为期8年的冲突中F—14的损失高达16架。图为3—6056号机（生产编号160354）携带两枚AIM—54A和两枚AIM—9P在战争最激烈时期在伊朗北部边境巡逻。（获自汤姆·库珀）

（Mehrabad）空军基地。伊朗采购的F—14绝大部分将配属给伊朗帝国空军第8战术战斗机联队，驻扎在伊斯法罕（Esfahan）附近沙漠中一个名叫哈塔米（Khatami）的新建机场，由1974—1975年间在VF—124中队接受训练的伊朗帝国空军机组人员（都有驾驶F—4经验）驾驶。伊朗借调了美国海军教官提供额外的训练支持，而格鲁曼公司和休斯公司的工程师则向伊朗帝国空军的地勤人员提供技术帮助。

贾韦德（Javed）上尉是伊朗帝国空军最早从"鬼怪"Ⅱ转换到"雄猫"的飞行员之一，当他被调到第81战术战斗机中队时："作为一名前F—4飞行员，我在训练刚开始时就发现F—14A领先F—4几个光年。我毫不犹豫地离开了'鬼怪'Ⅱ中队，去了新成立的'雄猫'部队。我爱'鬼怪'Ⅱ，但学会了更爱F—14A。"

到1978年7月，伊朗订购的80架"雄猫"中有79架抵达伊朗，最后一架飞机被格鲁曼公司留在美国进行进一步的航电测试。伊朗帝国空军还收到了其订购的714枚AIM—54A中的284枚，但1979年伊斯兰革命推翻国王后，剩下的部分都未能交付。美国的技术支持也在这个时候撤出，而且当时统治伊朗的伊斯兰共和党逮捕了大量伊朗帝国空军的机组人员（很多都是被分配到"雄猫"部队的），声称他们是"国王的飞行员"。很多"雄猫"机组人员和一些地勤人员逃离了伊朗。F—14的换装训练也陷入停顿，而且大部分"雄猫"部队一直到1980年都无法投入使用。

▲ 1985—1986年间，第8战术战斗机基地的F-14机组人员在哈塔米跟他们的其中一架飞机合影。尽管革命政权将这些人冠以"国王的飞行员"的称号，但他们仍然决心抓住一切机会跟伊拉克空军战斗，保卫自己的国家。（获自汤姆·库珀）

　　当年9月，当伊拉克入侵伊朗，标志着两伊战争[1]爆发时这种情况发生了变化。随着更多的飞机返回现役，F-14将在这场冲突中发挥越来越重要的作用。许多在监狱里备受煎熬的飞行员也被释放，并被告知要为他们的国家而战。他们的经验很快就崭露头角，从1980年9月到1988年7月，F-14声称至少击落了159架伊拉克飞机，另有34架战果没有得到确认。1980年9月13日，在这场战争中最早的一次空战中，伊朗伊斯兰共和国空军第81战术战斗机中队的一架F-14用1枚AIM-54击落了伊拉克空军的一架米格-23MS。这是两种可变后掠翼飞机在空战中的第一次交手，击落米格机也让"不死鸟"导弹取得了自己的首个空战战绩。

　　在长达8年的冲突中，伊朗伊斯兰共和国空军使用了"雄猫"所能使用的所有武器，AIM-54的表现尤其引人注目。虽然在战争后期"雄猫"部队的可用飞机数量开始下降，但来自美国的秘密零部件供应和

---

[1] 原文为第一次海湾战争，但该术语在国内特指1991年多国部队对伊拉克的战争。——译者注

▲ 靠近镜头的是3-6060号F-14A（生产编号160358），挂载了一枚红色弹翼MIM-23 I-HAWK地对空导弹。该导弹是"天鹰"计划的一部分，为了将地对空导弹变成一种有效的空对空武器，伊朗伊斯兰空军的工程师们对MIM-23的引导头进行了重新调谐，让它在搜索空中目标时可以跟AWG-9的连续波发射器对接。（伊朗伊斯兰空军）

伊朗人发起的逆向工程项目有助于维持F-14及其复杂的雷达和武器系统的可用性。1981年，"雄猫"面对伊拉克空军的"幻影"F1EQ遭受了少量损失。"幻影"F1EQ装备了法国最新型的空空导弹，该导弹进行了专门调制，可以锁定F-14的AN/AWG-9发出的雷达辐射。到战争结束时，伊朗在战斗中损失了6架"雄猫"，还有6架在行动事故中失事。对于伊朗伊斯兰共和国空军而言，更为积极的一面是至少有3名飞行员声称击落了5架或更多的敌机，让他们在两伊战争期间使用"雄猫"获得了"王牌"的称号。

时至今日，F-14仍然是伊朗伊斯兰共和国空军的主力装备，大部分幸存的机体在伊朗飞机工业公司（Iranian

Aircraft Industries，简称 IACI）位于梅赫拉巴德的工厂进行了综合性检修和改装。飞机上增加了新的武器（比如苏联信号旗设计局的 R–73E 短程空空导弹等）、数据链和通信系统。珍贵的"不死鸟"导弹也得益于本地化升级，性能提升到了美国海军的 AIM–54C 的水平。伊朗对"不死鸟"进行了彻底的检修，并将其编号改为 Fakkur–90。此外，作为"天鹰"项目的一部分，伊朗还将至少 4 架 F–14 跟 MIM–23B "改进型霍克"防空导弹（伊朗编号为 AIMA–23C "塞吉尔"）进行了兼容。

　　伊朗伊斯兰共和国空军仍有 40 多架"雄猫"在现役，另外还有至少 12 架飞机被封存。自 2003 年以来，美国在伊拉克行动的预警机还能周期性地跟踪到伊朗数量多达 25 架的"雄猫"飞行编队。

▼ 20世纪90年代初，破损不堪的 3-6060号F-14A 被两伊战争期间使用的其他军事装备包围着在德黑兰展览时拍摄的照片。这架飞机参加了 1988年2月9日伊朗空军连续7次挫败伊拉克空军试图袭击波斯湾北部伊朗运输船队的行动。（法曾·纳迪姆）

▲ 这架飞机拍摄于2009年初在伊朗北部上空巡逻时，它正在接近伊朗伊斯兰空军的一架KC-707，空中加油管和翼套扇翼（仍然涂着"小亚细亚"颜色）已经伸出。美国海军的大部分"雄猫"在20世纪80年代中期就锁止了翼套扇翼。这架战斗机还挂载了两枚老式AIM-9P"响尾蛇"导弹。（伊朗伊斯兰空军获自汤姆·库珀）

◀◀▲ 早在1982年，伊朗支持的激进组织在黎巴嫩扣押了美国人质，后在伊朗政府的帮助斡旋下被释放，作为回报美国向伊朗移交了军事装备，4架伊朗伊斯兰空军的F-14经改进后可以携带炸弹。美国提供给伊朗伊斯兰空军的装备中包括"不死鸟"导弹和炸弹挂架。（伊朗伊斯兰空军）

◀ 2012年，3-6049号机（生产编号160347）成为第一架也是唯一被升级到F-14AM（M是Modernised的首字母，代表现代化）标准的飞机。照片拍摄于当年4月该机降落在德黑兰梅赫拉巴德国际机场时，伊朗飞机工业在对飞机的大规模重建过程中也升级了航电和武器。重新组装后的3-6049号机涂上了一种三色"小亚细亚"II迷彩涂装，类似于俄罗斯的第四代和第五代战斗机以及美国空军"入侵者"使用的涂装方案。（巴巴克·塔赫维）

图书在版编目（CIP）数据

F-14"雄猫"舰载战斗机/（英）托尼·霍尔姆斯著；
熊杰译. —上海：上海三联书店，2022.8 重印
ISBN 978-7-5426-7530-9

Ⅰ.① F… Ⅱ.①托… ②熊… Ⅲ.①舰载飞机—歼击
机—介绍—美国 Ⅳ.① E926.31 ② E926.392

中国版本图书馆 CIP 数据核字（2021）第 192655 号

Grumman F–14 Tomcat
Originally published in English by Haynes Publishing under the title: *The
Grumman F–14 Tomcat Manual* written by Tony Holmes © Tony Holmes 2018.
ALL RIGHTS RESERVED
版权合同登记号 图字：09-2021-0538 号

F-14"雄猫"舰载战斗机

著 者 / ［英］托尼·霍尔姆斯
译 者 / 熊 杰
审 订 / 董旻杰

责任编辑 / 李 英
装帧设计 / 千橡文化
监 制 / 姚 军
责任校对 / 张大伟 王凌霄

出版发行 / 上海三联书店
　　　　　（200030）中国上海市漕溪北路 331 号 A 座 6 楼
邮购电话 / 021-22895540
印 刷 / 固安兰星球彩色印刷有限公司

版 次 / 2022 年 1 月第 1 版
印 次 / 2022 年 8 月第 2 次印刷
开 本 / 787×1092 1/16
字 数 / 420 千字
印 张 / 25
书 号 / ISBN 978-7-5426-7530-9/E·20
定 价 / 186.00 元
敬启读者，如发现本书有印装质量问题，请与印刷厂联系 010-62189683

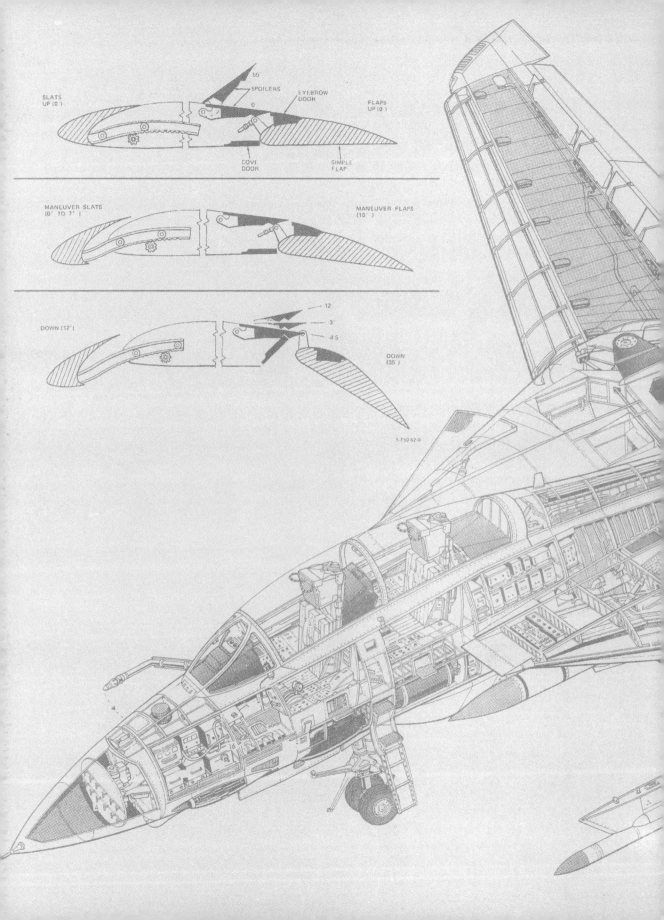

SLATS
UP (0°)

55

SPOILERS

0

EYEBROW
DOOR

FLAPS
UP (0°)

COVE
DOOR

SIMPLE
FLAP

MANEUVER SLATS
(0° TO 7°)

MANEUVER FLAPS
(10°)

DOWN (17°)

12

3°

-4.5

DOWN
(35°)

5-F50-62-0